高等院校经济管理类专业应用型系列教材

人寿与健康保险

Life and Health Insurance

杨文生　主　编

王海萍　史晓晨　副主编

中国财经出版传媒集团

经济科学出版社
Economic Science Press

·北京·

图书在版编目（CIP）数据

人寿与健康保险 / 杨文生主编；王海萍，史晓晨副主编. -- 北京：经济科学出版社，2025.6. --（高等院校经济管理类专业应用型系列教材）. -- ISBN 978 - 7 - 5218 - 7129 - 6

Ⅰ. F840.62

中国国家版本馆 CIP 数据核字第 2025N1D389 号

责任编辑：杜　鹏　郭　威
责任校对：齐　杰
责任印制：邱　天

人寿与健康保险
RENSHOU YU JIANKANG BAOXIAN

杨文生　主　编

王海萍　史晓晨　副主编

经济科学出版社出版、发行　新华书店经销
社址：北京市海淀区阜成路甲 28 号　邮编：100142
编辑部电话：010 - 88191441　发行部电话：010 - 88191522
网址：www.esp.com.cn
电子邮箱：esp_bj@163.com
天猫网店：经济科学出版社旗舰店
网址：http://jjkxcbs.tmall.com
固安华明印业有限公司印装
787×1092　16 开　16 印张　350000 字
2025 年 6 月第 1 版　2025 年 6 月第 1 次印刷
ISBN 978 - 7 - 5218 - 7129 - 6　定价：39.00 元
（图书出现印装问题，本社负责调换。电话：010 - 88191545）
（版权所有　侵权必究　打击盗版　举报热线：010 - 88191661
QQ：2242791300　营销中心电话：010 - 88191537
电子邮箱：dbts@esp.com.cn）

前　言

近年来，我国人寿与健康保险市场快速发展，并深度参与养老、医疗等社会保障体系建设，在稳定社会秩序、促进金融市场成熟和提高社会成员生命健康水平等方面的功效逐步凸显。想要促进行业的发展、产品的丰富和民众保障意识的提高，不仅需要提升从业人员的专业知识水平和执业技能，更需要高校在人才的专业教育、专业训练方面更具系统性和针对性。鉴于此，我们组织多年从事人身保险课程教学、科研和实践的教师，精心编写出这本教材，努力为学生能够扎实掌握人身保险的基本理论、实务方法，深入了解行业发展动态，建立起认知和理解的桥梁。

本教材全面阐述人寿与健康保险的基本原理，从主要产品及特点、保险机制运行原则与载体特征、行业企业运营关键环节和实务流程三个方面，让学生能够循序渐进地了解和系统地掌握人身保险的基础知识、基本常识、运行原则、经营管理特色和行业监管规范。本教材由四大部分组成，其中，第一篇（第1章）是基础理论篇，从分析人身风险入手，介绍人身保险的概念、类别、功能和人身保险的产生与发展历程。第二篇（第2章～第5章）是主要产品篇，分别对人寿保险、健康保险、意外伤害保险和团体保险四大类人身保险产品的构造原理、保障范围、定价要素及经营特色等展开分析、归纳与对比。第三篇（第6章、第7章）是运行原则篇，着重分析人寿与健康保险运行中遵循的三大基本原则，从静态和动态两个层面描述人身保险合同的构成要素以及履行过程中合同双方的权利义务关系。第四篇（第8章～第11章）是运营管理篇，分别从营销、业务管理、资金运用和行业监管角度，对经营主体的关键业务活动、管理实务、操作流程和合规经营进行系统梳理。

本教材主要有以下特色。

（1）融入思政元素。将社会保障领域的国家战略、制度构建、法律法规、政策措施和取得的成果等内容，结合专业知识传授过程进行系统的展示、分析、总结，引导学生践行社会主义核心价值观，培育学生道德诚信、德法兼修的职业素养，实现专业显性教育与思政隐性教育的融合共赢。

（2）实用性强。在每一章的开始，列明"本章提要"和"学习目标"，在每一章的结束，进行"本章总结"并列明"练习与思考"，在适当的位置加入"专栏"，开展背景知识介绍、案例分析和专题讨论，在保证学生理解掌握所学内容的同时，增强学习过程的趣味性、主动性和学习成果的实用性。

（3）可实现线上线下互动与过程评价。将根据本教材制作的授课录像、课件、课后作业、单元测试、习题库等资源，上传至雨课堂等在线教学平台，使用平台记录学生的听课、课后作业、测试成绩等情况，及时反馈学习过程中的疑点、难点和教学效果，既可有针对性地调整课堂教学内容，还可实现全过程学业评价。

（4）国际视野与前瞻性。近代人寿与健康保险业在国外已有200多年的历史，基本产品构造与核心精算方法一直沿用至今，诸多创新型险种与营销模式也被国内业务所借鉴。本教材在吸取国际经典理论成果基础上，介绍人寿与健康保险领域的国外先进经验与国内最新进展，做到国际惯例与中国实际相结合。

本教材由三位教学与实践经验丰富的专业教师合作完成，具体分工是：第1章、第2章和第9章由杨文生教授编写；第4章、第6章和第7章由王海萍教授编写；第3章、第5章、第8章、第10章和第11章由史晓晨讲师编写。最后由杨文生教授总纂修改并定稿。三位教师通力合作，总结多年授课经验和实践心得，力求实现内容完整、结构清晰、重点突出、贴合学生特点与诉求，保证良好的学习效果。

本教材不仅可作为高等院校金融、保险本科专业的主干教材和社会保障、财税、会计等财经类专业的选修课教材，也可作为高职层次以及金融保险界从业人员和广大投保人的自学参考用书。本教材与目前山东财经大学保险学院编写出版并使用的《保险学》《财产与责任保险》《寿险精算》等其他教材，共同组成山东财经大学的自编保险学学科教材系列。

编　者

2025 年 5 月

目　录

基 础 理 论 篇

主 要 产 品 篇

运行原则篇

运营管理篇

01

基础理论篇

第1章　人寿与健康保险概述

📖 **本章提要**

　　本章对管理人身风险的重要手段——人身保险①进行特征的总结与探讨。从分析人身风险的产生与类别入手，引出人身保险作为重要的人身风险管理手段的必要性、理想条件与概念，并对照财产保险总体描述其特征；在分类的基础上，分析人身保险的功能；最后介绍人身保险的产生与发展历史，揭示人身保险与经济社会发展及技术进步的关系。

📑 **学习目标**

　　掌握人身风险的概念和分类，理解可保人身风险的理想条件。

　　掌握人身保险的分类，理解人身保险的基本功能。

　　了解人身保险的产生与发展历史，理解其发展与经济、社会发展及技术进步的关系。

1.1　人身风险与人身保险

　　面临许多重大的风险，如火灾或飓风所引起的财产损失、失能和死亡所引起的个人损失与家庭负担，当不能预计或完全预防这些损害事件的发生时，我们可以把注意力放在如何能够预防其带来的不利财务影响或财务后果上。保险正是这样一个通过参与者中多数人的贡献来补偿少数人不幸的经济保障机制，无论是财产保险还是人身保险，其核心要义都在于分担损失。要想从风险管理的角度充分认识、理解和合理运用人身保险，就必须从界定和分析人身风险入手。

---

　　① 根据《中华人民共和国保险法》的界定，我国的人身保险包括人寿保险、健康保险和意外伤害保险三大类，其中，意外伤害保险的某些特征与人寿保险相类似，从保费收入与险种的丰富性来看，人寿保险与健康保险亦构成了人身保险市场的主体，故将本教材定名为《人寿与健康保险》。因此本教材中所用的"人寿与健康保险"一词，如果没有特别说明即是一个更宽泛的概念，与国内其他教材、书籍和行业监管等场合所指的人身保险概念是通用的。

1.1.1 人身风险的含义

一般保险理论认为,风险是指损失发生的不确定性状态。人类作为自然界和社会生活的客观存在,自然也会面临各种各样的风险。人身风险,是指正常生活、经济活动过程中,直接作用于人的身体或生命状态,影响人的寿命、健康或生活质量的风险,其具体损失可体现为死亡、伤残、丧失劳动能力以及增加费用支出等后果。

人身风险同样具有客观性、损失性、不确定性、规律性和发展性等总体特征,但具体分析起来,从风险因素、风险事故到损失后果都与财产风险存在显著的差异,这就要求我们在对人身风险进行管理的时候,要根据其特点、关注其表现出的差异,采用合适的方法和工具,才能实现风险管理的高效率。

1.1.2 人身风险的类别

按照不同方法,人身风险可以被划分为不同的类别。如果从其所导致的后果来看,人身保险可以被划分为生命风险和健康风险两大类。

1.1.2.1 生命风险

(1) 早逝风险。一个人的过早死亡,不仅意味着其自身的生命价值无法顺利实现,而且在给其亲朋带来精神上的伤害之外,还会给他们造成直接的经济损失:一是与死亡本身相关的丧葬费用;二是会给受其供养的家庭成员带来经济收入的减少甚至枯竭的危害。早逝的具体原因有很多,如自然灾害、意外事故、战争、疾病、自杀等,但可以通过保险手段进行管理的风险,只有疾病和意外伤害两大类。

表1-1是对不同年龄的美国人在一年内死亡的概率及在65岁前死亡的概率的统计,可以看出,20~40岁之间的人大约有1/5会在65岁前死亡,而这个年龄段恰恰是就业人口的主力,又是家庭收入的主要来源者,他们的早逝所引发的家庭收入减少或丧失的风险,会给家庭成员带来严重的损害。

表1-1　　　　美国不同年龄者一年内及至65岁前死亡的概率

年龄	一年内死亡的概率	到65岁之前死亡的概率
0	0.01	0.21
5岁	0.003	0.20
10岁	0.0002	0.20
15岁	0.0006	0.20
20岁	0.0011	0.19

续表

年龄	一年内死亡的概率	到 65 岁之前死亡的概率
25 岁	0.0012	0.19
30 岁	0.0014	0.18
35 岁	0.0017	0.18
40 岁	0.0022	0.17
45 岁	0.0032	0.16
50 岁	0.0050	0.14
55 岁	0.0081	0.12
60 岁	0.0126	0.07

资料来源：Derived from Vital Statistics of the United States，1988. Vol. Ⅱ. Part A. See. 6. Life Tables（Washington. D. C. ：U. S. Department of Health and Human Services. Public Health Sevice. 1990），P. 10.

（2）老年风险。人年老后就要面临退休，退休意味着通过劳动获得收入的来源中断，但老年人罹患疾病或者遭遇伤残的概率比年轻人高，用于治疗、康复和生活照料的周期与费用支出也会比年轻人多，如果没有工作时期的积蓄或其他资本资产性收入，或者虽然有积蓄，但积蓄不足的话，其老年生活质量就会受到影响，甚至个人生命的延续和家庭的正常生活都会受到威胁。随着生活质量的提高和医疗水平的进步，尤其是社会福利待遇的提升，人类的平均寿命在逐步增加，同时相应老年风险也在逐步增加。

表 1 - 2 是 1998 年对特定年龄的美国人在 65 岁时的生存率及平均余命的统计，可以看出，其在 65 岁以后仍有较长的平均余命。

表 1 - 2　　　　　　　1998 年美国人口到 65 岁时的生存率及平均余命

年龄	到 65 岁时的生存率	平均余命（岁）	65 岁以后的平均余命（岁）
0	0.79	74.9	9.9
1 岁	0.80	65.9	10.9
20 岁	0.81	56.3	11.3
30 岁	0.82	46.9	11.9
35 岁	0.82	42.2	12.2
40 岁	0.83	37.6	12.6
45 岁	0.84	33.0	13.0
50 岁	0.66	28.6	13.6
55 岁	0.88	24.4	14.4
60 岁	0.93	20.5	15.5

资料来源：Derived from Vital Statistics of the United States，1988. Vol. Ⅱ. Part A. See. 6. Life Tables（Washington. D. C. ：U. S. Department of Health and Human Services. Public Health Sevice. 1990），P. 11.

1.1.2.2　健康风险

（1）疾病风险。疾病风险可以分为狭义和广义两个层次。狭义的疾病风险，是指人的身体由于某些病因损害而发生的形态与功能异常的风险；广义的疾病风险，是指除狭义疾病风险之外，因生育、意外伤害事故等因素，人体正常健康状态被破坏的风险。本教材所指的疾病风险，是广义的疾病风险。在人类所面临的各种人身风险中，疾病风险是一类涉及面广、发生频率高、原因复杂多样，直接关系到每一个社会成员基本生存利益的特殊风险，而且是每个人或每个家庭无法回避的风险。疾病风险事故发生后，会对人体健康造成伤害，导致暂时性或永久性的劳动能力丧失甚至死亡，其损失不仅是经济上的，还有无法用金钱来弥补的心理损伤。

（2）残疾风险。残疾风险是指疾病、伤害事故等导致人体机体损伤、组织器官缺损或功能障碍等的风险。从经济角度上讲，残疾这种"活死亡"所带来的问题可能比真正的死亡更为严峻。如果家庭成员中的主要收入来源者死亡，其结果仅仅是家庭一部分或大部分来源的丧失；但如果其发生残疾，那么不仅其家庭收入来源损失不可避免，而且又增加了对于残疾者的医疗、康复费用和维持其基本生活的开支。

可以说，健康风险是所有人身风险中持续时间最长的一类风险，甚至伴随人的一生。它对个人和家庭财务方面的影响主要表现在以下几个方面：一是疾病和残疾本身的治疗、康复费用的支出；二是患病治疗和残疾期间无法正常工作，将造成正常经济收入的减少；三是疾病持续时间很长或形成终身残疾，甚至失去工作能力，将造成收入的永久丧失；四是要延续患病或残疾发生者的生命，需要他人提供经济支持，甚至是较长周期的长期护理服务或高额的护理费用。

1.1.3　人身保险

1.1.3.1　可保人身风险的理想条件

人身保险是人身风险管理的重要手段。但是，人身风险的普遍性、复杂性往往与保险经营的商业性、营利性发生冲突，如果保险人不加选择地将人身风险承保下来，就很可能陷入亏损甚至破产的境地。因此，保险人可以接纳的人身风险需要满足一些基本条件。

（1）风险事故的发生具有偶然性和非故意性。针对单个风险主体来讲，人身风险将在何时发生、造成的损失程度如何是不可预知的、偶然的，也就是说必须是在投保人或被保险人事先意料之外的、非主观预谋的，意料之内且有预谋的人身风险是不可保的。例如，重大疾病的发生往往是难以预料的；人的死亡虽然是必然事件，但死亡发生的时间是不受自己控制的。如果投保人或被保险人能在一定程度上控制风险事故的发生或损失的严重程度，就有可能产生道德风险，构成对被保险人身体或生命的危害或者有违公平交易准则和社会公平原则。

虽然人身风险事故的发生在个体上是偶然的、不可预知的，具有不确定性的特点，但在总体上它却具有必然性、规律性，可运用大数法则和概率统计，估计出特定人身风险发生的频率，如死亡率、患病率、伤残率，进而测算出人身保险的费率，将偶然的、不可知的风险损失转化为可预计的费用支出，通过向所有希望转移人身风险的个人或团体收取保险费的方法，将产生于诸如死亡、疾病、伤残等特定人身风险的经济损失，由众多面临相同风险的个人或团体共同分担，实现保险经营。而对于那些可预知的、故意行为所致的损失，则通过保险合同中的除外责任条款，明确排除在保险人所承保的风险之外，其实，这对于合同双方都是有利的。

（2）风险损失必须是明确的。这是指人身风险导致的损失在原因、时间、地点和金额上必须是可以确定的。保险赔偿需要用货币来支付，如果人身风险导致的损失是不明确的，或不能以货币来衡量，保险合同就无法订立。死亡、疾病、伤残和年老等状态通常易于识别，而人的身体和生命的价值难用以货币来衡量，由人身风险导致的经济损失如何确定呢？保险人可以通过与投保人协商，在订立的保险合同中约定保险金额的方式，来规定承保风险发生后保险人需要负责赔偿或给付的最高限额。

（3）大量风险标的均有遭受损失的可能性。保险运营是通过科学的方法，对大量风险标的的风险事故和损失状况进行观察，估测出损失率，并将损失在被保险人之间进行分摊，这是保险赖以存在的基础。根据大数定律，随着保险集合中同质风险标的数量的增多，实际损失率对均值的相对偏差就会越小，也就越能确定合理的费率，保险人以此为依据收取的保费，就越可能足够赔付保险期间内发生的所有索赔，保险运营更加平稳，同时也有利于投保人以更少、更合理的保费成本获得保障。如果人身风险只是一个或几个风险标的所面临的，保险人就失去了观察、预测的基础和损失分摊的对象，就是不可保的。

（4）风险损失是非巨灾损失。这意味着，可能导致较大比例的人身风险标的在同一时间内遭受损失的风险一般是不可保的，或只有在特定的条件下才是可保的，如战争、核辐射所导致的人身伤害。保险人对大量风险标的的观测、统计，是以在某类特定风险面前风险标的之间相互独立或互斥为基础的，如果集合中的多数或所有风险标的都有可能因为某类风险因素而同时遭受损失，这些风险标的之间就不再相互独立，而被看作是相互依存或相关的。保险经营通过将统计上相互独立的风险标的组成一个大集合来分散风险，从而降低该集合中风险标的的平均风险，但是如果风险是相关的，风险分散的效果会被极大削弱，可能会对保险市场产生巨大的影响。

（5）保险费用的经济可行性。只有导致损失的频率较低但损失程度重大的人身风险，通过保险来转嫁才是经济可行的，也就是说，只有会导致企业、家庭或个人严重财务困难的人身风险才被认为是可保的。例如，对于有学龄期子女的双职工家庭，如果父母双方有一方因故致残、无法继续工作，不仅会导致家中收入的急剧减少，还会增加治疗、康复等费用，为了防范这种严重的财务困难，他们可能会购买人身保险。而如果发生可能性大、损失程度轻微的风险，承保后经营的管理费用很高，对于较低的保障程度来说严重不对称，不具备经济可行性。如果人身风险发生的频率极低、可能造成的损失是轻微的，完全可以通过企业（雇主）、家庭和个人的自保方式解决，也无须参加保险。值得注意的是，所谓损失重大，是与企业或个人愿意并能够承担多大损失程度相对而言的，不是绝对的。

1.1.3.2 人身保险及其基本特征

（1）人身保险的概念。人身保险是以人的生命或身体作为保险标的，以人的生（生育）、老（衰老）、病（疾病）、残（残疾）、亡（死亡）等为保险事故的保险。

《中华人民共和国保险法》（以下简称《保险法》）规定，人身保险是以人的寿命和身体为保险标的的保险。可以看出，人身保险的基本内容是，投保人与保险人通过订立保险合同确立各自的权利义务，投保人缴纳保险费，在保险期限内发生保险事故或合同期满时，保险人向被保险人或受益人给付一定数量的保险金。因此，凡是与人的生命延续或终结以及人的身体健康或健全程度有直接关系的商业保险形式均可称为人身保险。

（2）人身保险的基本特征（与财产保险相比）。基于保险标的本质上的巨大差异，以及由此带来的人身风险在风险因素、风险事故及其损失后果上的明显区别，与财产保险相比，人身保险具有以下基本特征。

①保险标的是人的生命或身体。人的生命是一个抽象概念，当其作为保险标的时，是以生存和死亡两种状态存在的，一般来说，以人的生命为保险标的，保险人对被保险人在保险期间内死亡或满期生存按约定给付保险金的，属于人寿保险。以人的身体作为保险标的时，特指人的健康状态、生理机能、劳动能力（即人们赖以谋生的手段）等的程度，一般来说，以被保险人的身体为保险标的，对被保险人因疾病或意外事故所致伤害时发生的医疗费用或导致的工作能力丧失而引起的收入损失提供经济补偿的，属于健康保险。

②保险金额由双方约定。由于人身保险合同的权利义务关系所指向的是人的生命或身体，而人的生命和身体是无价的，除个别情况外，人身保险的保险金额不能像财产保险那样通过保险标的的市场价值来确定甚至限定，因此，人身保险的保险金额是由保险双方当事人在订立保险合同之初，按照投保方的需求度与可行性相一致的原则，协商约定的。

③保险事故包括生存、死亡、年老、残疾、疾病等多个方面。人身保险的给付条件是，当被保险人遭受保险合同范围内的保险事故以致死亡、残疾、丧失工作能力或于保险期间届满生存、年老退休时，由保险人根据合同约定的金额和频率，向被保险人或受益人给付保险金。

④合同的履行被称为给付或赔偿。由于标的的无价性，人身保险合同责任的履行，尤其是寿险合同，一般不能被称为赔付或补偿，而只能被称为给付。也正因如此，除健康保险中的医疗保险、失能收入保险等个别险种之外，人身保险一般不存在重复保险、超额赔付以及代位追偿等问题。

⑤大数法则的运用在人身保险经营中至关重要。人身保险所承保的责任涵盖了人生历程中几乎所能遭遇的各种人身风险，大到人的生死、存亡，小到人的疾病伤害，在看似纷繁复杂、杂乱无章的风险集合中实际上是存在着一定内在规律性的，人的生存概率、患病率、伤残率、生育率等都是可以测度的，在大量观察的基础上，会呈现出一定的数量规律性，这就是人身保险经营中至关重要的大数法则，科学地运用这一原理设计出不同的人身保险险种，可以满足不同人群的保险保障需求。

1.2　人身保险的分类与功能

1.2.1　人身保险的分类

目前国际上对人身保险的分类并没有一个固定的原则和严格的标准，各国根据不同的需要，采用不同的方法。《保险法》第九十五条对保险公司人身保险业务范围的规定是，"人身保险业务，包括人寿保险、健康保险、意外伤害保险等保险业务"，可以看出，这是按照人身保险所涵盖的保障范围来进行的划分。本教材所探讨的"人身保险"方面的问题，正是建立在这种分类方法基础上的。

1.2.1.1　按照保障范围分类

（1）人寿保险。人寿保险是以人的生命为保险标的，以被保险人在保险期间内死亡或生存到保险期间届满为保险事故的一类人身保险，也称生命保险。人寿保险合同一般期限较长，有储蓄性质。根据合同约定的保险责任范围不同，人寿保险又可以分为定期寿险、终身寿险、两全保险、年金保险等。

（2）健康保险。健康保险是以人的身体为保险标的，对被保险人因疾病或意外事故所支出的费用或损失进行给付或补偿的一类人身保险。如同人寿保险并不是保证被保险人在保险期限内不遭受生命风险一样，健康保险也不是保证被保险人不受疾病的困扰、不受意外事故的伤害，而是当被保险人因疾病、意外伤害等支付医疗费、护理费，因疾病、残疾等暂时或永久丧失工作能力、造成收入减少时，给予相应给付或补偿。健康保险可以单独承保，也可以作为人寿保险、意外伤害保险的附加责任承保。健康保险合同可以是长期的，合同期限在一年以上，其经营特点与寿险合同相似；也可以是短期的，合同期限不超过一年，其经营特点与人身意外伤害保险合同相似。

（3）人身意外伤害保险。人身意外伤害保险，简称意外伤害保险，是以被保险人在保险期限内遭受意外伤害造成死亡或残疾为保险事故的一类人身保险。单独承保的意外伤害保险，保险合同期限较短，一般不超过一年。

1.2.1.2 按照实施方式分类

（1）强制保险。强制保险又称法定保险，是根据法律规定开办的人身保险。在法律所管辖和授权的范围内，无论投保人和保险人双方愿意与否都必须依法建立保险关系，凡属于规定范围内的保险标的都必须参加投保，对保险责任、保险期限、保险金额和保险费，也都有统一的规定。强制保险往往是政府为保护公众的社会利益，实现一定的社会保障政策目标，通过立法手段动员更多的社会资源，运用保险机制提供公共管理与公共服务的有效措施，如我国依据《中华人民共和国社会保险法》所开办的基本养老保险、基本医疗保险和生育保险等。强制保险的实施可以直接由政府相关职能部门来操作，也可以委托商业保险公司来承保或经办。

（2）自愿保险。自愿保险是保险双方当事人在公平自愿的基础上，通过协商订立保险合同明确双方的权利和义务关系。投保人有权选择保险人和投保的险种、保险金额及缴费方式，保险人也有权选择被保险人和决定承保条件。目前，商业保险公司销售的绝大多数险种都属于自愿保险。

1.2.1.3 按照保险期限分类

（1）长期保险。长期保险是指保险期限超过一年的人身保险。人寿保险、年金保险都属于长期保险，有些健康保险也可以是长期保险，如重大疾病保险。

（2）短期保险。短期保险是指保险期限为一年或不足一年的人身保险。人身意外伤害保险属于短期保险，其中的航空人身意外伤害保险、旅游人身意外伤害保险、指定交通工具意外伤害保险等险种，保险期限不足一年，有的是几天，还有的只是几个小时，属于极短期人身保险。

1.2.1.4 按照投保方式分类

（1）个人保险。个人保险是指以个人作为投保人向保险人投保，建立保险关系的人身保险。个人保险往往是从家庭或个人的财务保障需求出发去分析、估测风险状况，衡量险种、保险金额及保费负担的合理性，大多数保险合同的被保险人只是一个人或家庭中的一个成员，也称一元生命保险。有时，为满足多样的投保需求，也可以将存在一定利害关系的 2 个或 2 个以上的家庭成员视为一个被保险人同时获得保障，如父母、夫妻、子女、兄弟姐妹或合作者等，作为联合被保险人在一个保险合同中同时获得保障，这种情况可以称为联合保险，但由于投保人还是一个人，而且保费定价也是基于一元生命保险的损失统计，仍可将其归入个人保险。

（2）团体保险。团体保险是指投保人是团体组织，被保险人是这一团体中的全体或大多数成员的人身保险。对团体人身保险的承保，保险人并不是对团体中各个被保险人的风险状况进行审核、选择，而是考虑这一团体总体的风险程度来进行选择和定价。团体保险的保费，既可以由投保人（即团体组织）独自承担，也可以在协商的基础上由团体与被保险人按照约定的比例共同承担。

1.2.1.5　按照需求效用分类

（1）保障型人身保险。保险型人身保险是以提供风险保障为唯一或主要功能的人身保险，通过保险金的给付或赔偿，解决保险事故发生给投保的个人、家庭或企业所造成的财务困难。这类人身保险最显著的特色就是费用低、保障高，期限较短的传统死亡保险和健康保险一般具备这种特点，如人身意外伤害保险、定期死亡保险、医疗费用保险等。

（2）储蓄型人身保险。储蓄型人身保险是提供保障与保值并举功能、具有明显储蓄特征的人身保险。这类人身保险最显著的特色就是所缴纳的保费总额与保险金额之间的差额不大，往往以被保险人或受益人在保险期间届满时生存为给付条件，如年金保险、子女教育金保险等。

（3）投资型人身保险。投资型人身保险是提供保障与投资收益并举功能、具有明显投资特征的人身保险。这是为了满足一些投保人购买保险既能让被保险人或受益人获得风险保障，又可以分享保险人的投资收益的需求，而开发出来的一类较新型的人身保险产品，如投资连结保险、万能寿险、分红寿险等。

1.2.1.6　按照精算技术分类

如欧洲、北美这些保险业比较发达的国家和地区，依照保险产品的构造技术不同，尤其是精算技术的不同将保险业务划分为寿险和非寿险两大类，寿险是指人寿保险（包括年金保险），其划分标准与我国对人寿保险的划分标准基本一致，除此之外的其他各种保险业务都划归非寿险范围，就本教材所讨论的人身保险而言，健康保险与意外伤害保险划归非寿险范围。这种分类标准也直接体现在对保险公司业务经营范围的限制上，人寿保险只能由寿险公司来经营，而寿险公司和非寿险公司都可以经营健康保险与意外伤害保险。随着我国保险业的发展，在《保险法》的实施和修订过程中，我国在对保险公司业务经营范围的规范上也逐步与国际接轨，目前，我国《保险法》第九十五条第三款规定："保险人不得兼营人身保险业务和财产保险业务。但是，经营财产保险业务的保险公司经国务院保险监督管理机构批准，可以经营短期健康保险业务和意外伤害保险业务。"

1.2.2　人身保险的功能

人身保险作为风险管理的有效手段，对小到个人、家庭和企业，大到整体社会等诸多方面都起到了积极的作用。

1.2.2.1 人身保险的微观效用

（1）为个人、家庭和企业因人身风险导致的经济损失提供保障。个人遭遇疾病或意外伤害时，一方面要支付医疗费用、造成收入损失，导致家庭收入来源的中断或锐减；另一方面会导致额外费用的增加。如果一个家庭的主要收入来源者早逝，不仅会引发一些诸如丧葬费、医疗费、遗嘱检验执行等费用开支，而且靠其抚养或赡养的遗属在遭受精神上的打击之外，更可能面临严重的经济困难，因为包括房租或各种抵押贷款、水电费、食品、衣物、子女的教育及照料费用等在内的维持家庭延续的日常开支在继续，而很少数人或家庭会事先预留充足的资金去应付这些只出不进的开销。随着科技的进步和医疗水平的提高，人类的平均寿命不断延长，虽然各国政府建立施行了各种社会化的养老金制度，但给付水平往往难以满足不同层次社会成员对退休后的收入需要。人身保险就是转移这些风险最有效的方法，通过为这些风险事件投保各类人身保险，可以化解个人及家庭面临疾病、丧失工作能力、经济来源中断、退休后收入不足的风险，减少经济损失，部分缓解焦虑情绪，使家庭经济生活稳定、平安，可见人身保险可提供经济安全感，促使人们形成平和的心境，有力维护人性的尊严。

对于企业来说，员工和雇主也同样面临因人身风险影响雇员的正常工作状态与积极性，影响企业生产效率并导致企业受损的风险。尤其是重要人物死亡或丧失工作能力，会使企业遭受巨大的经济损失。企业雇主通过为其员工购买各类团体人身保险的方式，将数额相对较大的、不可控制的死亡、疾病、意外和退休后收入风险，转变为数额相对较小的固定费用支出，不仅便于成本核算，减轻企业的负担，对于维持企业稳定和正常经营也起到了重要的保障作用。

（2）帮助个人及家庭保全财产。根据法律的相关原则，个人死亡后，其生前的所有负债必须用其遗产来偿还，遗嘱执行人或管理人需要清算、变卖这些遗产，用获得的现金来偿还债务。要想在短时间内出售资产往往需要压低资产价格，蒙受明显的价值损失。通过购买死亡寿险、意外伤害保险等，即可在被保险人死亡后，及时用领取的保险金来支付被保险人的生前债务，给遗嘱执行人留出充裕的时间以更合理的价格处置遗产，帮助个人及家庭进行财产保全。另外，死亡保险金本身就可以被看作被保险人的生命遗嘱，帮助受益人维持后续的生活、维护财产安全。

（3）有效的投资手段与金融资产。与其他保险产品相比，人身保险，尤其是其中的人寿保险（以下简称寿险），具有长期性和储蓄性的特点，寿险的保费收取与保险金给付之间存在较长的时间差，在保单①存续期内保险人可以将保单的责任准备金进行投资。保险公司的投资具有许多个人投资无法企及的优势，资金规模大，信息来源广，操作专业规范，分散及化解投资风险的手段灵活多样，投资的安全性与收益性总体较高。因此，对于个人和家庭而言，人身

---

① 保险单，又称保单。

保险（主要是指长期寿险）不失为一种安全可靠的投资手段。同时，对于投保人来说，若保单未到期或未给付就退保的话，会损失一定的责任准备金并失去已有的保障，长期寿险保单可起到强制储蓄的作用；而且，长期寿险保单具有现金价值，被视为个人金融资产，如果有现金需求，投保人或保单所有人可以在现金价值的一定额度内向保险人申请保单借款，也可以将保单作为抵押向专门机构申请保单贷款。

（4）让投保人和受益人享受税收优惠。为了鼓励社会成员用自己的收入购买人身保险，各国的税法通常会制定政策给予一定程度的税收优惠，如针对个人及家庭的税优型健康保险、个税递延型的养老年金，再如针对企业的团体寿险、团体年金，只要在法律法规设定的限度内，投保人所缴纳的保费可以在税前扣除或列支，享受税收优惠。

通常各国的税法都规定，人身保险的保单指定受益人可以享受税收减免，也就是说指定受益人领取的保险金可以免缴遗产税。根据《中华人民共和国个人所得税法》（以下简称《个人所得税法》）的规定，个人所获保险赔款准予在应纳税所得额前扣除，这包括健康保险的赔偿额以及人寿保险、意外伤害保险的指定受益额。一般情况下，投保人或保单所有人获得的给付，包括退保金、红利、两全保险期满生存给付，免缴所得税，只对年金的利息收入有条件地征税。例如，在美国，只要保单符合适用税法中对"人寿保险"的定义，保单所有人通常不必每年为保单累积的储蓄价值所产生的利息缴纳所得税，而与此相反的是，纳税人必须每年为大多数其他投资所产生的利息缴纳所得税。这项税优待遇实际上提高了保单所有人在寿险保单上的投资收益率，不过需注意的是，一旦保单所有人退保领取现金价值，如果他从保单所得到的超过了他所付出的金额，就可能需缴纳所得税。在税收优惠政策的推动下，人身保险在许多国家成为一种合法的避税工具。

（5）作为企业的员工福利，吸纳并留住人才。从雇主的角度来看，雇主通过给员工提供一揽子人身保险福利计划，可争取到更有才华的人士为企业服务，并能起到鼓舞士气、增强企业凝聚力，提高雇员生产效率、避免人才流失的作用，同时还能享受到税收优惠政策。从雇员的角度来看，福利计划被视为劳动所得的重要组成部分，雇员通过福利计划不仅能享受到雇主出资或作为主要出资人为其购买的保障，自己缴费的部分也可享受税收优惠。例如，在商业保险最发达的美国，以人身保险为代表的员工福利计划，并不是一项可有可无的奢侈品或者仅仅起到锦上添花的作用，而是个人报酬中的一项必需品，是员工的一项权利，可以使雇员及其家属更有安全感，往往是雇员接受工作的一个先决条件。

1.2.2.2　人身保险的宏观作用

（1）稳定社会秩序，增进社会福利。人身保险减轻了各类人身风险对个人、家庭和企业造成的消极影响，稳定了社会秩序，安定了人民生活。商业人身保险可作为一个国家社会保障体系的重要组成部分，为社会成员提供多层次、多样化的风险保障，对社会医疗保险、养老保险制度起到重要的补充作用，促进社会的稳定和持续发展。正如美国学者把社会保险、企业保险和个人商业保险比喻为"三条腿的凳子"。在现代社会，社会成员拥有商业人身保险总量的增加，可以适度抑制对政府举办的社会保险待遇水平增长的预期，减轻政府在社会福利支出上的财政压力，在政府构建的以体现公平、共济为特点的社会保险制度基础上，商业保险从自愿、收付对等原则出发所提供的保障与服务，丰富了社会风险管理体系的层次，提升了风险管理水平。

（2）积累资金，促进金融市场的发展。长期人身保险，尤其是寿险、年金保险，可以积聚巨额的责任准备金，成为货币市场和资本市场，尤其是中长期资本市场重要的、稳定的资金来源，并为国家经济发展积累资金。据统计，在美国货币市场和资本市场的资金来源中，保险资金长期维持在20%，仅次于商业银行和共同基金，成为资本市场重要的机构投资者，对改善资本市场投资环境、稳定市场秩序发挥了重要作用。①

（3）有助于积极应对人口老龄化。人口老龄化目前是各国政府正面临的一个十分棘手的问题，被列为21世纪妨碍人类顺利发展的十大难题之一。我国在2000年就已跨入老龄社会，老龄化带来的诸多社会问题，尤其是养老金支付压力、医疗费用负担和失能，失智老年人照料等问题得不到妥善解决，会给经济发展与社会进步造成严重的负面影响。尽管我国已经构建起世界上最大规模的社会保险、社会保障体系，但各项制度尚未成熟，保障水平、保障质量还不够高。各类商业养老保险、普惠型健康保险的试点、改革与推广，有利于调动更多的、更有力的市场主体与社会力量参与多层次社会保障体系的建设和完善，更精准地满足不同层次老年群体的多样化需求，为积极应对人口老龄化国家战略的实施作出贡献。

（4）扩大社会就业。保险行业属于智力服务型行业，人身保险的一个重要营销渠道是个人代理制，其需要不断招募大量专业知识强、综合素质高的营销人员，吸纳大量的社会劳动力。

（5）提高全社会的生命健康意识。从人们购买习惯来看，人身保险属于未寻觅商品，即消费者不知道或者即使知道也不会主动考虑购买的商品，因为它往往与死亡、伤残等"不吉利"事件相联系。因此，人身保险的经营者必须通过积极、主动的营销活动，扭转人们对人身风险和保险的消极态度与认知，引导大家用唯物主义思想去客观地看待人身风险事故，用积极主动的态度与方法去处置和应付，这有利于推动社会成员树立热爱生命、保护生命的观念，培养全社会的健康意识和互助精神，提高人的生命质量和价值，促进社会文明与进步。

---

① 荆涛. 人寿与健康保险［M］. 北京：北京大学出版社，2011：44.

1.3　人身保险的产生与发展

1.3.1　古代人身保险的萌芽 *

在人类社会的早期，生产力水平低下，劳动产品不足以维持劳动者自身的生存，更没有剩余的产品用来补偿风险造成的损失，人们便以血缘关系组成氏族，作为劳动和生活的共同体来实现互助互济的目的。随着生产力的发展、剩余产品的出现，私有制和家庭随之产生，但家庭内部的后备积累不能完全满足个人和家庭应对变故的需要，以互助方式建立的应对人身风险的社会化后备组织逐步出现。

据史料记载，公元前 4500 年，在古埃及修建金字塔的石匠中曾有一种互助基金组织，向每一位成员收取会费，用于支付个别成员死亡后的丧葬费。公元前 2000 年，在西亚两河流域的古巴比伦王国，国王曾下令让僧侣、法官及村委会主任等对他们所辖境内的居民收取赋金，用来救济遭受火灾及其他天灾的人。在古罗马出现过一种叫"士兵会"的互助团体，对军队中入会的士兵收取会费用来支付士兵阵亡后对其遗属的抚恤费用。古希腊的一些政治、宗教组织，如希腊社团和罗马学院等，也为社团成员提供殡葬仪式和经济补贴。到了中世纪的欧洲，同业公会相当盛行，为其成员提供相互援助，许多同业公会的章程中都提到，其成员可以得到对所保障的风险事故的赔偿，如死亡、疾病、被海盗俘获、沉船、房屋被烧毁等。

虽然同业公会的存在是基于宗教、社会和经济目的，并不主要是为了慈善和救助，但是从"风险分担""互助共济"等最初的保险思想出发建立起来的各种应对人身风险的互助团体的确起到了损失分摊的作用，也体现了"人人为我，我为人人"的现代保险宗旨。这些组织形式构成了人身保险的萌芽，但它们只是由一些有着共同利益、面临同类风险的人们自愿结合而成的，会费的缴纳也没有科学计算的依据。

1.3.2　现代人身保险业的形成与发展

1.3.2.1　人身保险的初步产生 **

在海上保险的产生和发展过程中，一度包括人身保险。15 世纪后期，奴隶贩子将要贩卖的奴隶作为货物投保，后来船上的船员也可以加入保险，如果遇到意外伤害，由保险人给予经济补偿，这些是人身保险的早期形式。

---

　* 杜鹃，郑祎华. 人身保险 [M]. 北京：中国人民大学出版社，2009：23 – 24.
　** 杜鹃，郑祎华. 人身保险 [M]. 北京：中国人民大学出版社，2009：24.

中世纪后，英国乡村出现了大量的友情社（the English friendly societies），它与同业公会不同，是真正的相互受益组织。该组织由其成员选举出来的经理人及委员会来运作，通过所有成员订立和修改的一系列章程来管理，所有的友情社都有某种形式的死亡或丧葬基金，许多社团还为不同的风险事故提供保障。友情社的产生早于第一张生命表、大数定律和保险数学的出现，社团的运作基于评估基础，成员按照其需要向社团提供许诺的基金，但每个人基金的缴纳并不是根据其年龄或可保性，这样一来，很大的负担落到了年轻、健康的成员身上。其结果是，这些年轻、健康的成员不得不放弃成员身份，平均死亡率随着社团成员平均年龄的增长而增加，迫使最不可能承受基金缴纳负担的高龄成员必须承受很大的负担。这样一来，其大规模的失败也就不可避免。但这种实验却促使了英国私人人寿保险业的形成，为那些低收入人群提供了有限的保险保障，为各种形式的保险组织和保险服务的存在提供了充足的理由。

从 16 世纪开始，人们进一步试图通过保险的手段来防范死亡、疾病、伤残、年老等人身风险。英国伦敦市参议员理查德·马丁（Richard Martin）最早提出将保险范围扩大至人寿保险，他被世人公认为开创了人寿保险的先河。迄今发现的最早的人寿保险单，是 1583 年 6 月 18 日由伦敦皇家交易所保险行会的 15 名商人共同签发的以威廉·吉朋为被保险人、保险期限为 12 个月、保险金额为 382.33 英镑的短期性人寿保险。1584 年 5 月 8 日，威廉·吉朋去世，其家属领取了保险金。

1.3.2.2　近代人身保险制度的形成 *

年金制度以及精算技术对近代人身保险制度的形成和发展起到了积极的作用。1551 年，德国纽伦堡市市长布尔查诺创立了一种适合任何阶层的儿童强制保险，规定父母在子女出生后每年必须缴存 1 塔来耳（古普鲁士银币），当子女达到结婚年龄时，政府将给予 3 倍于本金的给付。这种做法与现代人身保险中的儿童保险非常相似，一方面表现在它的给付金额与死亡率相关，另一方面它的给付不仅包括本金还包括利息。1653 年，意大利银行家伦佐·佟蒂在任法国宰相时提出了一项联合养老办法，这个办法于 1689 年得以实行并被称为“佟蒂法”。“佟蒂法”规定每人缴纳 300 法郎，筹集起总额为 140 万法郎的资金，保险期满后每年支付利息，并按年龄把认购人分成 14 个组，对不同的组给付不同的利息，对高龄组给付的利息较多。利息将付给每个组，在每个组内由生存者平均分配，如果该组群体成员全部死亡则停止给付，本金也不予返还。“佟蒂法”是养老年金的一种起源，在 1726 年当全部认购人死亡后宣告结束。其后，在一些欧洲国家也实行过类似的制度，因这种方法存在诱发自相残杀等弊端，后被教会废止，但它引发了人们对生命统计研究的重视。

在早期的人身保险实践中，费用的承担和年金的给付都没有经过科学的计

---

* 杜鹃，郑祎华. 人身保险 [M]. 北京：中国人民大学出版社，2009：24 – 25.

算，随着社会的发展，许多数学家开始研究通过不同年龄人群的死亡和生存概率，科学、精确地计算保费，这促进了人身保险精算技术的进步，也推动了现代人身保险业的形成与发展。17 世纪中叶，伦敦疫病流行，各教区每周公布死亡人数记录，英国数学家约翰·格兰特（John Graunt）对各教区公布的死亡记录进行研究，于 1661 年发表关于生命表思想的论文。1671 年，荷兰数学家约翰·德·威特（John De Witt）运用概率论的原理，完成了生命年金理论，并依据人的生存和死亡概率计算出年金的现值。1693 年，著名的天文学家埃德蒙·哈雷（Edmund Halley）以德国勃来斯洛市的市民死亡统计为基础，编制了第一张完整的生命表，精确表示出每个年龄段人口的死亡率，为寿险计算提供了依据。18 世纪初，英国数学家托马斯·辛普森（Thomas Simpson）主张按不同年龄分别计算人寿保险费，并以伦敦市民的死亡统计为基础编制了生命表。1756 年，英国数学家詹姆斯·多德森（James Dodson）根据哈雷的生命表和辛普森的理论，计算出各年龄组的人投保定期寿险时随死亡率提高而递增的自然保费，又以此为基础提出均衡保费理论，这一理念是现代寿险精算学的雏形。1762 年，由辛普森和多德森发起成立的人寿及遗属公平保险社（以下简称老公平）是世界上第一家真正现代意义上的寿险公司，首次将生命表与均衡保费用于人寿保险的费率计算和经营实践，也标志着现代人身保险的开始。

1.3.2.3　现代人身保险的发展 *

工业革命以后，机器的大量使用以及各种交通工具的发明和推广，使人身职业伤亡和意外伤害事故增多，为各类人身保险业务的广泛开展开辟了市场，人寿保险的储蓄性质、年金能提供养老收入、责任准备金可长期用于投资，这些都加速了人寿保险的发展。随着工业的发展、人口和国民收入的迅速增长，人寿保险也进入迅速发展时期，1912 年，美国公平人寿保险会社开始采用团体的方式承保寿险。第二次世界大战后，寿险的覆盖率进一步扩大，种类更加丰富，人寿保险业务与金融市场投资紧密结合。

早期的健康保险主要是疾病保险，也主要是个人险种，不仅补偿医疗费用，也对丧失工作能力的被保险人进行收入补偿，[①] 1847 年，美国马萨诸塞州波士顿健康保险公司开办疾病保险，第一份疾病保单于 19 世纪中叶在美国与第一份意外保险保单几乎同时签发；1911 年，美国开发针对团体的健康保险。20 世纪上半叶，社会医疗保险逐渐在欧洲以各种形式推广，由于商业健康保险对社会医疗保险有重要的补充功效，两者步入互动发展的新时期，许多国家的商业健康保险也独立出现，并逐步形成专业化的体系。[②]

---

*　荆涛. 人寿与健康保险 [M]. 北京：北京大学出版社，2011：45 – 50.
①　当时的疾病保险不像现在的医疗费用保险，更像失能收入保险或者残疾收入保险，相关内容将在章节 3.4 详细介绍。
②　各国关于社会医疗保险与商业健康保险的责任划分各不相同，从世界范围来看，真正把健康保险按照纯商业保险来经营的只有美国等少数国家，大多数国家则是将商业健康险作为全民健康保险的重要补充。

自 20 世纪后半叶以来，现代人身保险业呈现出旺盛的生命力，主要体现在以下几个方面。

（1）业务快速发展。

①保费收入规模和增长速度。20 世纪 60 年代，世界非寿险保费收入年平均增长率为 9.9%，寿险保费收入年平均增长率为 8.4%，非寿险业务的增长速度高于寿险业务。70 年代，世界非寿险保费收入年平均增长率为 14.2%，寿险保费收入年平均增长率为 14.5%，寿险业务的增长速度已超过非寿险业务。自 80 年代中后期以来，寿险的保费收入增长速度一直明显地高于非寿险业务。1987 年，世界寿险保费收入占全部保费收入的 50.9%，第一次从总量上超过了非寿险保费收入。1990 年，世界寿险保费收入占全部保费收入的 52.2%，2000 年世界寿险保费收入占全部保费收入的 62.25%，2010 年世界寿险保费收入占全部保费收入的 58.1%，这种超出状态一直保持至今。表 1-3 介绍了世界主要国家 2016 年、2018 年、2020 年寿险保费收入、寿险保费增长率、寿险保费占总保费的比重；表 1-4 描述了世界主要国家 2014 年和 2019 年寿险保费收入状况。

表 1-3　　世界主要国家 2016 年、2018 年、2020 年寿险保费收入状况

国别	2016 年			2018 年			2020 年		
	保费收入（百万美元）	实际增长率（%）	占全部业务份额（%）	保费收入（百万美元）	实际增长率（%）	占全部业务份额（%）	保费收入（百万美元）	实际增长率（%）	占全部业务份额（%）
美国	558 847	-0.5	21.35	593 391	2.4	40.4	632 687	-1.4	25.0
英国	199 369	2.3	7.62	235 501	-1.6	70.0	238 890	-12.0	70.6
德国	94 661	-2.0	3.62	96 439	-1.8	39.9	106 571	-0.5	41.2
日本	354 053	-6.2	13.53	334 243	3.6	75.9	294 497	-7.7	71.0
中国	262 616	29.1	10.03	313 365	-5.4	54.5	347 545	2.8	53.0

资料来源：根据相关年份《中国保险年鉴》整理。

表 1-4　　世界主要国家 2014 年和 2021 年寿险保费收入状况

国别	2014 年		2021 年	
	保费收入（亿美元）	占全球寿险收入份额（%）	保费收入（亿美元）	占全球寿险收入份额（%）
美国	5 288.21	19.90	6 096.42	20.30
英国	2 353.21	8.86	2 842.84	9.50
德国	1 184.75	4.46	1 099.61	3.70
日本	3 715.88	14.00	2 958.50	9.90
中国	1 769.50	6.67	3 654.56	12.20

资料来源：根据相关年份《中国保险年鉴》整理。

②保险密度和保险深度。保险密度又称人均保费，它是保费收入与全国人口总数之比，反映了保险的普及程度，保险密度越高，说明该国每人用在保险上的支出越多，则该国保险业也越发达。保险深度是保费收入占国内生产总值（GDP）的比重，反映了一个国家保险业的发展程度，保险深度越高，说明该国国内生产总值中保险的贡献越大，则该国保险业也越发达。保险密度和保险深度这两个指标可以体现出发达国家和发展中国家保险发展水平的差距。人身保险发达的国家，不但保费收入高，而且人身保险保费占总保费的比重大，寿险密度和寿险深度也高。1950 年，对 15 个保险业比较发达国家的统计表明，这些国家的寿险深度平均为 2%，超过 2% 的国家有美国、英国、加拿大、瑞士、南非 5 国。1980年对 55 个保险业比较发达国家的统计表明，寿险深度达到 5% 以上的国家有美国、英国、瑞士、加拿大、德国、日本等 9 国。1990 年寿险深度达到 5% 以上的国家有 15 个。2000 年寿险深度最高的国家是南非和英国，均在 10% 以上，而最低的国家是沙特阿拉伯和卡塔尔，寿险深度几乎为零。同样，寿险密度居前三位的一直是日本、英国和瑞士，2000 年寿险密度居前两位的国家是日本和英国，分别为 3 165.1 美元和 3 028.5 美元，其他工业化国家的寿险密度也在 1 200 ~ 2 500美元，而发展中国家的寿险密度几乎都低于 100 美元。2010 年，寿险深度达到5% 以上的国家有英国、法国、瑞典、葡萄牙、芬兰、爱尔兰、丹麦等 12 国。2020 年寿险深度最高的国家是南非，达到了 11.2%，而最低的国家寿险深度几乎为零。2020 年寿险密度最大的国家是丹麦，达到了 4 746 美元。表 1 - 5 是世界主要国家 2016 ~ 2020 年寿险密度和寿险深度情况。

表 1 - 5　　　世界主要国家 2016 ~ 2020 年寿险密度和寿险深度情况

国别	寿险密度（美元）					寿险深度（%）				
	2016 年	2017 年	2018 年	2019 年	2020 年	2016 年	2017 年	2018 年	2019 年	2020 年
美国	1 724.9	1 674	1 810	1 915	1 918	3.02	2.82	2.88	2.92	3.0
英国	3 033.2	2 873	3 532	3 383	3 574	7.58	7.22	8.32	7.99	8.8
德国	1 050.6	1 169	1 161	1 222	1 281	2.75	2.63	2.41	2.64	2.8
日本	2 803.4	2 411	2 629	2 691	2 329	7.15	6.26	6.72	6.69	2.8
中国	189.9	225	221	230	241	2.34	2.68	2.30	2.30	2.4

资料来源：根据《中国保险年鉴》（2016 ~ 2021 年）整理。

③寿险的有效保单及有效保额。寿险有效保单及有效保额不断增长。美国有93% 的家庭拥有各种人寿保险，日本有 96% 的家庭拥有各种人寿保险。有时寿险有效保单数会超过全国人口数，例如，在 1984 年和 1985 年，日本寿险有效保单数就超过了全国人口数。在 2018 年，日本平均家庭投保件数为 3.9 件，平均家庭人数为 3 人。同时寿险有效保额占 GDP 的比重不断上升，甚至超过 GDP。

（2）险种不断创新。随着社会的发展、风险的变化，人们对人寿保险的需求也不断发生变化。寿险公司为了满足人们的需求，不断创新险种。例如，20

世纪初，为了适应低收入人群的需求，简易人寿保险开始出现；40～60年代，简易人寿保险发展异常迅速，业务量一度超过了普通人寿保险，成为国际寿险市场的主要险种；进入70年代以后，随着经济的发展，收入水平提高以及社会保险的实施给工薪阶层提供了基本的生活保障，使简易人寿保险业务开始萎缩，而普通人寿保险稳步增长。

传统的人寿保险险种有保障型的定期死亡保险、终身死亡保险、定期生存保险、两全保险和储蓄型的年金保险。20世纪60～70年代，寿险公司为了规避利率波动的风险，开发了传统的分红保险。80年代后，随着资本市场的发展以及金融工具间竞争的加剧，变额寿险、万能寿险等投资型寿险发展迅速，尤其是股票市场的上扬，带动了投资型寿险保单的热销。

早期人身保险的业务都是个人保险。工业革命之后，经济生活的社会化程度提高，出现了企业为职工投保的团体人身保险。进入20世纪70年代以后，许多企业把为职工投保团体人身保险作为一项企业福利，团体人身保险高速增长，增长速度明显高于普通寿险，甚至在80年代中后期团体人身保险的新合同件数超过了普通寿险。

进入21世纪后，随着世界人口老龄化的加剧，人们越来越重视生存保障，尤其是年老时的生活保障，因此，年金保险、养老金保险业务持续增长。2000年，全球寿险业之所以有如此高的增长率，原因之一就是西欧和美国个人养老年金需求的上升。

新冠疫情之后，由于亚洲国家预期复苏更快，全球保险市场的机会将持续不断转向亚洲，尤其是中国。据瑞士再保险sigma预测，中国在全球保费中所占的份额将继续迅速上升，2030年估计达到18%，但仍只有美国份额的一半。如果不考虑美国医疗保险的保费，中国依然有望在20世纪30年代中期前，成为全球最大保险市场。届时，另一个新兴大国印度也将跻身世界10大保险市场行列。

（3）寿险公司的组织结构发生变化。寿险公司的组织形式有相互制保险公司和股份制保险公司两种。相互保险公司为人寿保险的独特经营组织形式，在西方国家的寿险业中占有特别重要的地位。相互保险公司是由古代的互助团体延续下来，经过发展演化而成的。例如，作为现代人寿保险开端的英国人寿及遗属公平保险社，就是于1762年以相互保险公司的形式成立的。股份制保险公司是当前世界各国寿险公司中比较通行的组织形式。虽然相互保险公司和股份制保险公司在设立及经营方式上有所区别，但是对于投保人来说，投保选择时主要考虑险种、费率、分红率、售后服务水平、公司信誉等因素，至于公司的组织形式并不重要。因此，目前两种公司的数量都不少，只是由于历史传统和法律制度的因素，有些国家的人寿保险公司主要采用相互保险公司的形式，如日本，而有些国家的人寿保险公司主要采用股份制保险公司的形式，如美国。

随着寿险业的发展，相互制保险公司和股份制保险公司的区别已不再明显，在实行两种公司形式的国家，出现了相互制保险公司和股份制保险公司之间的相互转化。股份制保险公司考虑到股票易手导致的公司控制权转移和税务（一般情况下，股东须纳税，相互保险公司社员红利不纳税）等因素，向相互制保险公司转化。例如，在美国成立相互保险公司的条件比较严格，从 20 世纪 90 年代开始，要成立相互保险公司几乎不可能，唯一可行的办法就是先成立股份制保险公司，等公司财务稳定后再转为相互保险公司。同样地，由于金融市场竞争的加剧，寿险公司利润下降，对资本的需求增加，不少相互保险公司转化为股份制保险公司。例如，从 20 世纪 70 年代至今，美国有 16 家相互保险公司转化为股份制保险公司，而且随着投资的国际化发展，相互制保险公司向股份制保险公司转化的趋势还将进一步加强。

（4）寿险公司数量激增。随着人身保险业务的发展，经营人身保险的保险公司及其分支机构也不断增加。19 世纪初，全世界只有 30 多家寿险公司，到 1985 年初，全世界寿险公司达到 3 477 家，到 20 世纪 90 年代，全世界寿险公司的数量超过了 3 万家。在 20 世纪 80 年代以前，人寿保险公司之间的并购行为很少见，但从 80 年代开始，尤其是进入 90 年代以后，面对全球化的竞争，出现了许多国内人寿保险公司之间的兼并和收购，以及跨国之间保险公司的联盟、收购或者合营事件，产生了一批巨型保险集团。例如，1996 年 7 月，英国太阳联合保险和皇家保险合并，成为英国第一大综合性保险公司——皇家太阳联合保险公司；日本明治生命保险公司和安田相互生命保险公司在 2004 年 4 月合并，成为日本第三大人寿保险集团。除了寿险公司之间的兼并与收购外，许多人寿保险公司还购买银行、证券公司或者财产保险公司。

（5）寿险从业人员专业化。在人寿保险市场上，从事保险业务活动的人员除了寿险公司的员工外，还有大量保险中介机构的从业人员，如保险代理人、保险经纪人及其他辅助服务人员。由于人身保险业务的专业性和技术性较强，现代寿险公司的保险从业人员要精通各种相关技术，尤其是随着操作技术日趋标准化、规范化和现代化，对保险从业人员道德素质、技术素质和知识水平的要求也越来越高。保险从业人员的专业化提高了保险机构的经营水平，促进了整个保险行业的健康发展。

进入 20 世纪 90 年代后，随着寿险公司承保技术和精算技术的进一步提高，在科技创新、巨灾频繁、环境污染严重、人口老龄化加剧等背景下，人身风险的内容发生了新的变化，它不仅要求寿险业从全球的、动态的角度去识别人身风险，而且在新型人身保险险种开发方面也进行了大量的创新。例如，美国、西欧推出了绑架勒索保险，甚至针对全球气候变暖，许多寿险公司推出了相关的人身保险险种。险种的创新既满足了客户的特殊需要，也推动了人身保险业向更高层次发展。

1.3.3　我国人身保险的产生与发展 *

我国一直把人寿保险、健康保险和意外伤害保险统称为人身保险，统计指标

---

* 荆涛. 人寿与健康保险 ［M］. 北京：北京大学出版社，2011：53 – 58.

常以人身保险的形式出现，近些年来才开始分口径进行统计。

1.3.3.1 我国人身保险的起步

外商的寿险保险公司在华设立的具体时间尚缺可靠的资料考证，它们大约在1842年开始进入中国市场，但只有几家人寿保险公司在中国的主要通商口岸设立分支机构或代理处，其规模和业务量都很小，业务对象仅为旅华外侨，设立的机构以1884年美商纽约人寿保险公司和公平人寿保险公司，1891年英商永明人寿保险公司、美商永安保人寿保险公司和宏利人寿保险公司，1898年英商永福人寿保险公司、大东方人寿保险公司和永年人寿保险公司为早期的代表。此后，还有1905年英商华洋人寿保险公司和中外合资的华洋永庆人寿保险公司等。

由于清政府在内外交困的情况下不得不采取鼓励民族工商业的新政策，加上寿险公司获利较多，中国人也开始尝试经营。1894年成立的福安水火人寿、1907年成立的华安人寿、1909年成立的上海延年人寿和上海永宁人寿等都是晚清时期华商的人寿保险公司，其中福安水火人寿经营时间较长，福安上海分公司在1928年停业。在这一时期民族保险公司也获得长足发展，1905~1912年共成立了32家保险公司（水火险28家、寿险4家）。1907年（清光绪三十三年），华兴、华安、华成3家公司成立首届"华商火险公会"，说明华商公司在加强自身的组织和团结方面迈出新的一步。

1.3.3.2 新中国成立以前我国人身保险的发展历程

自第一家保险公司创办后，经过数十年艰难跋涉，到20世纪30年代前后，各类性质的保险公司应运而生。从资金性质来看，既有官僚资本的，也有民族资本合股筹建的，还有中外合资的，形成"三足鼎立"的格局，业务范围涉及工伤、财产、人寿、运输等险种。中国官僚资本开办的保险公司，由国民政府直接掌控的金融机构设立，包括中央银行、中国银行、交通银行、中国农民银行、中央信托局、邮政储金汇业局和后期成立的中央合作金库等。例如，1931年11月1日由中国银行投资500万元创办的中国保险公司[1]，1938年8月分别在中国香港和新加坡设立分公司，经营各种财产保险和人寿保险，中国保险公司旗下的子公司——中国人寿保险公司专营人寿保险业务。由民族工商业利用民族资本开办的保险公司发展得也很快，由于形式灵活，其业务十分活跃。其中1912年由吕岳泉在上海创办的华安合群人寿是中国第一家寿险公司，也是中国规模最大、始终与洋人保险公司抗衡的寿险公司，它在国内外广设分支机构，招聘寿险专家，开拓寿险业务，在筹款赎回胶济铁路运动中曾举办"赎路储金保险"，认购赎路储金，有力维护了中国人的权益。

民国时期各类保险公司都已具有相当规模，开办的业务已涵盖现代保险的主要险种，尤其是官僚资本开办的保险公司自成体系，分支机构遍及大江南北，具

---

[1] 自中国银行官网查询可知（https://www.boc.cn/aboutboc/ab7/200809/i20080926_6920.html）。

有垄断性。为规范保险市场，1929 年 12 月 30 日，国民政府公布了《中华民国保险法》，出台有关财产保险、人身保险、复保险、再保险等契约签订、存续、中止、失效、恢复等方面的规定，并规范保险双方的权利与义务关系；1937 年 1 月 11 日，国民政府修正该法，规定损失保险与人身保险不得兼营，但因外商公司反对等因素一直未付诸实施。迁都重庆以后国民政府又重新制定了一些单行的法规和办法，在 1941 年以前公布施行的有《国民寿险章程》《公务员团体寿险简章》《战时兵险法》《健康保险草案》等，1942 年又公布了修正后的《简易人寿保险法》；比较系统的保险法令、规章，是从 1943 年起由国民政府陆续颁布的《战时保险业管理办法》及其施行细则，火险、水险、人寿保险基本条款，以及《保险业代理人经纪人公证人登记领证办法》等。

抗日战争胜利后，官僚资本保险机构与卷土重来的外商保险公司相互勾结控制国内保险市场，集中在上海的大量游资被再度竞相投资于保险业，保险机构数量骤增，达到破纪录的高峰，呈现出表面繁荣的景象。到 1947 年 3 月，全国保险业的总、分支机构 507 家，外商依法注册的保险公司 50 家。依照 1944 年《保险业代理人经纪人公证人登记领证办法》，1946 年底登记的代理人有 42 人、经纪人有 358 人、公证人有 22 人。1948 年 6 月，全国保险业的总、分支机构已有 602 家。1948 年，上海的中外保险公司，包括外商保险代理机构，最多时有 275 家。在此期间，国民党中央信托局产物保险处驻美分处于 1948 年 5 月 6 日在纽约华尔街开业，开办资本为 250 万美元，这是中国在美国的第一家获准特许设立的保险机构。

由于国民党政府的腐败无能和恶性通货膨胀，新中国成立前夕的中国保险市场与其他行业一样，陷入大混乱的状态，主要表现在滥发保费折扣佣金、任意放宽收费期限、任意扩大自负保险责任、随意签发外币保单。到 1949 年，华商保险公司的总、分支机构已由 1948 年 6 月底的 602 家锐减为 369 家，其中一部分机构实际上已停止营业。上海接管官僚资本保险机构的工作自 1949 年 5 月 30 日开始，于 10 月 23 日基本结束，在官僚资本保险机构中，除中国产物保险公司和专营船舶保险及船员意外保险的中国航联意外责任保险公司被批准复业外，其他被接管的保险公司对未到期火灾保险单一律办理退保手续，终止保险责任。对人寿保险金的清理，因涉及新中国成立前货币的多次贬值，与银行存款清偿同样，保险公司草拟《人寿保险金清偿办法》上报审批。为恢复和发展经济，新中国成立后上海贯彻保护工商业的政策，扶持私营保险公司复业，加强对保险业的管理，其间共有 104 家私营保险公司复业，包括华商 62 家、外商 42 家。

1.3.3.3　新中国成立后至改革开放前我国人身保险政策的变化

1949 年 10 月 20 日，中国人民保险公司在北京成立，标志着新中国国家保险体系的诞生。1954 年 12 月 15 日，中国人民保险公司制定《解放前保险业未清偿的人寿保险契约给付办法》，由财政部批准实施，除无法对 17 家外商保险公司寿险契约进行清偿外，其余各公司的寿险清偿工作基本于 1957 年底如期结束，只有小部分给付延至 1959 年。

1958 年 12 月，财政部决定停办国内保险业务。1959 年，中国人民保险公司划归中国人民银行。

1.3.3.4 改革开放后我国人身保险业的恢复与发展

1978 年 12 月党的十一届三中全会后，我国进入社会主义建设新的历史时期。1979 年 4 月，国务院作出"逐步恢复国内保险业务"的重大决策，到 1980 年底，28 个省、自治区、直辖市都恢复设立了中国人民保险公司的分支机构。自1982 年恢复办理人身保险业务以来，我国人身保险事业有了很大的发展，中国人民保险公司率先恢复办理团体人身保险、团体人身意外伤害保险、简易人身保险、公路旅客意外伤害保险，并陆续开办学生平安保险、子女教育保险、婚嫁保险、独生子女父母养老金保险等，以及与教育事业、计划生育政策相配合的险种。这一时期的人身保险保费收入增长速度惊人，1982～1987 年年平均增长率达到 330%。

1991 年 4 月，由交通银行保险业务部分设，组建中国太平洋保险公司，这是我国第一家全国性、综合性股份制保险公司。1992 年，原深圳蛇口工业区招商局等单位合资创办的平安保险公司更名为中国平安保险公司，成为我国第三家全国性、综合性的保险公司。

1992 年，邓小平同志南方谈话发表后，我国的改革开放呈现出崭新局面，保险业也开始对外开放，美国国际集团的子公司美国友邦保险公司和美亚保险公司于同年 9 月获批在上海设立分公司，这标志着我国保险市场迈出国际化的第一步。

1995 年 6 月，《中华人民共和国保险法》颁布，根据《保险法》分业经营的原则，国内综合性保险公司分别进行分业改制与经营。1996 年 7 月，中国人民保险公司改制为中国人民保险集团公司，下设中保财产保险、中保人寿保险和中保再保险三家专业子公司。1998 年 11 月，集团公司撤销，三家公司分别改制为中国人民保险公司、中国人寿保险公司和中国再保险公司。

改革开放后，我国人寿保险业获得迅速发展，从保费规模来看，1987～1997 年人身保险保费收入年平均增长率为 35.8%，但保费规模仍低于财产保险。1997 年，人身保险保费收入开始超过财产保险，此后一直保持着保费规模上的优势。从险种结构来看，人身保险业务的品种更加丰富，在 20 世纪 90 年代前，意外险和简易人身保险是市场上业务量最大的险种，而这之后，随着 1992 年友邦公司率先在上海引入个人代理营销制，个人寿险、个人养老保险等险种业务量居前。1999 年下半年，我国人身保险市场上还推出了投资连结保险、分红保险和万能寿险等新型寿险产品。从市场主体来看，除国内独资公司外，外资、合资公司和健康保险公司、养老保险公司等专业主体也不断涌现。加入世界贸易组织（以下简称世贸组织）后，保险业及时清理与世贸组织规则和入世承诺不符的保险法律法规，并积极完善保险监管和行政审批制度，监管的效率和透明度大幅提高。

▨▨▨▨ **本章总结** ▨▨▨▨

人身风险，是指正常生活、经济活动过程中，直接作用于人的身体或生命状态，影响人的寿命、健康或生活质量的风险。从所导致后果的角度来看，人身风险被划分为生命风险和健康风险两大类，其中生命风险又可分为早逝风险和年老风险，健康风险又可分为疾病风险和残疾风险。

可保人身风险的理想条件包括风险事故发生的偶然性和非故意性、风险损失的明确性、大量风险标的均有遭受损失的可能性、损失程度的非巨灾性、保险费用的经济可行性等几个方面。

人身保险是以人的生命或身体作为保险标的，以人的生、老、病、残、亡等作为保险事故的保险。与财产保险相比，人身保险具有以人的生命或身体为保险标的、保额由双方约定、保险事故涵盖生老病残亡等多方面、合同的履行被称为给付、大数法则的运用在经营中至关重要等特征。

按照保障范围，人身保险包括人寿保险、健康保险和意外伤害保险。从微观角度来看，人身保险可以为个人、家庭和企业提供因人身风险导致的经济损失的保障，帮助个人及家庭保全财产，成为有效的投资手段与金融资产，让投保人和受益人享受税收减免，作为企业的员工福利、吸纳并留住人才；从宏观角度来看，人身保险能够稳定社会秩序、增进社会福利，促进资金积累和金融市场的发展，有助于积极应对人口老龄化，扩大社会就业，提高全社会的生命健康意识。

▨▨▨▨ **练习与思考** ▨▨▨▨

1. 人身风险的概念及其类别如何划分？

2. 可保人身风险的理想条件有哪些？这些条件意味着什么？

3. 人身保险的定义及基本特征有哪些？

4. 人身保险如何划分类别？为什么要这样划分？

5. 从微观和宏观两个角度理解人身保险的功能有哪些？

6. 如何理解人身保险的产生、发展与人类经济、社会进步及科学技术发展的关系？

02

主要产品篇

第 2 章　人寿保险

📖 **本章提要**

人寿保险是人身保险最重要的组成部分。它以人的生命作为保险标的，经过两百多年的发展与完善，在产品形态、定价方法和营销方式上形成相对成熟的体系。本章主要探讨人寿保险的特征与主要类别，从传统寿险、特种寿险、创新型寿险和年金保险四个层面，着重分析主要险种在保险责任、保险期限、适用范围及其局限性等方面的特点。

📑 **学习目标**

了解人寿保险的定义，掌握人寿保险的总体特征与主要分类。

掌握传统寿险中定期寿险、终身寿险和两全寿险在保险责任、保险期限、适用范围等方面的特点，理解这三类主要险种之间的区别与联系。

了解特种寿险的主要产品与保障特点，理解它和传统寿险的区别与联系。

掌握创新型寿险的主要类别及其特征，理解它和传统寿险在产品构造上的区别与联系。

掌握年金保险的产品构造原理、主要特点及其主要类别。

2.1　人寿保险的特征与分类

2.1.1　人寿保险的特征

人寿保险（life insurance），简称寿险，是以被保险人的生命作为保险标的，以被保险人的生存或死亡作为保险事故，在保险期间内发生保险事故时，依照保险合同给付一定保险金额的人身保险形式。

人寿保险是人身保险中最基本、最主要的组成部分，除保险标的明显不同之外，与其他人身保险在保费缴纳和经营上也具有一些不同的特点。

2.1.1.1　承保风险特殊，经营稳定

人寿保险以人的生死作为保险事故，又可称为生命保险。所谓"生"就是生存，生命得以延续，是指人们维持正常生理机能的一种状态，与婴儿出生的"生"性质不同。所谓"死"就是死亡，是与生存相对立的一种状态。而且随着保险实践的发展，死亡的含义不仅包括生命系统彻底停止运转、丧失全部机能的情况，还包括法律上的宣告死亡在内。也就是说，对"死亡"而言，原则上只问结果、不同原因，一律视为保险事故，当然对于一定期限内的自杀、投保人或受益人的故意行为、被保险人触犯刑律被判处死刑等造成的死亡，一般都作为除外责任。

虽然人终究是要死亡的，但死亡何时发生、生命可以延续多久却具有很大的不确定性，经过长期的统计与科学的计算可以发现，人的生存、死亡与年龄密切相关，在每一个年龄上都有着较稳定的死亡概率，并且这种死亡概率随着年龄增长呈现规律性的变化，这些概率和规律性被集中反映在"生命表"中。生命表的数据来源于保险人多年经营实践中数量巨大的被保险人生存、死亡的情况，由于资料来源广、基数大，观测时间又长，很大程度上排除了偶然性因素的影响，符合大数法则的要求，在预测保险事故发生的可能性上更加准确，根据生命表预计出的人的寿命和死亡率与人们的实际寿命和死亡率非常接近。保险人以生命表作为预测风险和计算纯保费的基础，不仅使人寿保险所承保的风险事故的发生相当稳定，而且人寿保险业务的经营也具有相当稳定性。理论上，只要保险人选用的生命表以及预定的保证利率适当，一般不会发生业务亏损，当然也不会出现很大的盈余。

2.1.1.2　以长期性业务为主体，采用均衡费率

与意外伤害保险等短期业务不同，人寿保险的保险期限一般较长。从国际人身保险业的情况来看，保险期限在 5 年以下的险种较少，大多数险种的保险期限是十几年甚至几十年。

死亡率是人寿保险费率厘定的基本要素之一。随着年龄的增加，死亡率也会逐年上升，特别是步入老年以后，死亡率上升的幅度更大。按照各年龄的死亡率计算的保费被称为自然保费，由于死亡率逐年递增，自然保费也逐年递增，而且进入中老年之后增加的速度越来越快，给寿险的业务经营带来两个方面的难题。一是容易出现财务困境，如果按照自然保费方式收取保费，被保险人年龄越大保费越高，可能会使大多数被保险人在晚年最需要保险保障时却因无法负担高额保费而不得不退出保险，也使人寿保险失去保障意义。二是容易出现逆选择，身体健康的人因保险费率上升、无力承担或认为没必要继续购买而退出保险，而体弱多病的人考虑到自身死亡风险程度增大从而坚持投保或续保。如果逆选择倾向得不到抑制，被保险人集合中实际的死亡率将高于预期死亡率，按预期死亡率厘定费率收取的保费将不足以弥补实际的死亡给付，为维

持经营，保险人不得不提高费率，进一步排斥了身体健康者的投保，而体弱多病者无论如何也会坚持留在被保险人集合之中，一旦形成这样的恶性循环，寿险业务经营将无法为继。

为化解这两方面的矛盾，保证业务的正常经营，人寿保险多采用均衡费率代替自然费率。均衡保费是将自然保费在整个缴费期内进行年度平均得出的保费，投保人在缴费期内每年所缴的保费相等。在均衡费率制下，投保人在保单早期所缴的均衡保费高于自然保费，而在保单晚期均衡保费会低于自然保费，也就是说，保险人用保单早期多收的保费弥补保单晚期不足的保费，将死亡风险造成的损失均匀地分摊于整个保险期间，使人寿保险具有与其他短期人身保险不同的特性。均衡保险与自然保险的差别如表 2 - 1 所示。表中的死亡率来源于中国人寿保险业经验生命表 CL3，保费是以 35 岁男性为被保险人，按保险金额为 1 000 元的终身寿险、保单的预定年利率为 2.5% 计算得出的。

表 2 - 1　　　　　　　　　自然保费与均衡保费的比较

年龄	死亡率（‰）	自然保费（元）	均衡保费（元）
35 岁	1.057	1.031220	14.18515
40 岁	1.650	1.609756	14.18515
45 岁	2.658	2.593171	14.18515
50 岁	4.322	4.216585	14.18515
55 岁	7.005	6.834146	14.18515
60 岁	11.378	11.100490	14.18515
70 岁	18.275	17.829270	14.18515
80 岁	29.296	28.581460	14.18515
90 岁	46.582	45.445850	14.18515
95 岁	73.092	71.309270	14.18515
100 岁	112.976	110.220500	14.18515
105 岁	171.599	167.413700	14.18515

资料来源：魏华林，等. 保险学 [M]. 北京：高等教育出版社，1999：149.

2.1.1.3　具有储蓄性质，日渐成为一种投资手段

一般来说，储蓄具有返还性和收益性，寿险保单的储蓄一般特征，来源于保单投保初期实缴的均衡保费超出自然保费的部分，由保险人代为保管，并进行投资使其不断增值，用于以后风险发生时的保险金给付或弥补投保后期均衡保费低于自然保费的差额。但人寿保险的储蓄与银行储蓄仍然存在着较大的区别，它的本金并不是投保人所缴保费的全部，仅仅是每年所缴的均衡保费扣除当年死亡保障费用、经营管理等费用之后的余额，并以年复利的方式累积，而且初衷不是获

取更高的收益，这部分资金的本金与投资利息之和，其实是对保单死亡（或生存）给付成本的预积累。

从保险合同双方当事人的不同视角去理解和衡量这部分预积累，引出两个相互联系又有差别的概念：保单责任准备金和保单现金价值，并引申出风险净额的概念。

（1）保单责任准备金。保单责任准备金，或称保单准备金，代表保险人对有效业务的负债，它与未来保费及利息所得一起，用于支付有效保单项下的未来给付。虽然寿险保单的保费在保单订立之初或每年的期初支付，甚至在保单早期是预支付，但保险人不能认为所有保费在支付时就是自己已经赚取到的利润，这些不立即用于支付保险金和费用的剩余资金，必须由保险人确认并作为投保人一方的利益保存起来，直到未来某天支付保险金时使用。将这部分剩余资金进行投资之后，在保险人的资产负债表上即体现为股票、债券、基金、存款等不同类型的资产。

（2）保单现金价值。保单现金价值，也称退保现金价值，是投保人在保单到期之前终止保险合同，可以从保险人处获得的现金数额。上述预积累的死亡（或生存）给付费用是由投保人缴纳的，所有权归属投保人，只是由保险人在一段时间内代为保管、投资和使用，如果投保人一方要求退保，保险人必须将保单累积的责任准备金以现金的方式予以返还，因为退保之后基于保单责任的未来负债就会停止，保险人也不必再留有资产支撑准备金负债。只是投保人可以得到的返还金额不可能是准备金的全部，需要扣除掉尚未分摊的各项保单费用和保险人资产变现过程中的一定价值损失。一般来说，投保人退保可以获得的现金价值数额，是保单准备金减去退保费用之后的余额，退保费用会因险种的不同、保险期限的不同而有所变化。另外，寿险保单中的那些"不丧失价值的选择权条款"，也是基于对投保人现金价值所有权的保护而设立的，对现金价值进行更为灵活处置的约定。

许多寿险保单具有现金价值，理论上讲，所有保单的现金价值都可以以相同方式得出，并且产生的基本原因也是相同的——未来死亡（或生存）给付费用的预积累。但如果以不同的方式来看待保单与现金价值的关系，寿险的储蓄及投资功能就会有较大差异。对于传统寿险，缴费标准是水平的，储蓄及其投资只被视为均衡缴费法的副产品，现金价值在保单签发之时就已经被计算出来，甚至固定不变，与保单责任不可分割，投资收益率与保单定价时的预定利率相当；而对于万能寿险和其他一些创新型寿险保单，现金价值经常被视为与保单相对独立的部分，类似一笔投资基金，死亡费用、附加保费甚至现金都可以从中支取，甚至允许灵活地决定缴纳保费的数额，如万能寿险，保单现金价值的规模处于不断变化的状态，并可以保险人最新的投资收益率计算每期的利息所得。

（3）风险净额。风险净额，又称净风险保额（net amount at risk），是指在某一时点上，寿险保单责任约定的保险金额与保单准备金之间的差额。

基于均衡保费的收取方式与保单准备金的积累原则，且一旦被保险人死亡，以该保单为基础的保单准备金将会消失或结束，由此可以认为，保险人对每张保单真正承担的风险额度低于保单所约定的保额。在任一时点上，寿险保障的实际金额是保额与保单准备金之间的差额，这一差额被称为风险净额。其计算公式为：

风险净额 = 保险金额 – 责任准备金（现金价值）

图 2 – 1 显示了一份普通终身寿险保单现金价值的累积过程，承保 30 岁男性，约定在被保险人死亡时给付保险金 1 000 美元，8.43 美元的均衡净保费每年缴纳一次，直到死亡。图 2 – 1 中左上的三角形部分为风险净额，右下的三角形部分为保单责任准备金，寿险合同所反映的保单责任准备金（现金价值）的逐年增加和风险净额的相应下降是明显的。可以这样理解，寿险保单可分为两个部分，一份递减的定期寿险和一份递增的储蓄，两者加在一起，总是正好等于保单的保额。

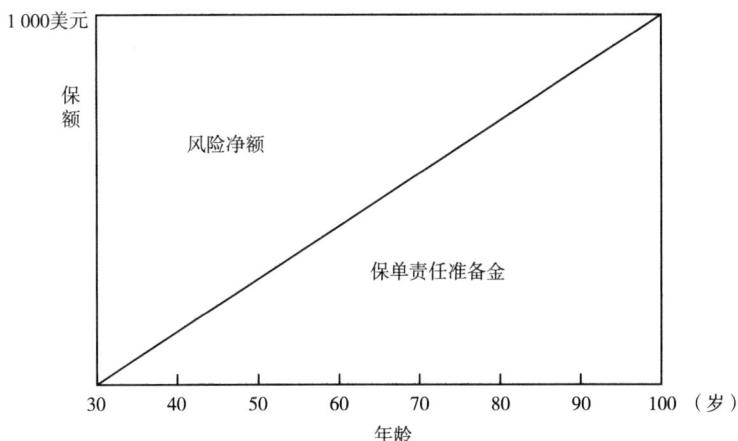

图 2 – 1　风险净额与责任准备金的关系

2.1.1.4　保险利益的特殊性与受益人的规定

由于人寿保险保险标的的特殊性——人的生命是无价的，使人寿保险的保险利益也不具有量的规定性；而财产保险的保险标的往往是财产及与财产相关的利益，具有实际价值，可用货币衡量，保险利益有量的规定性，受到保险标的实际价值的制约，其保险利益不应超过财产的实际价值。另外，人寿保险合同的效力也不受保险利益持续存在的制约，即保险利益的存在是合同订立的条件，而不是维持合同效力的条件。

在人寿保险中，要求投保人或保单所有人或被保险人指定受益人，即合同约定的保险事故发生后，有权申请领取保险金的人；而在财产保险中，一般认定投保人或被保险人基于自己的利益进行投保，其本人就是受益人，不需要另外指定受益人。

2.1.1.5 保险金额的确定与合同的给付性质

由于人寿保险保险标的的不可估价性，人寿保险合同属于定额给付性质，也就是说，其保险金额是由合同双方当事人通过协商约定的。人寿保险保额的高低，一方面要考虑被保险人对保险保障的需求，另一方面还要衡量投保人的缴费能力，而不像财产保险合同那样，根据保险标的的实际价值、可保利益等因素确定保额。只要寿险合同约定的保险事故发生，保险人就要按照合同约定的保额给付保险金，如果被保险人购买多份寿险保单，保险事故发生后，受益人可以同时向多个保险人提出保险金给付申请，各保险人都必须按照合同的约定进行定额给付，而且不构成重复保险。这就不像财产保险合同那样，保险事故发生后，保险人要遵循补偿原则根据被保险人的实际损失进行补偿，如果存在重复保险，各保险人还要进行损失分摊，如果存在第三方责任还可行使代位追偿权。

2.1.1.6 定价影响因素与特殊条款

寿险费率的计算主要基于四个方面的要素，即死亡率、预定利率、保额及给付频率和附加费用，这种确定方式有一整套完备的方法体系，依赖于可靠的统计资料和多年保险行业的实践经验，加上计算机技术的广泛应用与精算方法的不断进步，其预测的准确性也越来越高。同时，由于定价与责任准备金计算系统比较复杂，对寿险精算的专业技能要求较高，从而对从业人员的素质也有更高的要求，对寿险经营者也提出了更高的诚信程度与服务质量要求。制定科学合理的费率标准，并以精明强干的寿险营销人员相辅助，对各种有关保费缴纳、保险金给付、保单功能、现金价值等投保人提出的问题给予圆满的解释说明，是人寿保险人经营的要诀之一，也是对其业务最好的宣传方法。

与上述特点相关，人寿保险常规定一些财产保险合同所没有的特殊条款，包括宽限期条款、复效条款、年龄误告条款、自杀条款、保单贷款条款、不丧失价值条款、红利选择条款等。

2.1.2 人寿保险的分类

2.1.2.1 按保险事故不同分类

按照保险事故的不同，人寿保险可以划分为死亡保险、生存保险和两全保险。

（1）死亡保险。死亡保险是指以被保险人的死亡为保险金给付条件的人寿保险，即当被保险人在保险期限内死亡，由保险人给付合同约定的保险金额。死亡保险是人寿保险中最基本的组成部分，依据保险期限的不同，死亡保险又可分为两个种类，即定期死亡保险和终身死亡保险。

（2）生存保险。生存保险是以被保险人于保险期限届满或达到约定的某一年龄时仍然生存为保险金给付条件的人寿保险。生存保险的投保目的通常是为未成年人或年老者提供经济来源保障，带有较强的储蓄性质。生存保险又可分为单纯的生存保险和年金保险两类。

（3）两全保险。两全保险，又称生死合险，是无论被保险人在保险期限内死亡或在保险期限届满时生存，都可获得保险金给付的人寿保险，也就是说，它既为被保险人提供死亡保险，又为其提供生存保障。

2.1.2.2 按投保方式分类

按照投保方式不同，人寿保险可以分为个人寿险、联合寿险和团体寿险。

（1）个人寿险。个人寿险是以个人或家庭为风险管理的分析对象，以单个自然人为投保人，以单个自然人为被保险人而购买的人寿保险。这类寿险的一张保险单只承保一个被保险人，其定价因素中对死亡率的统计，仅限于被保险人本人，所以又被称为一元生命寿险或单生寿险。

（2）联合寿险。联合寿险是多个一元生命寿险的组合，是以单个自然人为投保人，将与被保险人存在利害关系的家庭成员作为共同或附带被保险人一同投保的人寿保险。在这类寿险中，被保险人为家庭中的两个或两个以上成员，如夫妻、父母与子女，以多个被保险人分别或共同发生保险事故为给付条件，通过一张保单使多个家庭成员共同获得保障。

（3）团体寿险。团体寿险是以企业或其他组织等团体为投保人，将团体中全部或大多数成员作为被保险人共同购买的人寿保险。这类人寿保险可通过一张总保单为团体中的众多被保险人提供保障，并可根据被保险团体规模的大小、风险状况不同和保障需求的差异，单独厘定费率或定制保险责任条款，对保险经营的灵活性和管理水平的要求也更高。

2.1.2.3 按照保单是否分红分类

按照投保人是否可获得分红，人寿保险可以分为分红寿险和不分红寿险。

（1）分红寿险。分红寿险是指保险人将每年年末盈利的一部分，以红利的方式分配给投保人或被保险人的人寿保险。分红保险最早是由相互制人寿保险公司提供的产品，基于相互制公司的独特性质，投保人购买分红寿险后不仅可以获得保险保障，还可以获得公司在保单实际经营中因死差益、利差益和费差益而产生的红利。目前，为了提高产品的竞争能力，股份制保险公司也提供具有分红功能的寿险产品。

（2）不分红寿险。不分红寿险是指投保人在购买后只能获得保险保障，没有盈利分配的人寿保险。通常情况下，分红寿险保单在定价时会采用相对保守的精算假设，即使用较保守的预定死亡率、收益率及费用率，尽可能规避经营风险、寻求稳健经营，为红利的产生创造空间，因而，分红寿险的费率要高于不分红寿险。

2.1.2.4 按照承保技术分类

在人身保险的发展历程中，最早产生的险种是传统人寿保险，因为当时的人们认为死亡是最大的人身风险，最初的人寿保险专指死亡保险。然而，随着社会的进步，生活、健康水平的提高，人口老龄化的加剧，以及人们对投资需求的增加，为满足多样化的保障需求，保险人运用更严谨、更科学的精算技术与承保手段，开发出更多种类的寿险产品，这些产品大致可分为传统人寿保险、特种人寿保险、创新型人寿保险和年金保险

（1）传统人寿保险。传统人寿保险，又称普通人寿保险，是指那些自人寿保险产生以来一直沿用至今的险种，主要以定期寿险、终身寿险和两全寿险为主，虽然人寿保险的种类在不断创新，但是由于能为被保险人提供最基本的风险保障，传统人寿保险始终在寿险中占有重要的地位。传统人寿保险在产品形态上有一个共同的特点，就是保障功能与保单的现金价值不可分割，保单的现金价值在整个保险期限内固定不变。

（2）特种人寿保险。特种人寿保险，是保险人为满足投保人差异化的消费和保障需求，在销售、承保和服务等方面对传统人寿保险进行变形和组合，而特别设计出的人寿保险。这类寿险在产品形态上与传统人寿保险没有本质的区别，即现金价值不可变，只是在保障功能与承保技术上对传统人寿保险进行特殊改造。

（3）创新型人寿保险。创新型人寿保险，是为克服通货膨胀对传统寿险保额和保单现金价值不可变的不利影响而开发出来的新型人寿保险，其保险费、保险金额和保单的现金价值可以随着市场利率高低、保险人的投资收益水平和经营费用高低作出相应的调整。

（4）年金保险。年金保险，是指被保险人生存至约定的年龄，保险人按照合同约定的金额、方式，在约定的期限内有规则地、定期地向被保险人给付保险金的保险。年金保险具有生存保险的特点，是以生存为给付条件的人寿保险，但通常意义上的生存保险的保险金是由保险人一次性给付的，而年金保险的给付是一定周期内的重复性多次给付，老年的被保险人可通过年金领取获得长期的养老财务保障。

2.2 传统人寿保险

2.2.1 定期保险

定期寿险（term life insurance）属于死亡保险的一种类型，是以死亡为给付保险金条件的寿险。

2.2.1.1　定期寿险的概念

定期寿险，也称定期死亡保险，是被保险人在约定的期限内死亡，保险人给付保险金的人寿保险。定期寿险提供在确定时期的保障，如果被保险人在约定的这个期限内死亡，保险人向受益人给付保险金，如果被保险人在约定的这个期限届满时仍然生存，保险人不给付保险金，也不退还保费。

2.2.1.2　定期寿险的特征

（1）保险期限确定且较短，合同届满不退还保费。这个确定的期限可以按照固定的年数来计算，如 3 年、5 年、10 年、15 年、20 年，也可以按照被保险人的年龄来计算，如被保险人的 50 岁、60 岁、65 岁、70 岁。虽然大部分定期寿险可以将保险期限约定到被保险人的 70 岁，但与终身寿险的保险期限可一直持续到被保险人寿终相比，这个确定的期限还是比较短的。在保险期限内被保险人死亡，保险公司按合同约定的保额给付保险金，例如，某人为自己投保了一份保额为 10 万元、10 年期定期人寿保险，如果被保险人在这 10 年内任一保单年度内死亡，保险人将立即支付给他的受益人 10 万元保险金；如果 10 年的保险期限届满时被保险人仍生存，保险合同终止，保险人不给付保险金，也不退还保险费。

（2）保险费率较低，保单多不具备现金价值。在相同保险金额、相同投保条件下，定期寿险的费率低于其他任何一种寿险。也就是说，用相同的保费支出，如果购买定期寿险可以获得最高额度的保险保障，这是定期寿险的最大优点。因为它提供的完全是风险保障，期限又相对较短，没有储蓄的性质。如果保险期限届满被保险人生存，其缴纳的保费及利息被用于分摊死亡者的保险金给付成本。

（3）采用趸交、期交缴费方式，期交保单的交费期间多与保险期限一致。通常情况下，人寿保险都可提供趸交和期交两种保费缴纳方式。趸交就是在投保时将保单有效期间的所有保费一次性缴清，期交就是在投保时和保单生效后的每个保单年度分多次缴纳保费。定期寿险一般也采用这两种缴费方式，而且通常情况下采用期交方式的保单，缴费期间与保险期限一致，这也是定期寿险费率较低的一个原因。

例如，中国人寿保险公司的祥和定期保险（99 版），为被保险人提供 5 年、10 年、15 年、20 年四种保险期间可供选择，一位 25 岁的被保险人投保 5 年期的该险种定期寿险，保险金额 10 万元，有趸交和年交两种缴费方式可供选择，如果选择趸交方式，在保单订立时一次性缴纳保费 470 元，在保单约定的 5 年保险期限内不再缴费保费；如果选择年交方式，缴费期间与保险期限一致，需要在保单订立时缴纳一次保费和在保单生效后 5 年内的每个保单生效对应日（或称保单周年日）再分别缴纳 4 次保费，每次的缴费金额为 115 元。如果在第 2 个保单年度内被保险人死亡（这时投保人累计缴纳年交保费 230 元），保险人将向受益人给付 10 万元保险金，保险合同因保险责任履行完毕而终止；如果在约定的 5 个保单年度届满时，被保险人仍然生存（这时投保人累计缴纳年交保费 575 元），保险人不给付保险金，也不退还投保人所缴纳的保费，保险合同因保险期限届满而终止。

（4）投保人的逆选择倾向增加，易诱发道德风险。投保定期寿险可以用较少的支出获得较大的保障，所以极容易产生逆选择，表现为人们在感到或已经存在着身体不适时，或者感到有某种极度危险存在时，往往愿意投保，甚至投保较大金额的定期寿险；而如果感到身体健康、状态良好时，往往会退保或不愿意续保。同时，由于定期寿险费率较低，如果出于不良的投保目的骗取保险人的保险金给付的话，投保定期寿险就可以用较少的保费支出获取较高额的收益，所以在定期寿险的经营中，道德风险的发生率比较高。为控制承保风险，保险人在核保时会对高保额的投保申请进行生存状况和财务状况的重点核查，对身体状况较差或者从事某些特殊风险职业的被保险人提高收费标准，对身体健康状况较差的、年龄较高的被保险人拒绝承保。

（5）可续保性有利于被保险人获得持续保障。一般1年期、3年期、5年期或10年期定期寿险会包含一项可续保的选择权，在原保单的保险期限结束之前，不经可保性检查便可将保险期限延长一定的期限。即被保险人不必进行体检，不论健康状况如何，不必提供可保证明，就可将原保单的保险期限延长。如果没有这项选择权的规定，被保险人可能在保险期限届满时因健康状况不佳或其他因素不能再获得寿险保障或者根据实际的风险程度以较高的费率承保。因此，这项选择权是对被保险人利益的保护。

为了防范逆选择，续保条款中一般会有续保次数的限制，或被保险人可续保的最高年龄限制，如被保险人年龄超过65岁不可再续保，并且要按照被保险人续保时达到的年龄所对应的费率缴纳续保期间的保费。

（6）可转换性增加保障的弹性和灵活性。很多定期寿险保单可以进行转换，即允许投保人将定期寿险转换成终身寿险或其他等额的长期寿险而无须提供可保性证明。定期寿险的可转换权对投保一方提供了两方面的有利之处：一是保障被保险人的可保性。因为在定期寿险保单生效一定年数后，有相当大比例的被保险人因健康等因素变得不能以"标准费率"获得终身寿险或两全保险，尤其是一些收入较低的年轻人，可能在早期因支付能力不足无法购买终身寿险或其他长期寿险，可转换性条款增加了他们在收入水平提高以后获得终身保障的机会，即使当时的身体健康条件发生了变化也不受影响。二是在一定程度上满足变化的投保需求。在购买定期寿险时，投保人可能尚未确定哪种类型的寿险更适合其需要，或者虽然需要终身寿险但因经济能力限制只能选择定期寿险。若干年后，投保人的保障需求或经济能力发生变化，就能使用转换权将定期寿险转为终身寿险或两全保险。这样投保人就可以在收入较低时以低廉的保费及时获得力所能及的保障，同时也可以在事业发展、收入较高时不受自身健康条件的限制获得永久性的长期寿险保障。例如，处于抚养子女期间的夫妇，由于家庭需要支付子女的抚养及教育费用，通常家庭的死亡保障需求会很高，因为抚养期内夫妇一旦死亡，其子女没有独立的经济能力，会陷入难以维持生活及获得教育的困境。在抚养子女期间购买定期寿险，可以用较少的费用获得相应的保障，确保投保家庭在父母遭遇不测后，通过领取保险金保持较好的成长和教育环境。在子女长大成人、经济独立后，家庭不再需要这份死亡保障时，父母就可行使转换权，把定期寿险转换为终身寿险或其他更需要的寿险保单。在美国，大约有 1/12 的定期寿险保单会办理转换。[①]

为避免逆选择，定期寿险的可转换期一般较保单有效期要短，也就是说，这种变换的选择权一般只允许在一个规定的变换期内行使，这个变换期比寿险合同的保障期限要短。例如，一份保险期限持续到被保险人年满 70 岁的定期寿险保单，只允许在被保险人年满 60 岁之前进行转换；再如，一份保险期限为 20 年的定期寿险，只允许在合同生效以后的 5 年内或 10 年内行使转换权，5 年或 10 年后将不能行使转换权。对转换后寿险的保额也会有限定，一般不超过原定期寿险的保额，或者只能按照原定期寿险保额的一定比例进行转换。例如，一份 10 年期定期寿险条款规定，若在合同生效 5 年内转换成长期寿险，可按原保额的 100% 转换，若在 5 年以后的年份转换，只能按原保单的一定比例，如 70% 、50% 转换，甚至规定保单生效超过 7 年将不允许转换。

定期寿险的转换方法有以下两种：

① 按被保险人所达到的年龄转换。这相当于保险人在转换日期签发一份新的终身寿险保单或两全寿险保单，新保单的费率则根据被保险人转换日期所达到的年龄来确定。

② 按被保险人投保时的年龄转换。这是一种具有追溯效力的转换方法，即在转换日期签发一份新的终身寿险保单或两全寿险保单，新保单的费率根据被保险人在购买原定期寿险时的年龄来确定，当然，保险人会要求投保人支付相应的保费差额，即按投保定期寿险年龄时就已取得这份新保单应付的保费与实际已付的定期寿险保费的差额，并收取这个差额从原投保日期到转换日期这些年度的利息，另加收取少量手续费。

2.2.1.3 定期寿险的适用

根据人类生命价值理论的观点，寿险的核心功能就是补偿被保险人的生命价值损失。定期寿险以其费率低、保障高的优点越来越受到人们的重视，许多国家定期寿险保单销售呈上升趋势，尤其是随着现代投资工具的增多，人们已不再看好储蓄性保险。定期寿险主要适用于以下四个方面。

（1）满足收入较低但需要高额保障的人的投保需求。由于定期寿险保费低廉的特点，投保人可以通过缴纳很少的保费而获得在一定时期内高额的死亡保障。例如，某年轻人是一家之主，且是唯一的家庭经济提供者，显然，他需要高额的保险保障。但通常情况下他的收入水平不可能太高，在支付家庭的日常开支之后，缺乏负担较高保费的能力。这类人群最适合购买定期寿险，而且，如果购买的是可转换或可续保的定期寿险，还可以保证将来在他有更高的保费支付能力

---

① 荆涛 . 人寿与健康保险［M］. 北京：北京大学出版社，2011：67.

时，不会因健康状况变差而失去获得期限更长、责任更全面保险保障的机会。

（2）作为终身寿险或两全保险的补充。支付同样的保费可以获得比终身寿险和两全寿险的保额高出许多倍的定期寿险，因而定期寿险可以用来补充终身寿险或两全寿险保险金额的不足。例如，在已经购买终身寿险的情况下，被保险人如果因家庭或职业等因素，在一定时期内死亡保障需求增加，就可以再投保一定额度的定期寿险，既可弥补保障的不足，又不会增加过多的保费负担。此外，有些公司在为大多数雇员购买团体保险之外，还会为在公司经营中起关键作用的核心员工单独购买高保额的定期寿险，作为增加核心员工归属感的激励措施。

（3）用于抵押或其他贷款的担保。许多债权人愿意接受债务人的定期寿险保单为附加的担保，来增加贷款偿还的安全性，在贷款的偿还期限内，如果债务人死亡，定期寿险的保险金可以用来偿还贷款。

2.2.1.4　定期寿险的种类

定期寿险可提供保额固定和保额非固定的保单，前者包括保费递增型保单和均衡保费型保单，后者包括保额递减型保单和保额递增型保单。

（1）保额固定的保单（level face amount policies）。该保单在整个保险期限内提供固定保额的死亡给付，其保费或者随着年龄增加，或者保持固定不变。

①保费递增型保单（increasing-premium policies）。保额固定而保费递增的定期寿险通常被称为可续保合同，包括：a. 每年可续保定期寿险（yearly/annual renewable term，YRT/ART）。每年保费随年龄的增长而递增，即所谓自然保费，而保额固定不变。在美国，通常每年可续保定期寿险保单的最低签发年龄从15岁到20岁，最高签发年龄从60岁到70岁。这类保单一般不会作为个人寿险单独投保，可以作为团体定期寿险，或者与其他寿险进行组合来销售。b. 3年、5年或10年等可续保定期寿险。此类可续保定期寿险的保费在续期保单时，要按照被保险人所达到的年龄来增加，但保额保持不变。

②均衡保费保单（level-premium policies）。均衡保费保单也称固定保费保单，即保费在一定期限内固定不变的定期寿险。例如，5年期、10年期、15年期、20年期的定期保单，固定保费，不可续保，或者平均余命定期寿险（level-expectancy term），即从投保时开始到该年龄人平均余命结束这段时间内保费固定不变的定期寿险保单。如45岁人平均余命为33年，该45岁的人可购买一份33年的定期寿险，保单期限内保费固定不变，或者期限到某一年龄如退休年龄65岁的定期寿险，这种定期寿险可转换为终身寿险或两全保险，但必须在满期之前作出转换选择。

均衡保费定期寿险与可续保定期寿险在保费负担上的不同，可通过图2-2所示内容来进行比较。图2-2（a）所示为，被保险人在30岁时签订的一份期限30年、保额50 000美元的固定保额、均衡保费定期寿险，在30年的保险期限内具有固定的保额、均衡不变的费率；图2-2（b）所示为，被保险人在30岁时签订的一份每10年可续保一次的、保额50 000美元的定期寿险，保额不变，费率会随着每次续保而增加。

到60岁的定期寿险
50 000美元保险金额

每10年续保的定期寿险
50 000美元保险金额

保费费率

保费费率

30　40　50　60　（岁）
年龄
（a）

30　40　50　60　（岁）
年龄
（b）

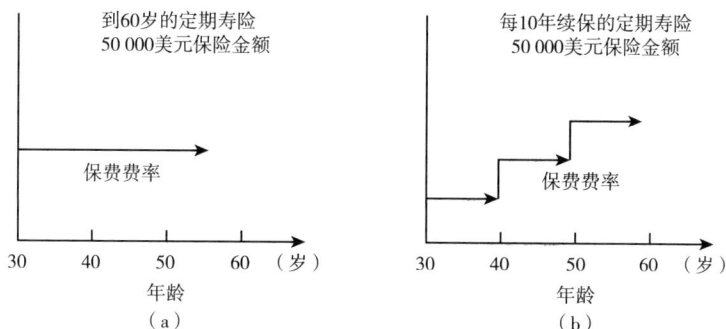

图 2－2　均衡保费定期寿险与可续保定期寿险的保费比较

（2）保额非固定保单（non-level face amount policies）。保额非固定定期寿险是指保单的保额会根据约定的方式随着保险期限的进程而增加或减少的定期寿险，具体包括以下几种。

①保额递减型定期寿险。这类保单一般可作为终身寿险或两全寿险的附加特约，也可以作为一份单独保单签发。其保额逐年减少，到保险期限届满时保额为0，因此费率很低，使用均衡费率。

a. 信用人寿保险（credit life insurance）。信用人寿保险是典型的保额递减型定期寿险，以债务人（借款人）为被保险人、债权人（放款人）或债权人指定的人为受益人，债务人于未偿清贷款之前死亡或全部丧失工作能力，保险人负责偿还贷款余额。当债务人偿清全部贷款本金和利息时，保险责任终止。它既可以由债务人为自己投保，也可以由债权人替债务人投保。它适用于短期借贷和分期付款的消费信贷，保险期限一般为 10 年。被指定为受益人的通常是商业银行、财务公司、信用社和使用赊销的零售商。寿险公司一般也委托这些机构代理这项业务。在美国，有 250 余家人寿保险公司提供信用人寿保险，[①] 其中一些公司来专门经营信用人寿保险。这种保单可以向个人和团体签发，但大部分信用人寿保险以团体方式承保。

b. 按揭保险/抵押贷款偿还保险（mortgage redemption insurance）。按揭保险是一种死亡保险金与递减的抵押贷款未偿余额对应相等的保额递减定期保险计划，即如果借款人购买了按揭保险，保单的死亡保险金在任何给付时间等于未偿贷款余额，期限由抵押贷款的期限决定，通常为 15 年或 30 年。一般整个保险期间使用均衡保费，尽管不要求按揭保险的受益人将保险金用于偿还抵押贷款，但通常受益人会如此处理。按揭保险可以以联合的形式，即联合按揭保险（joint mortgage redemption insurance）的形式存在，它与按揭保险预定的保险金相同，只是联合保单的被保险人是两个或两个以上，如果两个被保险人在保单满期时健在，该联合保单终止；如果保单有效期内有其中的一个被保险人死亡，需向保单

---

① 荆涛 . 人寿与健康保险［M］. 北京：北京大学出版社，2011：11.

的受益人，通常是另一个健在的被保险人给付保险金，但并不要求受益人将领取的保险金用于偿还抵押贷款。

c. 家庭收入保险（family income insurance）。如果被保险人在保险期间死亡，向其遗属提供约定的月收入保险金，一直持续到购买保单时约定的时期结束。之所以是一种保额递减定期寿险，是因为被保险人在保险期限内活得越久，保险人需要支付月收入保险金的时间越短，支付的保险金总额也越小。家庭收入保险通常作为终身寿险的一个附加条款被签发。

②保额递增型定期寿险（increasing term life insurance）。这类保单是为了抵御通货膨胀对保障程度的影响而订立的，如附加在许多保单上的生活费用调整附加特约，功能是随着消费物价指数增加，自动增加保单的死亡给付金额，增加的额度会根据一国的生活费用指数测度并计算出来，比如在美国根据消费者物价指数（CPI）计算。投保人会收到由于保额增加而定期增加的保费通知，对增加的保额不必提供可保证明，只要附加特约每年仍持续有效即可。CPI下降通常不会导致所购买的保额减少，而是持续保持上年度保额不变。

2.2.2　终身寿险

2.2.2.1　终身寿险的概念

终身寿险（whole life insurance）又称终身死亡保险，或不定期死亡保险，是被保险人在投保以后无论何时死亡，保险人均按合同约定的保额向受益人给付保险金的人寿保险。终身寿险可以为被保险人提供保单生效之后整个生命周期的死亡保障。

2.2.2.2　终身寿险的特点

（1）没有确定的保险期限。从投保人一方来看，保险合同并没有约定确定的期限，只有被保险人死亡，保险公司履行了给付义务，保险合同才会终止；但是从保险人一方来看，如果合同不确定期限就无法通过计算死亡给付成本来定价，所以终身寿险在定价上相当于保险期限为生命表中被保险人"终极年龄"的定期寿险，也就是说，在对终身寿险进行费率计算时保险人会假定其承保的所有被保险人在寿险生命表的"终极年龄"全部死亡。

（2）比定期寿险费率高，保单具有现金价值。像定期寿险一样，终身寿险也可以采用趸交、期交方式缴纳保险费，大多数终身寿险的保费采取均衡缴费形式，而且，通常终身寿险的履约期限比定期寿险期限要长，所以在相同承保条件下，终身寿险的费率比定期寿险的费率要高。这就意味着，从首次缴费开始，投保人所缴纳的均衡保费中预积累的死亡成本较多，形成相当可观的现金价值。

与定期寿险不同，终身寿险一般都具有现金价值，但由于缴费方式的不同，现金价值的累积速度是不一样的。持续缴费寿险的累积速度比限期缴费寿险缓慢，而限期缴费寿险的累积速度比趸交费寿险缓慢。应注意的是，在保单生效的最初几年，通常是 1~2 年，一般无现金价值或者现金价值非常少，因为在保单生效的最初几年，保险人要集中扣除代理人佣金和各项经营费用。

（3）不丧失现金价值选择权的灵活性。不丧失价值选择权（nonforfeiture option）是指在保单生效若干年度后，特别是累积了一定规模的现金价值后，如果投保人不想再继续缴纳保费，保险人可提供多种选择方式对现金价值进行安排，以保障投保人的权益。

①退保领取现金价值。投保人提出退保申请，保险人将保单已经积累的现金价值退还给投保人。

②改为减额缴清保险（reduced paid-up insurance）。投保人在被保险人的某一年龄不继续缴纳保费，将保单累积的现金价值作为趸交保费购买一份与原保单责任、期限相同但保险金额降低的保单。

以图 2-3 所示为例，被保险人于 32 岁购买了一份保额为 20 000 美元的终身寿险，在 52 岁时，选择不继续缴纳保费并使用减额缴清选择权，将保单累积的现金价值作为趸交保费来购买一份保险期限不变、保额为 10 500 美元的终身寿险。

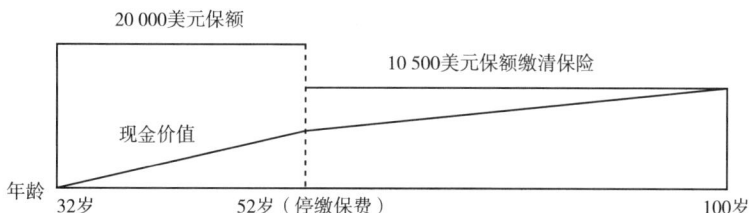

图 2-3　减额缴清选择权

③改为展期保险（extended term insurance）。投保人在被保险人的某一年龄不继续缴纳保费，将保单累积的现金价值作为一次缴清的保费购买一份与原保单责任、保额相同的定期寿险，限期的长短根据现金价值的额度来计算确定。

以图 2-4 所示为例，被保险人于 35 岁购买一份保额为 20 000 美元的终身寿险，在 55 岁时，选择不继续缴纳保费并使用展期保险选择权，将保单累积的现金价值作为趸交保费来购买一份保额仍为 20 000 美元，但只能保障 19 年余的定期寿险。

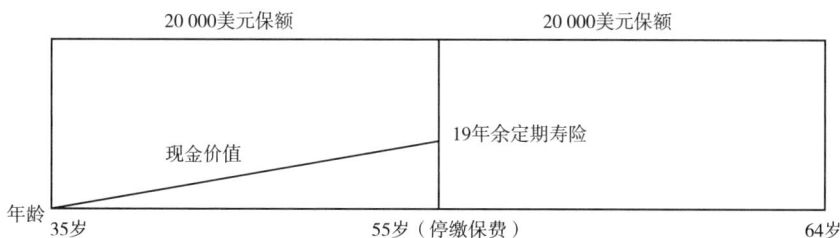

图 2-4　展期保险选择权

2.2.2.3　终身寿险的主要类型

终身寿险的保额通常保持不变，除非保单有特约条款允许在一定情况下进行保额的调整，如按照物价指数进行保额的调整，但要另付调整保额相应的保费。根据缴费期限的不同，终身寿险主要可分为持续缴费终身寿险、限期缴费终身寿险和趸交保费终身寿险三大类。

（1）持续缴费终身寿险（continuous-premium whole life insurance）。持续缴费终身寿险又称普通终身寿险（ordinary life insurance）或直付寿险（straight life），这是一种拥有最古老形态的终身寿险，是需要按照均衡费率终身缴纳保费，要求投保人一直缴费至被保险人死亡为止的终身寿险，只要一个保单年度结束的时候被保险人还活着，就要继续缴纳下一年度的保费。习惯上，若被保险人生存到生命表的"终极年龄"，可以免缴之后的保费。

（2）限期缴费终身寿险（limited-payment whole life insurance）。限期缴费终身寿险与普通终身寿险类似，但保费需要在保单生效后的特定期限内缴清，在该缴费期限届满之后，保单就成为缴清保单，无须再缴费，保险责任与保额终身有效。保费缴纳期间可以为一定年限，如5年、10年、20年，也可以是某一年龄，如被保险人的60岁、70岁。

（3）趸交保费终身寿险（single-premium whole life insurance）。终身寿险也可通过一次性缴清保费的方式来购买，即趸交保费的终身寿险，这实际上是限期缴费终身寿险的极端形式。从寿险定价的原理来看，从保单签发之日的时点上来衡量，一次性缴清的保费与限期缴费方式下每一次缴纳的保费的现值总额是相等的，而且限期缴费的保费现值总额与持续缴费的保费现值总额也是相等的。

2.2.3　生死两全保险

2.2.3.1　生死两全保险的概念

生死两全保险（endowment insurance）又称两全保险，或生死合险，是指以被保险人在保险期间内死亡或生存至保险期限届满为给付保险金条件的人寿保险，即如果被保险人在保险期限内死亡，保险人按照保险合同的约定给付死亡保险金；如果被保险人生存至保险期限届满，保险人按合同的约定给付生存保险金。

可以看出，两全保险是将定期死亡保险和生存保险结合的保险形式。生存保险是指被保险人在保险期限届满或达到约定年龄时仍生存，保险人依照合同约定给付保险金的一种人寿保险。生存保险以被保险人的生存为给付条件，如果被保险人在保险期限内死亡，保险人就不必承担给付责任，也不退还保险费。纯生存保险（pure endowment）很少被单独出售给成年人，市场上销售的保单大多是以未成年人作为被保险人，为其提供教育或抚养费用支持，因为很少有成年人愿意冒在保险期满之前死亡却得不到任何补偿而又损失保费的风险。所以，纯生存保险往往会与死亡保险组合销售，或者以年金保险的形式来销售。

2.2.3.2　生死两全保险的特点

（1）由均衡保费、固定保额的定期寿险和生存保险两部分组成。从数理角度来看，在两全保险中保险人作出两份承诺，第一份，被保险人在保险期限内死亡，给付死亡保险金，这是一份保额固定、限期确定、均衡保费的定期死亡保险；第二份，被保险人在保单期限届满生存，可获得保险金给付，这是一份保额固定、限期确定、均衡保费的纯生存保险。

生死两全保险 = 定期寿险 + 纯生存保险

（2）保障全面，费率高。两全保险是将生存保险和死亡保险合二为一的保险，因此投保两全保险所缴纳的纯保费是同一时期生存保险和死亡保险的纯保费之和。

（3）具有现金价值，储蓄性质更加明显。从经济的角度来看，两全保险可分为两个部分，保险金额递减的定期寿险和金额递增的现金价值，现金价值可以被看作一种储蓄，即责任准备金。定期寿险部分是金额递减的保险，在被保险人死亡时，这一递减金额加上递增的责任准备金恰好等于两全保险的保单面额，也就是应给付的保险金。这一点与终身寿险相似，只是两全保险现金价值累积的速度会更快一些。

2.2.3.3　生死两全保险的种类

两全保险的种类很多。按照保险期限来划分，可划分为从 5 年到 30 年或更长期间的两全保险；还可以根据被保险人的年龄来规定期限，如到 60 岁、65 岁或 70 岁的两全保险。按照缴费方式来说，通常缴费期限与保险期间相同，目前也出现了限期缴费的险种，如 20 年缴清、65 岁到期的两全保险。在一些欧洲国家，趸交保费生死两全保险很流行。在英国，长期生死两全保险一般被购买来配合抵押贷款，将两全保险到期保险金用来偿还未付贷款的余额。如果按照保障金额与人数的变化可以分为以下几类。

（1）普通两全保险。普通两全保险是指单一保额的两全保险。即不论被保险人保险期限内死亡还是期满生存，保险人给付的保险金额相同。

（2）期满双倍两全保险。期满双倍两全保险是生存与死亡保险金额的不同组合，如半两全保险，生存给付保险金是死亡给付保险金的一半；再如期满双倍两全险，生存保险金给付额度是死亡给付额度的 2 倍。

（3）多倍保障保单。多倍保障保单规定如果被保险人在一个约定时期内死亡，如合同开始生效的最初几年，给付多倍保额的保险金，而在约定期满后死亡只给付基本保额。这个多倍保障的期限，可以约定为 10 年、15 年或 20 年，或者到退休年龄。

（4）联合两全保险。联合两全保险同时承保两个或两个以上被保险人，即保险期内任一被保险人死亡，都给付保险金额，期满时被保险人全部生存，也给付保险金额。

2.2.3.4 生死两全保险的适用

（1）作为一种储蓄手段。两全保险有时被称为储蓄保险，虽然不提供比其他投资更高的收益率，但可以作为一种强制节俭的手段。

（2）作为提供养老财务保障的手段。如果选择在退休年龄时期满，两全保险可以成为积累养老金的一种方式。

（3）作为特殊目的的资金积累手段。由于它的强制储蓄性质和合理避税的效果，可以成为特殊情况下积累资金的一种方式，如为家庭中的子女积累一定数量的教育资金或婚嫁资金。

2.3 特种人寿保险

人寿保险还包括传统寿险险种的各种变形，以及各种传统寿险的混合，如终身寿险和定期寿险混合的保单，以及为特殊需要而设计的人寿保险保单等，通常情况下，把产生较晚或承保技术上较为特殊的人寿保险称为特种人寿保险。特种人寿保险是指在保单条款的某一方面或某几方面作出特殊规定的人寿保险。

2.3.1 简易人寿保险

为了使低收入阶层获得人寿保险保障，美国谨慎保险公司在 19 世纪中叶率先推出了简易人寿保险。它是一种保额低、不要求被保险人进行体检的人寿保险，绝大部分简易人寿保险具有现金价值。简易人寿保险又称上门服务的寿险单，由代理人每周或每月上门收取保险费。

2.3.1.1 简易人寿保险的特点

与一般传统寿险相比，简易人寿保险具有以下特点。

（1）通常以保费为单位出售保单。它不像传统寿险那样，通常以每 1 000 元保额为基数，逐年计算出根据被保险人年龄厘定的费率表，而是以一定额度的保费能够购买多少保额来进行销售，如以 5 美元保费单位出售一份简易人寿保险。

（2）多为定期保险，缴费周期间隔较短。通常保险合同中对保险期限有明确的规定，如我国的简易人寿保险的保险期限有 5 年、10 年、15 年、20 年、30 年五种，投保人根据被保险人的年龄，在不超过合同期限届满最高年龄（70 岁）的前提下进行选择，如 50 岁的被保险人只能选择投保 5 年期、10 年期、15 年期、20 年期的简易人寿保险。简易人寿保险的缴费间隔周期也比较短，缴费次数频繁，一般每周或每月缴费一次。

（3）保额较低，但总体费率高。因低收入人群的缴费能力所限，保单的保额一般较低，但它的费率相对高于传统寿险，主要是出于以下三个原因：一是被保险人是低收入阶层，生活质量不高，又未经过体检，死亡率相对较高；二是上门收取保费增加了销售和管理费用；三是保单失效率高。

2.3.1.2　简易人寿保险的适用

20 世纪初，简易人寿保险业务在英美国家发展很快，30～40 年代是高峰时期，曾成为美国人寿保险的第二大险种，占有效人寿保险金额的 18% 左右。如今，它已失去了重要性，仅占有效保额的 1%，这归因于雇主投保的团体人寿保险得到迅速发展，以及大多数美国工人购买传统大额人寿保险的能力增加。[①]

2.3.2　联合人寿保险

一份寿险保单通常只为一个人提供风险保障，但从理论上讲，一份保单承保多个人也是可行的，如联合人寿保险（joint life insurance）。联合人寿保险是以两个或两个以上的人作为被保险人，如果其中一人死亡，生存的人领取全部保险金，且此时合同终止的人寿保险，被称为联合终身人寿保险（joint whole life insurance）或第一生命寿险（first-to-die insurance）；如果在数个被保险人中最后一个人死亡时给付保险金，则被称为最后生存者保险（last survivor life insurance）。

联合人寿保险可以使用终身寿险、两全保险或定期寿险方式承保，但经常使用终身寿险方式。通常夫妻间或合伙企业的合伙人会购买这类保险，夫妻投保联合寿险时，会指定双方互为受益人，当一名被保险人死亡时，保险人将给付保险金；合伙人购买联合寿险的目的，是当一个合伙人死亡时，其余生存的合伙人把领取的保险金用来购买死去合伙人在合伙企业中的权益。最后生存者保险主要针对夫妻都有工作，如果其中一人死亡不会对抚养子女产生重大困难的家庭，购买最后生存者保险的保费约为单人保险的 70%。

2.3.3　可修正终身寿险

可修正终身寿险（modified whole life insurance）包括修正保费的终身寿险和修正保额的终身寿险两类。

2.3.3.1　保费可修正的寿险保单

保费可修正的寿险保单（modified premium policy）是普通终身寿险的一个变种，主要区别在于，在保单生效后的最初几年内，年保险费会低于普通终身寿险

---

① 荆涛. 人寿与健康保险［M］. 北京：北京大学出版社，2011：79.

的年均衡保费，在修正期后的年度内，会高于普通终身寿险的年均衡保费。最初几年内的低保费可采用均衡方式，具体如图2-5所示。

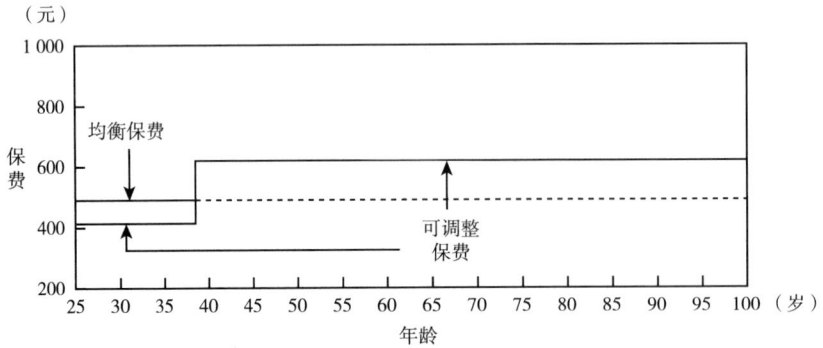

图2-5 保费可调整的寿险保单之一

此外，保费也可采用逐年递增方式，如图2-6所示。保费可调整的寿险保单比较适用于年轻的家庭，年轻的夫妇对保险保障需求大，收入水平不足以缴付常规的普通终身寿险保费，但他们的缴费能力会在保单后期逐年增加。

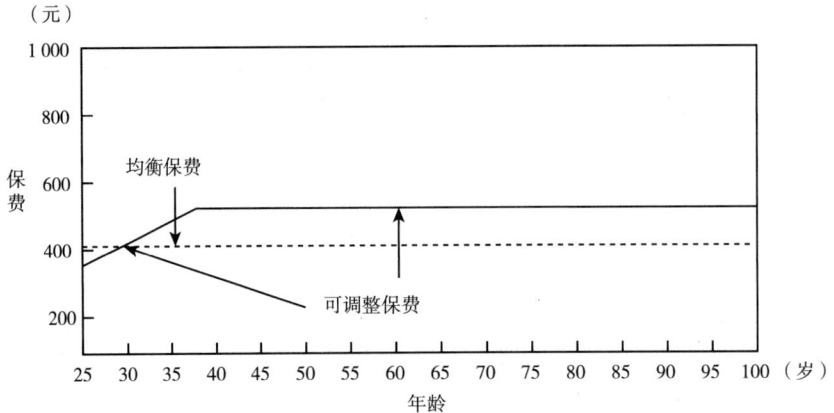

图2-6 保费可调整的寿险保单之二

2.3.3.2 保额可修正的寿险保单

由于高保额的寿险需求会随着被保险人年龄的增加而不断下降，如随着年龄增长还清各种债务和抵押贷款，子女经济独立或另立家庭后经济负担减轻，或者家庭的储蓄或其他资产增长，对寿险的需求也会相对减少，保额可修正的寿险保单（modified coverage policy）即可满足这种保障需求的变化，可约定在被保险人达到某一年龄或某一时期末，按约定的比例或金额降低保险金额。例如，一份修正保额终身寿险保单的初定保额为100 000美元，约定被保险人达到60周岁时，将保额下降到70 000美元，到被保险人70周岁时进一步下降为50 000美元，之后保额保持不变。

保额可修正保单的最大好处是能够有效降低保费负担。因为当被保险人达到较高年龄，应负担较高费率的阶段时，其保额却下降，保费成本会相应降低。例如，保险人对上例中初定保额 100 000 美元、后期保额两次逐步下降的修正保额终身寿险保单收取的保费，会低于整个保险期间保额始终保持 100 000 美元的同类保单的保费。

2.3.4　费率优惠的大额寿险

费率优惠的大额寿险（preferred-premium life insurance）又称优惠风险寿险单（preferred risk policies）。在美国，一些人寿保险公司以较低的费率提供大额寿险单，如最低保险金额为 10 万美元甚至 100 万美元。大多数大额寿险单的费率低于常规终身寿险费率的 2% ~ 3%，原因有两个方面：一是保单的管理费与保费不直接挂钩，大额保单的管理费并不比普通保额寿险保单高，反而降低了每千元保额的管理费用，如体检费、会计费、检查费和行政管理费。在许多情况下大额寿险单的佣金率也低于其他终身寿险单。二是对大额寿险单的被保险人一般要进行体检，使用严格的承保标准，在保单生效的最初一些年份被保险人的死亡率较低。因此提供了采用费率折扣的合理依据。

2.3.5　家庭收入保险单或附加特约

家庭收入保险单或附加特约（family income policy or rider）由定期寿险的家庭收入保单叠加一个终身寿险组成。保险责任是，在保险期限内（一般为 10 年、15 年或 20 年）被保险人死亡，按保额的一定比例（1%、2% 或 3%）每月给付年金，直至约定的保险期限届满，并按保险金额给付死亡保险金；若被保险人在约定的保险期限后死亡，只按保额给付死亡保险金，甚至给付被保险人临终时的医疗和丧葬费用，但投保人要继续缴纳保费。显然这是保额递减定期寿险与保额不变的终身寿险的组合，终身寿险负责不论被保险人何时死亡都给付约定的保险金额，定期寿险负责被保险人死亡时的年金给付。这种保单通常被提供给有家庭抚养负担的年轻夫妻来购买，在被保险人过早死亡时，向其供养的配偶或抚养的子女提供生活费用，并为被保险人今后购买长期寿险单作准备。

例如，被保险人购买一份保额 10 000 美元、保险期限 10 年的家庭收入保单，保单约定在被保险人死亡后，向受益人每月给付 100 美元（保额的 1%）。如果被保险人在保险签发第 5 年死亡，年金给付期为 5 年，共给付 6 000 美元年金和 10 000 美元死亡保险金；若其在第 7 年死亡，年金给付期为 3 年，共给付 3 600 美元年金和 10 000 美元死亡保险金；若其在第 12 年死亡，不再给付年金，只给付 10 000 美元死亡保险金，具体如图 2 - 7 所示。

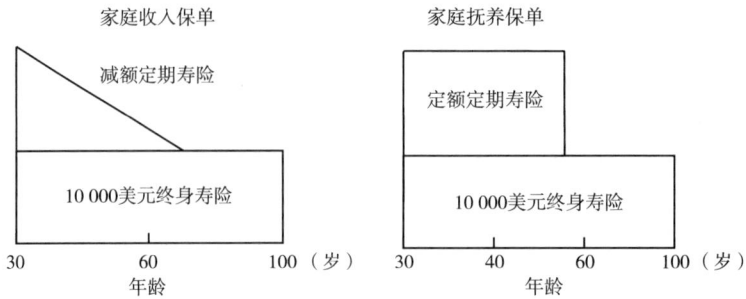

图 2-7 家庭收入保单与家庭抚养保单的对比

2.3.6 家庭抚养保险单

家庭抚养保单（family maintenance policy）与家庭收入保单类似，主要区别在于，不论被保险人在保险期限内任何时间死亡，抚养保单会向其受益人给付约定年数的年金。沿用上面的举例，无论被保险人在保障期内何时死亡，年金的给付周期都是 10 年，共计 12 000 美元，年金给付期届满时还会向受益人给付死亡保险金 10 000 美元。显然，家庭抚养保单是终身寿险和保额固定的定期寿险的组合。其与家庭收入保单的对比如图 2-7 所示。

2.3.7 家庭保险单

家庭保险单（family policy）是可为家庭的所有成员提供保障的保单，向作为被保险人的户主提供终身寿险或其他长期寿险，向其配偶和子女提供定期寿险。子女定期寿险的保险期限以其达到某一年龄为标准，如 18 岁、21 岁或 25 岁；家庭保单的保额则用单位表示，例如，每个单位家庭保险单的保险金额由三个部分组成：户主 10 000 美元的终身寿险，配偶 5 000 美元的终身寿险或定期寿险，每个子女 1 000 美元的定期寿险。每个家庭可以投保多个单位的家庭保险，一般情况下，保险人提供不超过 5 个或 10 个单位的最高保额。

保障子女的保费是一个事先确定的固定数额，不会随家中子女人数的增减而变化，即对有 1 个、4 个或 6 个子女的家庭收取相同保费，新生孩子会在该保单下自动承保，但以寿命超过 15 天为条件，子女成年后（通常为 21 岁或 25 岁），其定期寿险终止，但他们有权将其变换为不超过原定期寿险保额 5 倍的个人终身寿险或两全保险而无须提供可保证明。

2.3.8 子女保险

子女保险是父母或抚养人为其从出生到 14 岁或 15 岁的子女投保的一种人寿

保险，可以用终身或两全保险的形式。同家庭保单类似，保额以单位来表示，且保障单位的保费不因子女的多少而增减。

子女保单有多种类型，有一种自动增加保额的保单约定，被保险人的投保年龄为 1~15 岁，以每 1 000 美元为一个保额单位，当被保险人的年龄达到 21 岁时，1 个保额单位自动增加到 5 000 美元，即增加 5 倍，但无须增加保险费。

所有子女保单中往往都有一项保费豁免条款，规定在负责缴付保费的人（一般为父母）死亡或完全丧失工作能力时，可免缴保费但保险继续有效，豁免期限一直到被保险人 25 岁或保险期满为止，以两者先发生者为准。缴费者在投保时需要提供可保证明。

如果子女保险使用两全形式，其经常被家长用来为其子女提供大学教育金或婚嫁金，子女保险一般还负责给付被保险人临终时的医疗费用和丧葬费用。子女保险使家长能以较低的费率为子女建立一个长期寿险计划。

2.3.9　现金价值返还和保费返还保险单

有些人对人寿保险的均衡保费缺乏了解，误以为被保险人在保险期内死亡时，保险人除了给付保险金外，还要返还保单的现金价值，即他们的储蓄积累，针对这种心理，设计出现金价值返还保单和保费返还保单。

现金价值返还保单是保险金额递增的终身寿险和普通终身寿险的组合。即在保险期内有两个保额，一个是普通终身寿险的保额，另一个是按递增的现金价值确定的保额。被保险人在保险期内死亡，除给付死亡保险金外，还要返还现金价值。当然，投保人要增加保费缴付。

保费返还保单则是保险金额递增的定期寿险和普通终身寿险的组合。如果被保险人在一个规定的期限内（通常为 20 年）死亡，保费返还保单同现金价值返还保单一样由两个保额组成，其中保险金额递增的定期寿险返还保险费。如果被保险人在规定的期限届满仍生存，保险金额递增的定期寿险的责任即行终止，只能得到普通终身寿险的死亡保险金额。

2.3.10　退休收入保单

退休收入保单（retirement income contract）与退休年金保单相似，两者均负责向被保险人提供终身年金，主要区别是：当被保险人在保险期内死亡时，向其受益人给付死亡保险金，而退休年金保单只退还保费或现金价值。

2.4　创新型人寿保险

以上介绍的寿险险种都属于人寿保险中的传统险种，创新型寿险是保险人为适应市场上新的保险需求、增加寿险产品竞争力而开发的一系列新型的寿险产品，与传统寿险产品的不同之处在于，创新型寿险通常具有投资功能，或保费、保额可变。创新型人寿保险险种主要包括变额寿险、万能寿险和变额万能寿险等险种。

2.4.1 创新型人寿保险概述

2.4.1.1 创新型人寿保险的界定

创新型人寿保险是指具有保险保障功能，并至少在一个投资账户中拥有一定资产价值的人寿保险。除了与传统寿险一样提供保障服务之外，创新型寿险还可以让投保人直接参与由保险人管理的投资活动，投保人缴纳的大部分保费将被记入由保险人专门设立的投资账户中，由投资专家负责账户内资金的运用，专门账户中的资产价值将随着投资的实际收益情况发生变动，所以客户在享受专家理财收益的同时也面临一定的投资风险。

2.4.1.2 创新型人寿保险的开发背景

创新型人寿保险产品开发的动因，主要源于传统寿险产品存在的局限性所造成的对保障需求的不适应，以及与其他金融产品相比竞争力的不足。其主要体现在以下几个方面。

（1）风险保障缺乏足够的灵活性。人寿保险是长期保险，合同期限往往长达十几年、数十年，在这样漫长的时期内，投保人的保险需求会随着年龄、家庭结构和经济收入状况的变化而改变，这就要求保障计划具有足够的灵活性，即可以随时进行相应的调整，以适应不断变化的保障需求。但由于传统寿险产品结构的局限性，保障计划难以根据客户保障需求的变化作出相应调整。传统寿险合同一经签发，保额通常是固定的，再想减少或增加事先约定的保额，只能通过退保或部分退保的方式进行，或投保新的保险。

（2）预定利率固定降低产品竞争力。传统寿险产品的预定利率是固定的，如果预定利率过高，可能会因实际投资收益率低于预定利率使公司产生利差损失，损失过大还会影响整个经营，所以出于经营稳定的考虑，公司倾向于较保守的预定利率，预定利率往往低于市场利率水平。但随着资本市场的成熟与发展，各种新的能够提供更高收益的投资产品不断出现，传统寿险产品偏低的收益率使其储蓄功能的吸引力大大降低，出现了买定期寿险，将其余的保费用于投资的现象，更有许多客户要求退保或通过保单贷款领取现金而转向其他投资，这不仅给保险人的展业带来巨大困难，而且退保和保单贷款也给保险的现金流构成巨大压力。20 世纪 70～80 年代，欧美国家正值高通货膨胀及高利率时代，这对传统的收取均衡保费的终身寿险的竞争能力和盈利能力提出了挑战。

（3）现金价值固定的不利因素。传统寿险产品的现金价值是事先就已经计算出来的，在整个保单期间不变，由于通货膨胀的影响，将使被保险人最后得到的实际保障低于预期的水平。另外，在保险公司将原来确定的保证现金价值准备金进行投资时，出于资产与负债匹配考虑而选择长期投资，因其收益率低又缺乏灵活性，造成经营困难。由于人寿保险公司的大部分投资是固定收益率的长期投资，以美国为例，在 20 世纪 60 年代，人寿保险公司投资的年利率 6%～8%、为期 20 年的长期债券和抵押贷款的比重很高，但在 20 世纪 70 年代和 80 年代，由于通货膨胀加剧，利率上升到 12%、15% 甚至 20%，人寿保险公司仍持有为期 20 年的长期债券和抵押贷款，就无盈利可言。因为保单持有人发现在其他金融机构存款能取得 10%～15% 的利率，而保险公司向保单持有人保证的利率只有 3%～5%，所以他们纷纷把保单抵押给保险公司，以保单规定的 5%～6% 的贷款利率来借取保单的现金价值，再把它存入其他金融机构。[①]此外保单持有人还纷纷退保。由保单抵押贷款和退保引起的"资金游离"成为美国人寿保险业面临的重大问题。虽然人寿保险公司拥有大量资产，但资产中只有一小部分是现金，只能忍受亏损来出售其长期资产，有些人寿保险公司还向其他金融机构借款来应付由保单抵押贷款和退保引起的现金需求，历来作为放款人的寿险公司竟成了借款人。可见，通货膨胀增加了保险公司的营业费用，减少了利润。[②]

为了生存和发展，寿险业者纷纷调整产品的设计方向，以适应市场环境的变化，更好地满足客户需求的、更具竞争力的创新型人寿保险应运而生。创新型寿险在 20 世纪 70 年代问世，但真正被市场认可和在销售上形成规模却是在 90 年代后期。在不同的国家对于这些创新型寿险产品有不同的称谓，在英国称其为单位基金连结保单，在加拿大称其为权益连结保单，在亚洲的新加坡、中国香港称其为投资连结保险，在美国称其为变额寿险、万能寿险和变额万能寿险。同时，创新型寿险产品的推出也给寿险业的发展带来三大趋势，即消费者意识的提高、投资选择自主性和保险公司经营创新。

2.4.2　分红寿险

2.4.2.1　分红寿险的概念

分红寿险（participating insurance），又称分红保险，是按照相对保守的精算假设规定较高的费率，保险人除了按照保单的保险责任进行保险金给付外，还将经营中产生的一部分盈余，以保单红利的方式返还给投保人或被保险人的人寿保险。

---

① 荆涛. 人寿与健康保险［M］北京：北京大学出版社，2011：89.
② 许谨良. 人身保险原理和实务［M］. 上海：上海财经大学出版社，2002：54.

2.4.2.2 分红寿险的由来

分红寿险并不算真正意义上的创新型寿险。1776 年，英国公平保险公司进行财务决算时，发现实际责任准备金比未来保险金支付所需的准备金多出许多，于是将已收保费的 10% 还给保单持有人。可以看出，它是基于相互制保险公司的投保人或被保险人对公司经营利润的分享，分红保险由此产生。目前，分红寿险和分红健康险保单在世界各地都是普遍存在的。在北美地区，所有相互保险公司以及一些股份制保险公司的产品均带有分红性质；分红寿险在各国寿险市场上占有相当大的份额，美国 80% 的寿险保单具有分红性质，英国 60% 的新单保费来自分红保单，德国分红寿险占人寿保险市场份额的 85%，中国香港的市场份额更是高达 90%。①

2.4.2.3 红利的来源

分红保险产品的红利，实质上来源于保险公司经营中的盈余，但并不是所有盈余都会成为保单红利，只有其中的可分配盈余才能形成最后的保单红利。盈余就是收入多于支出的那部分价值，通常是指在法定会计规则下的财务报表中体现的账户盈余，由于盈余在不同的会计基础下有不同的计算原则，其具体金额也就不尽相同。

红利的来源包括死差益（gains from mortality）、费差益（gains from loading）、利差益（gains from investment earnings）、退保差益（gains from surrenders）及其他差益等。死差益是指定价时预定死亡成本与实际死亡成本之差；费差益是指实际经营费用与预定费用之差，并根据利率进行调整；利差益是指实际投资收益率与定价时预定利率之差；退保差益是指定价时预定退保成本与实际退保成本之差；合同终止、资产增值等其他非主要因素有时也能带来一些利润，一般将其统称为其他差益。具体计算公式如下：

死差益 =（预期死亡率 – 实际死亡率）× 风险保额

费差益 =（预定费用率 – 实际费用率）× 保费

利差益 =（实际收益率 – 预期收益率）× 责任准备金总额

2.4.2.4 红利的表现形式与领取方式

（1）红利的表现形式。红利主要有两种表现形式：一种比较直观，以现金的形式表现，就是通常所说的"现金分红"；另一种以保险的形式表现，体现为保险金额的增加，就是通常所说的"增额分红"，或"保额分红"，实际上保险形式也可以看作是现金的一种转换形式。

（2）红利的领取方式。按照各国保险监管规则和合同的约定，分红保单会提供给投保人或保单所有人不同的红利领取方式，在购买保单时可选择其希望的

---

① 荆涛. 人寿与健康保险［M］. 北京：北京大学出版社，2011：87.

红利领取方式。在大多数保单中，这种领取方式的选择也是可以变更的，但如果申请的变更会增加保单的风险净额则需要提供可保证明。一般情况下，分红定期保单不提供购买缴清增额保险和一年期定期保险的选择。最常见的五种方式具体如下。

①现金给付。保险人每年以现金或转账的形式，将保单红利支付给投保人或被保险人。

②累积生息。将红利留存于保险公司，按每年确定的累积利率，以复利方式储存生息，并于合同终止或投保人申请时给付。

③抵缴保费。红利可用于抵缴下一期的应缴保费，若抵缴后仍有余额，可用于抵缴以后各期的应缴保费。

④购买缴清增额保险。依据被保险人当时的年龄，以红利为一次缴清保险费，按相同的合同条件增加保险金额。

⑤购买一年期定期保险。这一选择可以采用两种形式：一种形式是将红利作为趸交净保费来购买尽可能多的一年定期保险；另一种形式是购买与保单现金价值等额的一年期定期寿险，剩余红利选择其他红利领取方式。

2.4.2.5　分红寿险的特点

（1）共享经营成果，共担经营风险。分红寿险是各国寿险公司规避利率风险、保证自身稳健经营的有效手段。保险公司每年将经营分红产品产生的部分可分配盈余以红利的形式分配给分红寿单的所有人，这样保单的所有人就可以与保险公司共享经营成果，与非分红寿险产品相比增加了其收益机会。同时，由于每年保险公司的经营状况不同，客户所能得到的红利也会不同，在经营状况良好的年份，可分到较多的红利，如果经营状况不佳，红利就会较少，甚至没有，从这个角度来讲，客户与保险公司共同承担经营风险。

（2）保证利益与非保证利益相结合。分红保单提供的保险利益包括两部分：保证利益与非保证利益。保证利益与传统非分红寿险相同，即风险保障部分，并不受经营状况的影响；非保证利益就是保单的红利，具体数额由经营状况决定。

2.4.2.6　分红寿险的主要形式

分红作为一种盈余处理方式，与不同的保险保障相结合就形成了不同的分红寿险产品。除了现金价值较低的定期寿险外，分红寿险涵盖了终身寿险、两全保险以及年金保险三类人寿保险产品形式，即分红型终身保险、分红型两全保险和分红型年金保险。

（1）分红型终身寿险。分红型终身寿险是提供终身保障的分红型人寿保险产品，它既能为被保险人提供死亡风险保障，又能提供周年红利和灵活的红利处理方式，使投保人分享保险公司的盈余。保险公司每年根据经营和投资情况派发红利，红利将随保险公司分红业务经营业绩而变动。

（2）分红型两全保险。若被保险人死亡，按死亡时保单年度的保险金额给付死亡保险金；若被保险人于满期日仍生存，给付等值于保险金额的满期保险金。该险种使投保人可以和保险公司分享经营利润，分红金额将视公司经营状况而定。

（3）分红型年金保险。分红型年金保险以被保险人的生存为给付条件，从支付首期年金开始，只要被保险人生存，保险公司即可按月、季、半年或年度给付年金直到保险期满或被保险人死亡时止。在年金开始领取之前的年金积累期间，投保人每年可享受红利分配，红利随保险公司业绩而变动。

2.4.3　变额人寿保险

变额人寿保险（variable life insurance）又称投资连结寿险（unit-linked life insurance），是一种死亡保险金与保单现金价值随分立账户投资组合投资绩效的变化而变化的终身寿险。该产品于1976年由公平人寿保险公司在美国首次推出，其后不断发展，并在很多国家取得成功，如荷兰、英国、加拿大。变额人寿保险起初在美国的成就十分有限，仅有公平人寿保险公司一家致力于该产品的市场开拓。其后，数家保险公司（包括日本公司）先后推出类似产品。它的推出有效地抵御了通货膨胀对保单价值的负面影响。而且从长期来看，普通股票的投资收益与通货膨胀呈同方向变化，并快于通货膨胀的上升，从而抵销了它造成的贬值。

2.4.3.1　变额人寿保险的特点

变额人寿保险简称变额寿险，除了具有保障功能外，最显著的特点是具有通过分立账户的投资运作实现投资的功能。

（1）保费固定，分立账户。在很多方面，变额寿险与传统终身寿险的运作十分相似，比如保单中必须包含寿险保单中的常规条款，变额寿险的保费是固定的均衡保费，保费必须按时缴付，否则保单会失效。保险公司为每张变额寿险保单的投保人设立单独的投资账户，把所缴保费扣除保单经营费用和死亡费用后的剩余资金，转入分立账户中进行投资，将分立账户中的资金与其他寿险险种的投资分开，并且只对公开交易的证券进行投资，因为这些证券的市场价值容易确定，从而确定保单的现金价值与给付金额。保单的死亡给付金额和现金价值取决于分立账户的投资收益率。如果分立账户的投资业绩好，死亡保险金和现金价值将会增加；如果投资业绩差，死亡保险金和现金价值就会减少。

（2）投保人决定分立账户中投资资产的组合。变额寿险赋予投保人投资的决策权，保险公司提供多种投资账户供投保人进行选择，并进行投资资产的分配与组合，如货币市场基金、普通股票基金、债券基金以及其他基金等，而且每年可有限次地变换其选择与组合。这样，保单的分立账户相当于一种共同基金或信托单位，保险公司根据投保人指定的投资方式或委托，进行实际的投资操作，更注重资金的收益率。

（3）死亡给付金额可变，一般有最低死亡给付保障。有别于传统的定额终身寿险，变额寿险的死亡给付金额是可以变动的，它由两部分组成：一部分是合同规定的基本保额，即最低死亡给付金额，并在定价时设定一个能够提供最低给付金额和保持必须现金价值水平的投资收益率，如年利率2%，这部分保额不受分立账户投资业绩好坏的影响，其运作原理与传统终身寿险相同。另一部分保险金额则是变动的，是由分立账户投资的超额利息（投资收益超过预定水平的部分）增购的变额寿险单位。增购的保险单位通常以每日、每月或每年为周期，按净费率来购买。相反，如果超额利息为负，先前增购的保险单位将自动消失，总体死亡给付也将减少。如果分立账户的资产投资全部亏损，保险人也保证给付最低死亡给付金额。

（4）投保人承担投资风险。投资总目标是增强对通货膨胀的防卫能力和保持本金的适度安全性。投资总收益来自证券市场的升值、股息、利息。但是变额寿险把所有投资风险转嫁给投保人或保险所有人，对投资收益率不作任何保证，保险公司只承担死亡风险和费用风险。

2.4.3.2　变额寿险的适用与监管

显然，变额寿险比传统寿险更具风险，适用于那些愿意支付固定均衡保费，并希望获得证券投资收益也愿意承受损失的人。在美国，变额寿险产品被认为是一种有价证券，所以变额寿险产品不仅受到保险法规监管，还必须受到联邦证券法的约束和证券交易委员会的监督。按照联邦证券法规定，保险公司必须为变额寿险产品设立分立账户；保单现金价值必须随分立账户的投资水平而变化；保单必须含有最低死亡给付保障，并由保险公司承担死亡率和费用风险。所有经营变额寿险产品的保险公司必须作为投资公司经纪商在美国证券交易委员会（SEC）注册，出售各种变额寿险产品的代理人和经纪人也必须在美国证券行业协会注册，通过相关考核后才有资格销售变额寿险产品。根据联邦证券法，在推销变额寿险保单之时或之前，销售代理人必须向潜在投保人出示包含有保单详尽信息与解释的产品说明书，如收取的各种费用、投资选择权、每种投资选择权的投资目标等。

2.4.4　万能人寿保险

万能人寿保险（universal life insurance）简称万能寿险，又称综合人寿保险，是一种缴费灵活、保额可调整，并明确列示各种定价因素的投资型终身保险。它是针对消费者在生命周期中的保险需求和支付能力的变化特点而设计的，以满足客户对人寿保险的个性化需求，并能与投资公司、银行和其他金融机构提供的货币市场基金、存款单等业务竞争。

将万能寿险应用于产品设计的想法最初由雷登在1946年提出，1974年，肯·伯克在《精算学会学报》上提出了发展万能寿险所需的全部精算公式，并将他提出的这一假想保单命名为"变额保费寿险"。然而真正将万能寿险作为一项产品推出的是加拿大伟西（Great - West）人寿保险公司的乔活·迪尼。他早在 1962 年就有此设想，但直到 1971 年他的万能寿险计划才正式以书面形式公开，并受到关注。后来，时任通能·尼尔森·沃伦精算公司总裁的詹姆斯·安德生将万能寿险逐步推广，并引发了人们对于该产品的产品需求和产品开发思考。在这一方面，他所作出的贡献比其他任何人都要多。在 1975 年召开的第七届太平洋地区保险研讨会上，他作了名为《万能寿险保单》的专题发言，被人们认为是万能寿险发展道路上迈出的最重要一步。

1976 年，美国的美国代理人寿保险公司（American Agency Life）正式推出万能寿险保单。但由于税收方面的不利影响，很快就停止了销售。现在使用的万能寿险产品的真正推出和广泛销售，是由哈顿寿险公司（E. F. Hutton Life）以及加利福尼亚寿险公司（Life of California）于 1979 年完成的。

万能寿险的概念起初并没有得到北美保险精英的广泛认可，它被认为是对原有保险发展模式的一种威胁，而且不符合消费者或代理人的最佳利益。而在今天，仅有少数人反对万能寿险，大多数人则把万能寿险看作一种可供消费者选择的重要寿险产品。1979 年正式销售以后，万能寿险产品在美国的市场份额从无到有迅速攀升，1985 年市场占有率达到巅峰，为 38%，此后，保费总额下降到个人寿险新单保费总额的 1/4，但仍占很大比重。[①]

2.4.4.1 万能寿险的特点

（1）保费可灵活支付，有目标保费、首期缴费限额和持续缴费奖励。与传统寿险的均衡固定费率制不同，万能寿险保单的保费可以灵活支付。在支付了初期最低保费之后，投保人或保单所有人可以根据自己的需要在任意时候支付任意数量的保费，甚至可以暂停保费支付，只要保单的现金价值足够支付保单费用，投保人可以在最低和最高保费金额之间选择任何金额再缴付保费。保险人会寄送保费催缴单，提醒投保人再缴付保费，防止保单效力中止。保险公司会使用几种措施来促使投保人定期缴付保费：首先，规定一个目标保费，如每年 500 美元，定期缴付保费能积累高额现金价值，使保单在终身期有效。其次，按时寄送缴付目标保费的催单，也可以要求投保人签发银行汇票或授权划账，定期收取目标保费。最后，投保人按时足额缴纳一定期限的目标保费后，还可获得按目标保费一定比例计算的持续缴费奖励。

（2）两种死亡给付方式，保额可以调整。万能寿险为投保人提供两种方式实现死亡给付的保险保障，可记为方式 A 和方式 B。投保人可以改变死亡给付方式，但是在没有提出变更要求时，初始选择的给付方式将在保险期间内保持不变。

①方式 A：水平式死亡给付。这种死亡给付方式与传统现金价值保单相同，死亡保险金固定不变，始终等于保单的保额。风险净额在每个保险期间（通常为

---

① ［美］肖尼思·布莱克，哈罗德·斯基博. 人寿与健康保险［M］. 13 版. 孙祁祥，郑伟，等译. 北京：经济科学出版社，2003：119.

1 个月）进行调整，以保证现金价值与风险净额之和总能保持一个水平的给付水平。如果现金价值随时间增加，则风险净额逐渐减少，对应所缴纳的死亡保费也将减少。具体如图 2－8 所示。

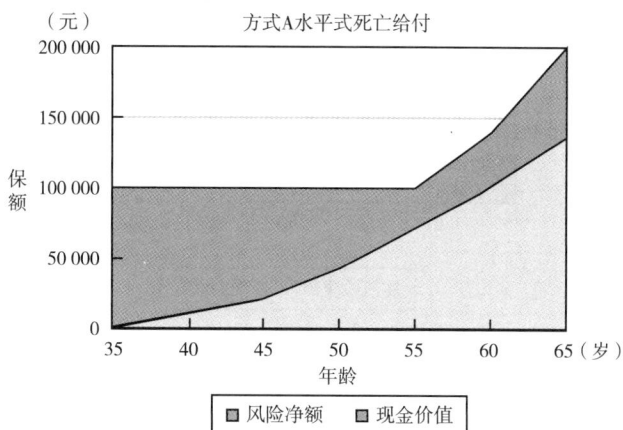

图 2－8　万能寿险水平给付方式下风险净额与现金价值的变化

死亡保险金 = 保额

风险净额 = 死亡保险金 - 现金价值

在美国，为保证万能寿险不会成为单纯的投资，而是可以作为寿险产品享受税收优惠，保险公司不允许保单所有人缴纳的保费致使保单的现金价值超过保额的法定百分比。大多数万能寿险保单规定，如果现金价值超过保额的法定百分比，保单的保额会自动增加到满足法定要求的金额。

②方式 B：递增式死亡给付。这种死亡给付方式与传统寿险有很大差异，它提供水平的风险净额。在任何时点上，保单的死亡给付等于已说明的水平风险净额与当时现金价值的总和。这样，如果现金价值增加，由于风险净额保持不变，则总体保单死亡给付随之增加，且增幅与现金价值的增幅一致。显然，风险净额越大，每月死亡费用就越高，因此，在其他条件相同的情况下，方式 B 中的死亡保费更高。具体如图 2－9 所示。

死亡保险金 = 保额 + 现金价值

风险净额 = 保额

在两种死亡给付方式下，投保人或保单所有人都可随时要求减少保额。由于风险净额也随之下降，所以投保人无须为保额的减少提供可保证明。如果不提取现金价值，保额的下降就必然会带来死亡费用的降低，但必须保证保额的减少不会使保单失去保险合同的性质而被划为投资合同，因为投资合同不能像保险合同那样享受税收优惠。保额的增长必然导致风险净额的增加，从而需提高每月的死亡费用。只要理由正当，投保人可以较自由地提高（在提供可保证明之后）或降低保额。当保额增加引起风险净额大幅度增加时，保险人会要求提供被保险人的可保证明。

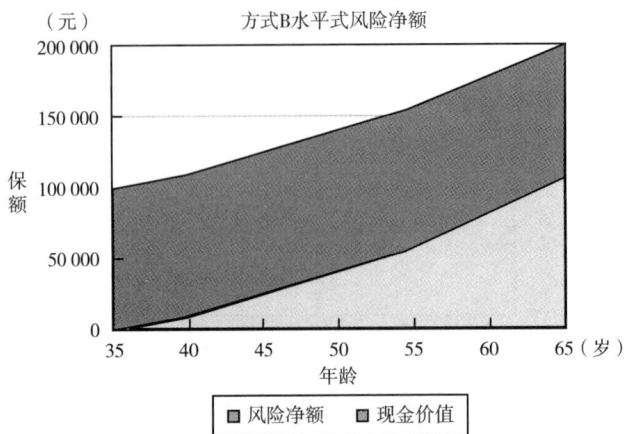

图 2−9　万能寿险递增给付方式下风险净额与现金价值的变化

（3）操作上高度透明，明确保单资金在各要素之间的分配。与传统的具有现金价值的保单并不区分死亡率、投资和费用组成部分所不同的是，保险公司会为万能寿险保单的投保人每年、每半年或每季度都寄送一份报告书，说明其所缴的保费在提供死亡给付保额、经营费用和投资之间的分配情况，并提供报告时点上应付死亡保额、保单现金价值、退保金额、现金价值的利息收入、扣除的死亡费用、扣除的其他费用和在报告期内已缴的保费金额、未偿的保单贷款额、提现额等信息。这是对传统终身寿险的极大改善。

保险公司为每张保单设置了单独账户，该账户上有三个收入项目即新缴保险费，对现金价值保证支付的利息，对现金价值支付的超额利息；支出项目有两个，按死亡率收取的提供死亡给付保障的费用以及管理和销售费用。收支余额可以用来增加保单的现金价值。

①死亡给付保障的费用。提供死亡给付保障的费用，是根据"本期死亡率 × 本期净风险额"公式计算得出的。在美国，有些保险公司使用保守的 1980 年监督官标准普通生命表（1980CSO）上的死亡率，有些保险公司甚至使用更为保守的 1958 年保险监督官标准普通生命表上的死亡率。万能寿险明确规定了适用的死亡费用，并定期从保单的现金价值中扣除作为死亡保障的成本。死亡费用的金额取决于被保险人的风险等级，并随被保险人的年龄增长而上升。

②经营费用/管理和销售费用。经营费用可以分为开端费用（或前期费用）和退保费用。收取的开端费用由以下几项组成：

a. 按新缴付的保费的一个比例收取，如收取新缴保费的 5%。

b. 每月或每年收取一个统一的金额，如每份保单每年收取 30 美元。

c. 在保单出立的第 1 年收取一个较高的统一金额，如第 1 年对每份保单收取 260 美元。

由于人寿保险公司之间的相互竞争，收取的开端费用已出现了下降趋势。

如果投保人选择退保，现金价值将因一笔大的费用支付而减少，这种费用被称作退保手续费，这是一项隐含收费；实际的退保费用是保单的累积价值与退保金之间的差额。退保费用可以递减，例如，第 1 年退保费用可以定为 500 美元，以后每年减少 50 美元，第 10 年后全部消失。少数保险公司不计收开端费用和退保费用，它们的费用开支通过实际死亡率与预定死亡率的差异、实际投资收益率与预定投资收益率的差异来弥补。

（4）现金价值随当期收益率的变动而变动，有最低保证收益率。图 2－10 说明了一份典型万能寿险保单资金的运作和现金价值的积累过程。

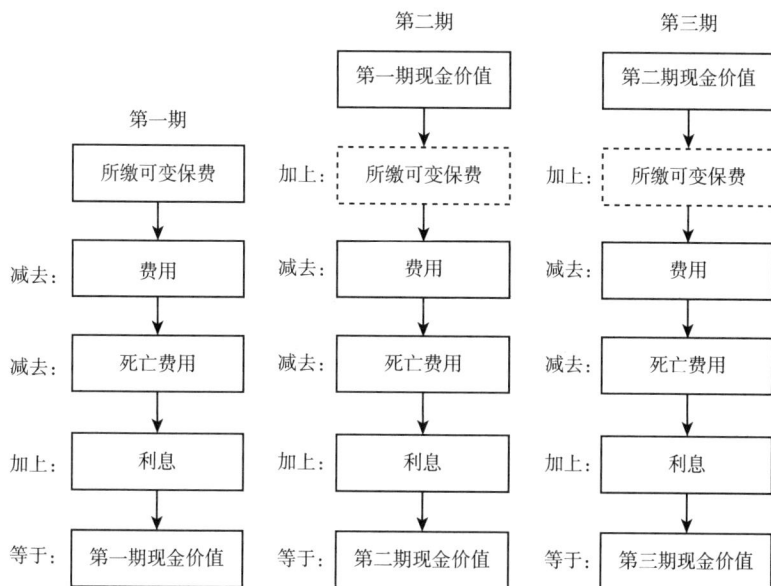

图 2－10　万能寿险现金价值的累积过程

首先，投保人要支付足量的第一年保费，第一年的展业费用从首期保费中扣除（当然，也有很多万能寿险不收取初期费用）。其次，扣除死亡费用（按照被保险人的实际年龄和风险净额计算）和保单附加利益（如保费豁免）所需费用。扣除上述费用之后所得资金余额为保单的初始现金价值（未显示）。初始现金价值按新的货币利率（或称实际收益率）计算利息，积累得出末期现金价值（图中第一期现金价值）。很多万能寿险征收高额的首年退保费用。现金价值减去退保费用就等于保单的退保价值。

第二个保单期间（通常为 1 个月）在前一个保单期间的期末现金价值余额的基础上继续累积现金价值。投保人可以按其所需缴纳一定数量的保费，但是如果前一期的现金价值余额足以支付当期费用和死亡费用，则可以不必缴纳保费；相反，如果前一期的现金价值余额不足以支付当期各种费用，则需继续缴纳保费，否则保单将失效或终止。

保单费用和死亡成本从前一期期末现金价值余额与第二期支付的保费的总额中扣除，得到第二期期初现金价值（未显示）。此时，第二个保单期间积累的现金价值总额按两项利率计算利息，得到第二期期末现金价值。

第三、第四期和以后的保单期间重复上述过程。如果在任意时点，保单的现金价值不足以维持保单生效，投保人需补缴保费，否则保单终止，但如果现金价值足够大，则无须进一步缴纳保费。

万能寿险保单通常会保证最低的现金价值累积利率，并在合同中明确载明，最低利率通常为4%～5%。有些公司提供滚动式利率保障（rolling interest guarantee），在这一方法下，公司承诺的最低利率不低于某一浮动平均利率水平，如5年期债券的利率。保险公司实际支付的利率通常高于保证利率，当期利率水平多数也由公司规定。有些公司规定当期利率水平随某一指数浮动，如3个月或1年期国债的利率。而非指数型万能保单中大部分以公司当年的新货币收益率为基础，这一收益率代表公司当期新投资的收益率水平；还有很多公司采用投资组合的收益率计算保单利率，该投资组合是指公司的全部资产组合或某类保单资产收益的组合。

2.4.4.2　万能寿险的适用与监管

万能寿险使得仅用一份保单来满足消费者不同时期的不同需要成为可能，它具有保费支付的灵活性和保额的可调整性，十分适合作为个人整个生命周期的保险保障。

为了避免对消费者的误导（蓄意或非蓄意的），需要保险公司认真并如实地拟定保单说明书（我国市场上常称其为计划书），避免夸张的广告措辞，在说明保单价值时可采用几种不同的利率水平，最重要的是保证代理人和其他金融服务咨询者充分了解保单情况，使他们不会误导消费者。当然，这些问题在其他保险产品上同样可能发生，包括分红寿险，这是因为消费者处于信息不对称的劣势。

2.4.5　变额万能寿险

变额万能寿险（variable universal life insuran），也称Ⅱ型万能寿险（universal life Ⅱ）或弹性保费变额寿险（flexible-premium variable life），遵循寿险产品的发展逻辑，将万能寿险的灵活性与变额寿险的投资性相结合，就产生了变额万能寿险。1985年，美国普天寿保险公司的子公司普洛可人寿（Pruco Life）首次推出变额万能寿险。到了20世纪90年代，由于北美股市形势乐观，变额万能寿险的市场份额也逐渐上升到20%，远远高于传统变额寿险。[①]

2.4.5.1　变额万能寿险的特点

（1）缴费时间、金额可自行决定，并可增加或减少死亡给付。与万能寿险

---

① ［美］肯尼思·布莱克，哈罗德·斯基博. 人寿与健康保险［M］. 13版. 孙祁祥，郑伟，等译. 北京：经济科学出版社，2003：131.

相同，变额万能寿险的投保人可以在允许的范围内自行决定缴费时间和缴费金额，还可以自由增加或减少死亡给付，但必须满足最低保额要求，并且在增加死亡给付时需提供可保证明。

（2）现金价值的运作方式与万能寿险相同，投资方式与变额寿险相似。在扣除死亡保障费用、销售费用、管理费用、投资管理费用和其他费用之后，所得资金为保单的现金价值，并进入分立账户中产生保单的投资收益，收益通常可以延期纳税，甚至可以免税，还可以用来支付保单费用和保险成本。就这点而言，变额万能寿险相当于建立了一个储蓄账户，储蓄利息可以延期纳税，保单费用和死亡费用均以税前收入支付。

与万能寿险不同的是，变额万能寿险的支持资产被保存在一个或多个分立账户中，分立账户相当于一个共同基金，此点与变额寿险类似。保单的投资是一种"自助餐"式的投资，可以选择各种不同的投资渠道，如选择一组共同基金。表 2－2 列示了一家保险公司为变额万能寿险投保人提供的 14 种投资选择。其中，第一种投资选择被称为保险公司普通账户基金。保险公司一般允许投保人将其全部或部分资金投入该账户，该账户的投资收益基本相当于传统保单的投资收益水平。其他几种投资选择较易理解。这 14 种投资选择是各大保险公司提供的主要投资选择，当然有的公司提供得更多，有的公司提供得更少。投保人可以同时投资于多种账户的资产，从而分散风险。目前越来越多的公司允许投保人选择公司所提供的选择以外的投资基金，如其他大型共同基金公司所管理的投资基金。变额万能寿险的现金价值完全反映投保人拥有的分立账户中的比例资产份额，并随投资绩效波动而变化。

表 2－2 分离账户的主要投资选择

普通账户	激进型股票
普通股	全球性证券
股票指数	跨国公司股票
成长型资产	成长收入型股票
平衡型资产	保守型资产组合
高收益债券	优质债券
中期政府债券	货币市场

资料来源：肯尼思·布莱克，哈罗德·斯基博. 人寿与健康保险［M］. 13 版. 北京：经济科学出版社，2003：132.

投保人可以在各投资账户之间定期转移资金。北美多数的保险公司对每年 4 次以内的资金转移不收取费用，但如果超过 4 次，则收取 25 美元的费用。很多公司允许投保人每月免费自动转移资金，资金通常从货币市场转移到一个或几个证券账户。保单内资金转移所产生的收益或损失，都无须纳税。而这一优势正是共同基金所缺少的。

（3）死亡给付多沿用万能寿险的方式，没有最低死亡保障。大多数变额万能寿险保单沿用万能寿险的方法。在方式 B 下，变额万能寿险的死亡给付随保单资产价值的变化而变化，而在方式 A 下，除非是应投保人的要求，否则死亡给付保持不变。因此，投资收益变化将直接影响保单的现金价值，风险的净额也随之变化。

与变额寿险不同，变额万能寿险通常没有最低死亡给付保证，这也没有沿用万能寿险的基本设计思想。此外，美国发行的变额万能寿险的保费缴纳宽限期规定不得少于 61 天，而不是其他保单通常规定的 31 天。与万能寿险相同，变额万能寿险的死亡费用按月分摊到基金账户中。死亡费用按每单位保额（如 1 000 美元）的保险成本比率乘以保单的风险净额来计算。保单一般附带一个最高保险成本比率表，保险公司有权收取低于最高水平的死亡费用。

2.4.5.2 变额万能寿险的适用和限制

与万能寿险一样，变额万能寿险也有一定的使用规律。购买者应保证保单有足够的资金维持其生效；在理想的情况下，投资收益不仅能覆盖所有的保单费用，还能有一定的剩余资金确保现金价值不断积累。如果购买者无法保证这一点，那么定期保险可能是其更合适的选择。

变额万能寿险更适用于那些愿意把保单现金价值看作一种投资而不是储蓄的消费者。在变额万能寿险中，投保人要承担投资风险。如果分立账户的投资业绩欠佳，保单现金价值可能会大幅减少，此时投保人需要缴纳大量保费，购买者应慎重考虑变额万能寿险中潜在的投资风险，然后再做决定。从历史角度来看，人寿保险的一个优势在于，它是一种有保证的投资，而在变额寿险中，消费者正在舍弃寿险投资保证性的好处。当市场处于上升期时，似乎没有人意识到风险的存在，20 世纪 90 年代北美的情况就是很好的例子。然而当市场萧条时，消费者的形势就很不利，例如 20 世纪 90 年代初，日本经济崩溃，广大日本投资者蒙受重大经济损失。

此外，保险人分立账户中的资金被指定用于支持其所对应的保单，并与普通账户严格分开。当保险公司遇到财政困难时，账户分立可成为变额万能寿险保单所有人的额外安全屏障。

2.5 年金保险

从最广泛的意义上讲，年金是一种收、付款的方式，其特点是每隔一定时期（如一年、半年、一个月、一周等）收入或支付一个固定金额，即一系列的定期支付。年金常见于保险、退休金、理财、投资等方面，如养老保险、租金的交付、购房还款、债券利息、奖券甚至赡养费等，都可以看成是使用年金方式的支付。年金保险通常是指生命年金，其目的是保障被保险人本人未来的经济需求。在美国，年金是一种颇受欢迎的储蓄方式。

2.5.1　年金保险的概念

年金保险（annuity contract）是以被保险人生存至约定的期限届满为给付条件，保险人在约定的期间内，按合同规定的频次和金额给付保险金的人寿保险。因其在保险金的给付方式上采用年金方式而得名。它与纯生存寿险一样，都以被保险人的生存为给付保险金的条件，所不同的是，年金保险是在约定期间内，保险人定期、多次给付（如每年或每月支付一次）保险金，而生存寿险则是被保险人生存至保险期满时保险人按保险合同约定的金额一次性给付生存保险金。

2.5.2　年金保险的特点

年金保险实质上是生存保险，是寿险的一个种类，虽然它与以死亡为给付条件的寿险基本原理相同，都是运用大数法则，由多数人分担损失，但年金相对于寿险具有其独有的特征。

2.5.2.1　年金积累期间和给付期间的保险责任不同

从投保人购买年金之日到开始领取年金之日的这段时期被称为年金的积累期间。在年金的积累期间，投保人缴纳保险费，保险人将收集的保费进行投资，投资产生的收益成为年金累积价值的一部分。即使在缴费期结束后，被保险人需要生存至约定的年龄，保险人才依据合同约定的时间和金额支付年金。缴费方式可以是趸交，也可以是分期缴纳。分期缴费期间可以贯穿从投保到约定的领取年龄，也可以像限期缴费寿险那样，从投保开始在约定的领取年龄之前一个较短的期间内集中缴清保费。一般情况下，被保险人在缴费期内或已缴清保费但未达到领取年龄时死亡，投保人可以得到保费或现金价值返还；如果被保险人在领取开始后死亡，则根据定期或终身年金约定的条件进行不同方式的给付。

2.5.2.2　年金保险合同的关系人众多

年金保险合同的关系人，包括投保人、被保险人、受领人以及年金受益人。投保人，即购买年金保险、负有缴纳保费义务的人；被保险人（annuitant），是被指定的、以其生存为年金给付条件的人；受领人（payee），是指在给付期间开始后，有权领取年金的人，通常情况下，受领人就是被保险人；受益人（annuity beneficiary），是被指定的，在年金累积期间（即缴费期间）被保险人死亡，或给付期间保险人未履行完约定的给付责任前受领人死亡，有权领取保单现金价值或剩余给付金额的人。

2.5.2.3 以生存为给付条件，投保无须体检

由于逆选择的存在，寿险的道德风险集中表现为身体弱者更倾向于购买保险，结果导致实际死亡率上升；年金保险是在被保险人生存的情况下才给付年金，越健康的人越倾向于购买年金保险，其道德风险表现为人们有很强的动机改良生活习惯，追求长寿，以领取更多的保险金。因此年金保险被保险人的寿命总体上比寿险的被保险人长，投保年金保险一般也不需要进行体检。

2.5.2.4 定价依据与寿险不同，年金给付被视为收入

寿险定价依据生命表中的死亡率，年金保险则依据生存率。寿险所承保风险的发生通常考虑死亡率或死亡人数，而年金保险风险的发生通常考虑生存率或生存人数，年金保险承保的生存风险将随着年龄的增加而降低。而且年金保险定价使用的是年金保险生命表，而非寿险生命表。因为没有人能准确预期自己的最终寿命，保险人将根据大数定律预测的平均寿命来计算年金的给付，年金的给付水平由本金、利息和生存因素这三个要素决定，其运作过程可以大体这样理解：如果一个人生存的时间等于所有被保险人的平均寿命，他参加年金保险既不会获益也不会蒙受损失；没有生存到平均寿命的被保险人，他所领取的年金总额会少于其缴纳的保费及利息，剩余的资金将贡献给参加年金保险的保险集合；如果被保险人的寿命超过平均寿命，他所领取的额外年金主要来源于那些没有活到平均寿命的被保险人所积累的资金而作出的贡献。与寿险的责任准备金相比，年金保险基金更具有储蓄基金的性质，相当于一种长期资产，给付保险金被视为一种收入，会涉及所得税缴纳问题。

2.5.2.5 用于防范年老财务风险

只要被保险人生存就可以通过年金保险在一定时期内定期领取到一笔保险金，以达到养老的目的，因此年金保险又被称为养老金保险或养老年金。人寿保险的主要目的是建立一笔资金，保障被保险人因过早死亡所造成的收入损失，年金保险则相反，其基本功能是系统地变现一笔资金。当然，大多数年金也是一种储蓄工具，不过年金积累资金的目的是偿付资金，避免被保险人因寿命过长，耗尽财富而无法养老。

2.5.3 年金保险的种类

2.5.3.1 按照承保的人数分类

（1）个人年金。个人年金又称单生年金，被保险人为一个人，以其生存为

给付条件，也就是年金的支付只与一个人的生命相关的年金保险。

（2）联合及生存者年金。联合及生存者年金又称联合及最后生存者年金，是指两个或两个以上的被保险人中，在约定的给付开始日，至少有一个人生存即给付年金，直至最后一个生存者死亡给付终止的年金保险。一般情况下会约定给付数额在一个被保险人死亡时会按比例减少。这类年金的投保人多为夫妻。

（3）联合年金。联合年金是指两个或两个以上的被保险人中，只要其中一个死亡则给付终止的年金，是以两个或两个以上的被保险人同时生存为给付条件的年金保险。

2.5.3.2　按照缴费方式分类

（1）趸交保费年金。保费在保单订立时一次性缴清，到达约定的时间开始领取年金。

（2）期交保费年金。在年金开始领取前的一定时期内分期缴纳保费，可以在有限的期限内缴清，如 10 年、20 年；也可缴费至约定的领取日期前，如 55 岁、60 岁。同时期交保费还可用年缴、半年缴、季缴和月缴的具体缴费方式。随着年金产品与功能的创新，期交保费方式下，还可采用不定期、不定额的方式来缴费。

2.5.3.3　按照年金开始给付时间分类

（1）即期年金。即期年金是指从购买年金之日起，满一个年金期间后即开始给付的年金。如果即期年金的年金期间为 1 年，那么该年金购买满 1 年的日期就是满期给付日，保险人从满期给付日开始给付。即期年金一般在购买后 12 个月内开始给付。由于即期年金在投保后不久就开始给付，这种年金往往采用趸交的方式，所以又被称为趸交即期年金。

（2）延期年金。延期年金是指从购买年金之日起，超过一个年金期间后才开始给付的年金。保单生效后被保险人达到一定年龄或经过一定时期后，保险人才开始给付年金，一般投保人可以在给付之前改变领取日期。人们通常在工作期间购买延期年金，退休时开始领取，以满足退休后的生活需要。

2.5.3.4　按照给付期限不同分类

（1）定期年金。定期年金是指对年金的给付期间有约定期限的年金保险。同时根据领取人在给付期间是否生存，可分为以下两种。

①定期确定年金。在约定的给付期限内，无论被保险人是否生存，保险人都要给付年金至约定的给付期限结束。被保险人生存，由其本人领取年金，被保险人死亡，则由其继承人或指定的受益人领满剩余期间的年金。

②定期生存年金。年金的给付截止到约定的期限或是被保险人死亡，以两者中较早发生的时间为准。如果某人投保了一份从 60 岁开始领取的、10 年期的定

期生存年金，被保险人领取了 7 年死亡，保险公司将停止给付。而如果他领取到 70 岁以后仍然生存，保险公司在给付 10 年的年金后终止给付年金。

（2）（普通）终身年金。（普通）终身年金也称纯终身年金，是指对年金的给付期间没有约定期限的年金。也就是说，年金开始给付后，只要领取人生存就可以领取年金，而他一旦死亡保险人立即终止给付。这种年金对于身体健康、长寿的人来说是比较有利的，但对于健康状态欠佳的人或在给付期间遭遇意外死亡的人来说，有可能在其死亡时无法收回所缴纳的保费成本，较为不利。为克服这种不平衡心理，又出现了最低保证年金。

（3）最低保证年金。这类年金都属于终身年金，也就是说，对于给付期间没有期限约定，只要领取人生存就要进行年金给付，即使其实际的生存年龄超过了年金生命所假设的终极年龄，但对于给付期间开始后领取人过早死亡，通过一定的方式给予保险成本的补偿。具体来说有两种常见的给付方式。

①保证给付年金。按给付的年度数来保证被保险人及受益人的利益，它约定有保证的最少给付年数，如 10 年，若在规定的最少给付年数内领取人死亡，指定的受益人可以继续领取至约定的最少给付年数结束，若超过约定的最少给付年数后领取人仍生存，可一直领取至其死亡为止。

②退还年金。退还年金又称返还年金，按给付的金额来保证被保险人的利益，它会约定一个总体的最低保证给付金额，如投保人所缴的保费总额，若领取人死亡时已领取的各期年金的总额低于最低保证金额，保险人以现金方式一次或分期退还差额，若领取人死亡时领取的年金总额已超过最低保证金额，就不再进行返还。

2.5.3.5　按照年金给付额是否变动分类

（1）定额年金。定额年金是在给付期间开始后，每期年金的给付金额始终保持固定不变的年金保险。

（2）变额年金。变额年金通常具有投资分立账户，给付金额随投资分立账户的资产收益不同而发生变化，收益多就可以增加给付金额。有的险种规定领取期间开始后，每间隔一定的期间，给付金额可以增加一定幅度，如每隔 5 年给付金额增加 5%。这样可以克服通货膨胀所带来的影响。

2.5.3.6　按照年金投保人不同分类

（1）个人年金。个人年金的投保人为个人，是为个人或家庭成员提供养老财务保障的年金保险。

（2）团体年金。团体年金的投保人为团体，为团体中的成员提供保障，大多数团体年金与退休金有关。团体年金是企业年金的一种，企业可用各种方式，如团体年金、自提基金、银行信托存款等方法提供基金，协助企业年老员工退休之后的经济生活，并可获得相关的税收优惠。

◆ **专栏 2 - 1**

商业养老保险与我国"三支柱"养老保险体系

我国多层次养老保险体系的总体架构基本形成。在这个"三支柱"的养老保险体系中，第一支柱是政府主导的"覆盖全民"的基本养老保险，也称"公共养老金"，包括城镇职工基本养老保险（含企业、机关事业单位）、城乡居民基本养老保险。据人社部公布的数据可知，2023 年底，全国基本养老保险参保人数达 10.66 亿人，参保率稳定在 95% 以上，是我国养老保障体系的核心。

第二支柱是由企事业单位发起、由商业机构运作的"职业养老金"，包括"企业年金"和"职业年金"两大组成部分，是我国养老保障体系的重要组成部分。企业年金是指企业及其职工在依法参加基本养老保险的基础上，自愿建立的补充养老保险，由企业委托专业机构进行投资管理；职业年金是指机关事业单位及其工作人员在参加机关事业单位基本养老保险的基础上，建立的补充养老保险。2023 年底，企业年金和职业年金投资运营规模接近 5.6 万亿元，运营和管理成效显著，补充保障作用日益凸显。

第三支柱是个人养老保险，完全由个人出资、自愿参与的养老储蓄，包括但不限于保险公司的人寿或养老保险产品，以及能起到保险保障作用的养老储蓄、养老目标基金、养老信托、养老理财等金融产品。这是以个人为主导，个人先长期规律储备养老金，在退休后规律领取养老金的运作模式，如专属商业养老保险和税收递延型养老保险。

2022 年 11 月末，税收递延型养老保险保费收入仅 8.35 亿元，第三支柱仍处于起步阶段，这也是我国养老保险体系的主要短板。

目前，第一支柱在我国的养老保险体系中占主导地位，承担了大部分的国民养老责任，发挥"兜底"保障作用，也给国家财政带来巨大压力，随着我国老龄化程度的加深，只依靠第一支柱不利于整个社会养老保险制度的健康可持续发展，需要第二支柱和第三支柱的养老保险作为我国养老保障体系的重要补充，发挥应有的作用，在这两个支柱的发展中，商业保险公司作为承保主体，都有较大的发展空间。

以第二支柱中的税延型企业（职业）年金为例，它是企事业单位在依法参加基本养老保险的基础上，为职工建立的补充养老保险。在缴费主体上，企业年金主要针对企业，职业年金主要针对事业单位，两者都是单位为个人缴纳的。2013 年 12 月，财政部、人力资源和社会保障部、国家税务总局三部门联合发布《关于企业年金、职业年金个人所得税有关问题的通知》，规定自 2014 年 1 月起，我国开始实施企业年金、职业年金个人所得税递延优惠政策。即年金缴费环节、基金投资收益环节暂不征收个人所得税，将纳税义务递延到年金领取环节。这是我国在借鉴发达国家通行做法的基础上，结合我国实际对年金个人所得税政策体系的完善。其益处主要体现在两个环节：缴费环节减轻个人税负，基金运营环节年金增值。

再以第三支柱中的"税延型商业养老保险"或称"个人养老保险"为例，其本质是以减税促养老，即个人通过专用账户购买符合规定的商业养老保险或其他金融产品，可在一定标准内税前扣除，计入该账户的投资收益暂不征收个人所得税，领取养老金时再征收个人所得税。其益处主要体现在三个环节：缴费环节减轻个人税负，基金运营环节养老金实现增值，领取环节减免税负并实现储蓄养老。

本章总结

人寿保险是以生命为保险标的，以被保险人的生存或死亡作为保险事故的人身保险。与其他人身保险相比，具有承保风险特殊、经营稳定，以长期性业务为主体、采用均衡费率，有储蓄性质、日渐成为一种投资手段，在保险利益与受益人规定方面具有特殊性，约定保额及其给付性质，定价影响因素及特殊条款等方面的特征。按照不同的标准，可以把人寿保险分成不同的类型。

常见的传统寿险包括定期寿险、终身寿险和两全保险。定期寿险与终身寿险都是死亡保险，但保险期限不同，将生存保险与定期寿险叠加，成为两全保险。各类传统寿险可以根据个人、家庭和团体在不同时期、不同风险状况下提供不同范围与期限的基础风险保障。为适应保障需要的差异化，传统寿险在灵活性、可续保性、可转换性等方面作出改进。

特种寿险是出于承保或经营的特殊需要，对各类传统寿险进行的变形、组合，以适应特殊群体或个人的特定保障需求，所以险种类型也比较丰富，从出现较早的简易人寿保险，到相继推出并一直在销售的联合寿险、可修正终身寿险、家庭抚养保单、子女保险及保费返还和现金价值返还保单、退休收入保险单等，种类丰富。

创新型寿险是在传统寿险的保障功能之外，增加保单现金价值的投资功能的新型寿险产品，与传统寿险的最大区别在于保单现金价值的可变性，是业者为适应市场环境的变化对传统寿险的改造，通常具有保费或保额可变等特点，主要有变额寿险、万能寿险和变额万能寿险等险种。

年金保险是被保险人生存至约定的期限，保险人按约定的频次、金额和期限给付保险金的人寿保险，主要用于防范年老财务风险。年金保险可以归为生存保险的一种类型，在合同关系人、保险责任、承保条件和定价依据等方面与传统寿险相比有诸多不同特点。

练习与思考

1. 人寿保险的特征有哪些？主要分为哪些类别？
2. 保单的现金价值是如何产生的？与保单责任准备金有怎样的关系？
3. 传统寿险主要有哪些种类？各有什么特点？
4. 什么是创新型寿险？主要的险种各自有什么特点？
5. 分红寿险的红利来源与红利领取方式是怎样的？
6. 什么是年金保险？它与传统寿险有什么区别？

第 3 章　健康保险

📖 **本章提要**

　　健康风险的发生频率高、原因复杂，给个人、家庭、企业和社会带来经济损失，因此，社会成员对各类健康保险的需求也很迫切。本章从概念、特征及分类三个方面对健康保险进行描述，并对健康保险的四大险种——医疗费用保险、疾病保险、残疾收入保险和长期护理保险分别进行详细的讨论，讨论主要从每一险种的主要内容和基本类型两个角度展开。

📑 **学习目标**

　　理解健康保险的概念、特征及基本分类。
　　掌握健康保险四大险种的主要内容和基本类型。

3.1　健康保险的特征与分类

3.1.1　健康保险的概念

　　健康保险，是指以被保险人的身体为保险标的，由保险公司为被保险人因疾病或意外事故等导致的医疗费用支出或经济损失提供补偿的人身保险。该定义主要包括三层含义：第一，健康保险的保险标的是人的身体，不同于人寿保险的保险标的是人的生命；第二，健康保险承保的事故包括疾病和意外伤害，前者是由人的身体内部因素导致的，后者则强调外来致害物作用于人的身体导致的结果；第三，健康保险保障的责任一般包括医疗费用和长期护理费用等额外费用支出以及因失能造成连续收入中断而导致的经济损失。

　　我国银保监会于 2019 年实施的《健康保险管理办法》对商业健康保险进行了界定：本办法所称健康保险，是指由保险公司对被保险人因健康原因或者医疗行为的发生给付保险金的保险，主要包括医疗保险、疾病保险、失能收入损失保险、护理保险以及医疗意外保险等。与此前保监会在 2006 年发布的《健康保险管理办法》相比，此定义将医疗意外保险纳入了商业健康保险的定义中，进一步丰富了商业健康保险的内涵。

3.1.2 健康保险的特征

由于健康保险在保险期限、经营管理等方面与人寿保险相差较大，更加类似于财产保险，因此，以下健康保险的特征一般是相对于人寿保险而言的。

3.1.2.1 以身体为保险标的，保险事故多样

在保险标的方面，人寿保险以人的生命为保险标的，而健康保险则以人的身体为保险标的。在保险事故方面，人寿保险以人的死亡或生存为保险事故，而健康保险则以人们身体遭受某种伤害从而产生医疗费用支出、失能收入损失以及长期护理费用支出为保险事故。可见，人寿保险与人的生死直接相关，健康保险则不涉及生命因素。

3.1.2.2 合同的补偿性质

人寿保险是给付性的保险合同，即被保险人在期内死亡或期满生存时，保险人按双方事先约定好的金额进行给付。这是因为生命的价值无法用货币来衡量，该金额一般依据被保险人的保障需求和支付能力来确定。而健康保险一般属于补偿性质的保险合同，即被保险人因伤病导致医疗费用支出、失能收入损失或长期护理费用支出时，保险人依据实际支出或损失的大小进行补偿。这是因为费用支出或收入损失的大小能够用货币具体衡量，适用于损失补偿原则和两个派生原则。需要注意的是，健康保险中的疾病保险属于给付性质的保险，即当被保险人确诊罹患合同中规定的某种重大疾病时，保险人按照事先约定的金额进行给付，其合同性质与人寿保险相同。

3.1.2.3 保险期限一般较短

人寿保险一般期限较长，从几年到十几年，甚至终身，且大多具有现金价值。而健康保险多为 1 年期的短期保险，不具有现金价值，典型代表是医疗费用保险。这是因为医疗保险中疾病发生率较高，且医疗费用不断增长，保险公司为维持经营的稳定需要及时调整保险费率，因此期限一般较短。

3.1.2.4 承保风险复杂，道德风险高

对于人寿保险，保险公司依据生命表测定死亡或生存风险，其承保的生命风险具有相对稳定性，测定也相对简单。此外，由于涉及死亡，人寿保险中道德风险发生的概率往往较低。而对于健康保险，无论是疾病风险还是残疾风险都受到很多因素的影响，且这些因素还会随着环境的变化而不断产生变化，因此健康风

险发生概率的测定更加困难。另外，健康保险不涉及人的死亡，道德风险和逆选择的发生概率比人寿保险要高很多。

3.1.2.5 核保标准较严格

人寿保险在核保时的承保标准和条件是统一的，通常考虑的因素包括被保险人的年龄、性别、健康状况及家族病史、职业、爱好等生理因素以及保险利益、经济状况、投保动机、缴费方式、道德风险和逆选择等非生理因素。而健康保险由于其承保风险的特殊性，其核保条件比人寿保险要复杂和严格得多，需要在综合考虑被保险人的年龄、既往病症、现病症、家族病史、职业、居住环境及生活方式等多种因素的基础上，按照标准体、非标准体和非保体进行分类承保。

3.1.2.6 保险费率影响因素多、浮动大

人寿保险的保险费率主要依据生存率或死亡率确定，与被保险人年龄的关系极为密切，同时受到预定利率和预定费用率的影响，一般较为稳定且低廉。而在健康保险的费率厘定中，年龄不如在人寿保险中那么重要，它主要依据疾病发生率、疾病持续时间、残疾发生率、死亡率等因素确定，同时受到利率、费用率和续保率等因素的影响，相较于人寿保险而言浮动较大。

3.1.2.7 责任准备金提取方法特殊

健康保险大多为 1 年期及 1 年期以内的合同，其责任准备金的提取方式类似于财产保险；而对于健康保险中的长期险种，由于其产品构造原理类似于人寿保险，责任准备金的提取方式也与人寿保险相似。

3.1.2.8 通过成本分摊降低经营风险

人寿保险是给付性合同，不存在成本分摊，当被保险人期内死亡或期满生存时，保险人按双方事先约定的金额给付保险金，不得增减。而健康保险风险大、不易控制且难以预测，为避免赔款过高和道德风险，保险人会通过设置免赔额条款、比例给付条款、给付限额条款以及观察期条款限制保险人的最高责任，将保险责任部分转移给被保险人以分散风险。

3.1.2.9 有关责任期限的规定

人寿保险一般只对约定的保险期间内发生的保险事故给付保险，往往没有责任期限的规定。而健康保险，以医疗费用保险为例，通常规定保险人对合同到期日前发生的且延续至合同到期日后一定时间内住院治疗仍然承担赔偿责任，这一段延续责任的时间就是健康保险合同的责任期限。

3.1.3　健康保险的分类

3.1.3.1　按保障内容划分

按照保障内容的不同，健康保险可以分为医疗保险、疾病保险、失能收入损失保险和长期护理保险。

（1）医疗保险。医疗保险是指商业保险公司根据保险合同约定为被保险人因疾病或意外事故导致的医疗费用支出提供补偿的保险。在我国，商业健康保险在补偿时一般需要事先扣除当地基本医疗保险、公费医疗、城乡居民大病医疗保险、其他费用补偿性医疗保险和其他途径已经补偿或给付的部分，之后按照商业健康保险合同的约定确定实际赔偿金额。

（2）疾病保险。疾病保险是指保险人根据保险合同约定为被保险人在确诊罹患合同中规定的某种疾病时给付保险金的保险。疾病保险以特定的疾病为保险风险，通常保障危险性高、费用支出大的疾病。疾病保险通过定额的方式进行给付，不考虑疾病的治疗过程和医疗费用的高低。

（3）失能收入损失保险。失能收入损失保险是指保险人根据合同约定为被保险人因疾病或意外伤害导致工作能力丧失造成的经济收入损失提供补偿的保险。该险种以被保险人有固定的全职工作和收入为前提，补偿其因不能工作导致的收入损失，而不承担失能期间的医疗费用支出。

（4）长期护理保险。长期护理保险是指保险人根据合同约定对于被保险人因年老、疾病或意外事故导致日常生活能力障碍引发护理需要而产生的护理费用进行补偿的保险。

3.1.3.2　按投保方式划分

按照投保方式的不同，健康保险可以分为个人健康保险和团体健康保险。个人健康保险的投保人是自然人，保险人为一个或数个被保险人提供健康风险保障，而团体保险的投保人是团体单位，保险人为团体内的所有成员或大部分成员提供健康风险保障。团体保险一般由保险人出具一张总的保单给团体投保人，为每一位被保险人出具一份保险凭证。

3.1.3.3　按承保标准划分

按照承保标准的不同，健康保险可以分为标准体健康保险和次标准体健康保险。标准体健康保险是指被保险人身体健康状况符合承保要求，保险人按照标准费率承保的健康保险。次标准体健康保险是指被保险人健康状况没有达到标准条款规定的身体健康要求，需要提高保费或增加承保条件的健康保险。

3.1.3.4　按保险期限划分

按照保险期限的不同，健康保险可以分为短期健康保险和长期健康保险。短期健康保险是指保险期间在 1 年及 1 年以内，且不含有保证续保条款的健康保险，一般具有保费低廉、保障程度较高的特征。长期健康保险是指期限超过 1 年或者保险期限不超过 1 年但含有保证续保条款的健康保险。此类保险期限较长，投保人一般缴纳均衡保费，带有一定储蓄性，保单生效一定时期后具有现金价值。

3.1.3.5　按给付方式划分

按照给付方式的不同，健康保险可以分为定额给付型保险、实报实销型保险和津贴给付型保险。定额给付型保险是指保险人在发生约定的保险事故时按照事先约定好的金额给付保险金，如重大疾病保险。实报实销型保险是指保险人按照合同约定的方法在被保险人实际支出的基础上予以补偿的保险，如医疗费用保险。津贴给付型保险是指保险人按照被保险人的实际住院天数和合同约定的每天住院补贴标准额度给付保险金的保险，某些医疗费用保险属于津贴给付型保险。

3.1.3.6　按续保条件划分

按照续保条件的不同，健康保险可以分为保证续保健康保险、条件性续保健康保险和不可续保健康保险。保证续保健康保险是指只要被保险人按期缴纳保险费，保险人就必须允许被保险人续保至合同约定的年龄。保险人在每次续保时，可根据被保险人的年龄和健康状况对全部同类保单的费率予以调整，而不能针对个别保单调整费率。条件性续保健康保险是指保险人只能根据保单载明的特定的理由，如被保险人的年龄和职业状况发生变化拒绝续保，而不能以被保险人健康状况发生变化为由拒绝续保。不可续保健康保险是指保险合同中不包含续保条款的保险，一般以 1 年期为主，保险人只在合同规定的期限内提供保障。

3.2　医疗费用保险

医疗费用保险，也叫医疗保险，是指保险公司对被保险人因疾病或意外事故导致的医疗费用提供补偿的保险。医疗费用保险一般具有如下特征：第一，由于不涉及被保险人的死亡，因此医疗费用保险无须指定受益人，发生保险事故后保险金被支付给被保险人本人。第二，医疗费用保险多为短期保险，保险期限一般为 1 年。在含有保证续保条款的保单中，被保险人可以在保单到期时选择继续投保而无须提供可保证明。第三，由于不同年龄被保险人的健康状况和疾病发生率有较大差异，医疗保险对于投保年龄有较为严格的限制，例如超过某个年龄限制后不可投保，在同一款产品中区分少儿险和老年险，甚至在各自的险别下还有更细致的年龄划分。第四，医疗费用保险一般只保障直接的医疗费用支出，而对于营养费、误工费等间接费用支出不提供保障。如需获得此类保障，双方可以事先约定后在合同中通过附加条款的形式列明。第五，医疗费用保险适用于损失补偿原则，其目的是补偿被保险人的实际医疗费用损失，而不能使被保险人获得额外收益。

3.2.1　医疗费用保险的主要内容

3.2.1.1　保险期限与责任期限

大多数医疗保险产品为 1 年期定期产品，此外也有部分医疗保险产品期限较长，可以为 5 年、10 年或 20 年。1 年以上的定期医疗保险产品的保险费不会随被保险人年龄的增长或身体状况的变化而增长，保险公司也不能在保险期间内拒保，但该类产品往往期限较长，保险费更高。相比而言，1 年期的医疗保险产品更具灵活性，投保人可在保险期限结束时选择继续投保或放弃投保。此类产品一般具有保证续保条款，保险公司承诺在保证期限内不因被保险人患病或产品停售等因素而拒绝继续承保，且保证按照原条款和原来约定的费率进行承保①。

医疗保险除了规定保险期限外，还规定了责任期限，可以是 90 天、180 天或 360 天，一般以 180 天居多。责任期限一般应用于被保险人在保险期限内患病，在保险期限外治愈的情况，此时保险人对于在保险期限之外且在责任期限之内的医疗费用同样予以赔付。

3.2.1.2　保障项目和除外责任

医疗保险补偿的是被保险人因疾病或意外伤害导致的医疗费用支出。医疗费用支出种类繁多，既包括与治疗直接相关的门诊费、住院费、手术费、护理费、医疗设备费、床位费、检查检验费、救护车费、药品费用等，也包括膳食费、交通费等间接费用。大多数医疗保险通常保障直接费用，而对间接费用根据承保能力选择性承保。保险人会在保险合同中明确列明属于保障范围内的保险责任。

而对于那些保险人不予赔付的情况，保险人在除外责任中予以列明。一般情况下，医疗保险对于既存状况②、观察期③、企图自杀、军事任务、战争等情况下产生的医疗费用不予赔付。此外，也将牙科、眼科、精神疾患以及美容等产生的医疗费用列为除外责任，并在专门的补充医疗保险中承保或作为附加责任进行承保。

3.2.1.3　赔偿方式和赔偿限额

医疗保险的赔偿方式一般有三种，即补偿方式、定额给付方式和提供医疗服

---

①　保证续保的医疗保险并非指保证期间内投保人所缴纳的保险费不变，而是指在此期间被保险人需要按照合同约定的费率缴纳与其年龄对应的保险费，该保费额度会随着年龄的增长而增加。此处是指保险公司不得在约定费率的基础上调整保险费率。

②　既存状况是指在投保日前或保单生效日前一定时期（例如 1 年）已经存在或已经显而易见的身体医疗状况。既存状况除外条款是指对任何在保单生效前一定时间因意外伤害或接受治疗的疾病所导致的医疗费用支出不负责给付保险金。

③　观察期是指医疗保险规定保单生效后的一定时期（例如 180 天或 365 天）对于某些指明的常见疾病为除外不保期。若能证明该疾病是急诊除外。这些疾病通常包括疝、痔疮、扁桃体及淋巴组织疾病、中耳炎和再造器官疾病等。

务方式。补偿方式是指在保险金额限度内按照实际支出的医疗费用进行补偿,此种赔偿方式应用较广,但容易造成医疗费用的浪费。在该种补偿方式中,保险人拥有代位追偿权,当被保险人发生医疗费用支出后,如果医疗费用已经从第三方得到了全部或部分赔偿,保险人就不再支付保险金或只支付第三方赔偿后的差额部分。如果保险人按照保险合同规定支付了医疗费用,那么保险人有权代替被保险人向第三方追偿。定额给付方式是指不考虑实际支出医疗费用的多少,保险公司按照约定的金额给付保险金,如对于食宿费用的赔偿一般通过此种方式。提供医疗服务方式通常是保险公司与医疗机构合作,由保险公司向医疗机构或医生提供费用和报酬,由医生向被保险人提供医疗服务。这种方式特别受到一些老年人的欢迎。

医疗保险合同中会明确约定保险金额,以作为保险人赔偿的最高限额。无论被保险人在保险期限内一次还是多次发生医疗费用支出,保险人在保险金额的限度内按照实际支出额度进行赔付。为防止道德风险和医疗费用浪费,医疗保险还规定了免赔额、共保条款进行费用分摊。免赔额是指医疗保险合同中约定的某个限额,保险人只负责赔偿该限额之上的医疗费用支出,而对于限额之下的医疗费用支出不承担赔偿责任。免赔额的形式可以采取单一的绝对免赔额,即被保险人实际支出的医疗费用低于免赔额时,保险人不予赔偿,医疗费用超过免赔额时,超过部分由保险人给予赔偿。免赔额的形式也可以采取规定年度的免赔额,即从每个年度开始,被保险人必须自己支付免赔额以内的医疗费用,当累计医疗费用超过免赔额后,超过部分才由保险人予以补偿,例如基本医疗保险对于普通门诊费用的报销就采用这种形式。共保条款是指对于超过免赔额的医疗费用由保险人和被保险人按照一定比例共同分摊,例如保单规定共保比例为20%(或给付比例为80%),在此规定下,被保险人在支付免赔额后还需支付剩余医疗费用的20%。共保比例的规定有利于控制医疗费用的过度支出。

3.2.2 医疗费用保险的基本类型

医疗保险可分为三种,即基本医疗保险、高额医疗保险和补充医疗保险。

3.2.2.1 基本医疗保险

基本医疗保险通常保险金额较低,且保障范围有限,许多医疗费用被排除在保障范围之外,一般包括门诊医疗保险、住院医疗保险、手术医疗保险和综合医疗保险。前三类产品既可以分别在独立的保单中承保,也可以几个一起包含在同一张保单中作为综合医疗保险保单承保。

(1)门诊医疗保险。门诊医疗保险是为被保险人的门诊费用提供保障,主要包括医药费、检查费、化验费等。门诊医疗保险的道德风险一般较高,保险公司一般会设置较低的保险金额,并通过免赔额和共保比例控制高额医疗费用支出。

(2)住院医疗保险。住院医疗保险为被保险人在住院期间发生的医疗费用提供补偿，保障项目可以包括每日食宿费、住院杂费①、救护车费用等。对于食宿费用的补偿，可以采用实际费用补偿法，即规定每日食宿费的最高赔偿限额，例如每日 400 元，保险人对住院期间该限额之下每天发生的实际费用进行补偿。也可以采用定值法，即按固定的每天食宿费用给付，例如每天 50 元，不管实际消费是否超过该额度。对于住院杂费的给付，保险人一般规定免赔额，共保比例和最高给付限额②。例如，某人住院 6 天共发生医疗费用 3 000 元，若按照 600 元的免赔额，20% 的共保比例和 20 000 元的最高给付限额计算，保险人共需要赔付 1 920 元。

（3）手术医疗保险。手术医疗保险为被保险人发生手术时产生的医疗费用提供补偿，不论手术是在住院还是门诊期间发生。手术医疗保险可以单独投保，也可以作为住院医疗保险的附加险投保。

（4）综合医疗保险。综合医疗保险为被保险人提供的保障范围包括门诊、住院、手术等一切医疗项目。由于保障范围广泛，综合医疗保险的费率一般较高。通常也会规定免赔额和共保比例。

3.2.2.2 高额医疗保险

高额医疗保险，也称大额医疗保险，是为被保险人因疾病或意外事故所导致的高额医疗费用提供保障的保险。高额医疗保险可以分为补充高额医疗保险和综合高额医疗保险。

（1）补充高额医疗保险。补充高额医疗保险是在某一基本医疗保险基础上补充签发的，换句话说，在被保险人获得了基本医疗保险的赔偿后，仍需自付免赔额、共保额以及保单保障范围之外的医疗项目所导致的医疗费用，补充高额医疗保险对该部分费用予以补偿。因此，补充高额医疗保险保障额度更高、保障范围更广泛。

（2）综合高额医疗保险。综合高额医疗保险是将基本医疗保险与补充高额医疗保险结合在一起签发的保单，它不仅为被保险人提供了充足的保障额度，而且覆盖了被保险人可能发生的大多数医疗项目。

高额医疗保险通常规定免赔额、共保比例以及最高给付限额条款，以降低保险公司的经营风险，同时还将战争行为、被保险人故意自伤行为、不属于意外伤害或其他治疗原因所导致的整容手术、常规牙齿矫治、常规眼科检查和视力矫正等支出的医疗费用作为除外责任。

3.2.2.3 补充医疗保险

在基本医疗保险和高额医疗保险中，将牙科费用、眼科保健和生育行为等作

---

① 住院杂费是病人住院期间所必需的各项医疗服务和医疗用品费用，包括检验费、X 射线透视费、药品费、手术室使用费、病人所穿病号服及骨折用夹板绷带拐杖等费用、医疗设备使用费、麻醉费和输氧费以及普通护理费等。

② 为控制医疗总费用，保单中一般会规定医疗保险金的最高给付限额，实际医疗支出超过最高限额的部分，由被保险人自行承担。除此之外，医疗保险对单项医疗费用也规定了限额：（1）规定住院费用的给付限额，包括每天的给付限额和住院天数的限制；（2）规定外科手术费用限额；（3）规定门诊次数、每次门诊费用，以及一定时期内总的门诊费用限额；（4）规定各种疾病的给付限额。

为除外责任。因此，为提供此类保障，形成了补充医疗保险。

（1）牙科费用保险。牙科费用保险为被保险人的牙齿常规检查、牙疾预防、龋齿治疗等牙齿和口腔疾病所需的医疗费用提供保障。为了鼓励被保险人获得经常性的牙科检查，大多数牙科费用保险为常规检查和预防工作提供全额保险。

为防止过度医疗费用支出，牙科费用保险会在保单中规定限制某些牙科服务次数或规定既存状况除外等，例如，在任何连续 12 个月中给付的洗牙费用次数不超过 2 次，氟化物治疗的次数不超过 1 次，以及对保单生效前失去的牙齿替换完全除外或以减少赔偿金额的方式承保。牙齿矫正费用一般较高，保险人会将此作为可选项，由被保险人选择是否购买。

（2）眼科保健保险。眼科保健保险为被保险人接受常规眼科检查和视力矫正所发生的费用提供保障。大多数眼科保健保险不仅为被保险人每年一次的常规检查提供保障，而且保单还规定了保险人支付眼镜片、镜架和隐形眼镜的最高保险金额。

眼科保健保险不承保普通眼科医疗及外科手术费用，因其属于医疗费用保险的承保范围。此外，眼科保健保险不承保太阳镜、安全防护镜、变色镜等的破碎或损失。与牙科费用保险类似，眼科保健保险也通过限制支付次数和数量等方式预防过度支出，例如，保单限制在每连续 12 个月中只能做一次视力检查及配置一副镜片，每 2 年可配一副镜架等。

（3）生育保险。生育保险包括母婴安康保险和健康婴儿保险。母婴安康保险为身体健康的孕妇及婴儿提供保险保障，自产妇入院办理住院手续之日起到出院为止的期间，产妇因分娩、疾病或意外伤害死亡，或者婴儿因疾病或意外死亡，保险人给付保险金。健康婴儿保险是以被保险妇女产下畸形儿为保险事故而负责支付优厚养育费的保险。值得一提的是，英国劳合社率先推出了多胞胎保险，对被保险妇女产下多胞胎负责给付保险金。

◆ **专栏 3-1**

社会医疗保险

社会医疗保险与商业医疗保险都是我国医疗保障体系的重要组成部分。社会医疗保险是由国家立法，通过强制性社会保险原则和方法筹集医疗资金，保障人们平等地获得适当的医疗服务的一种制度。1883 年，德国政府颁布了《职工疾病社会保险法》，标志着世界上第一个强制性医疗保险制度的产生。随后，奥地利、美国、法国等国家相继通过立法实施社会医疗保险。后来，该制度又逐渐扩展到日本、南美洲等地区。

社会医疗保险与商业医疗保险在很多方面有所不同：在经营主体上，商业医疗保险是由商业保险公司经营的，以营利为目的。而社会医疗保险的经营主体是政府，并不以营利为目的。在实施方式上，商业医疗保险遵循自愿原则，由投保方和保险人自愿购买和承保。而社会医疗保险遵循强制实施原则，双方必须参加和承保。在保障程度上，社会医疗保险遵循保基本、广覆盖的原则，而商业医疗保险是为了满足人们更高水平的医疗保障需求。在筹资来源上，商业医疗保险由个人负担全部费用，而社会医疗保险由个人、企业和政府三方共同负担。

在筹资机制上，社会医疗保险遵循"以收定支、收支平衡、略有结余"的原则。个人和单位缴费是社会医疗保险资金的主要来源。在支付金额上，社会医疗保险要受到起付线、封顶线和给付比例的限制，相当于商业保险中的免赔额、最高给付限额和共保比例。在支付方式上，社会医疗保险不是参保者和保险机构之间的直接交换，而是涉及三方利益，即医疗服务提供者、患者和保险机构。由医疗服务提供者向患者提供医疗服务，患者向保险机构缴纳保险费，再由保险机构向医疗服务提供者支付医疗服务费用。因此，保险机构向医疗服务提供者付费的方式能够影响医疗支出水平。保险机构的付费方式包括按服务项目付费、按人头付费、总额预算等。目前，我国已经开始实行按病组付费（DRG）和按病种分值付费（DIP）的付费方式，此方式对于医疗费用的合理支出具有较好的控制作用。

3.3　疾病保险

疾病保险是当被保险人在保险期限内首次诊断出保险合同约定的疾病时由保险人给付保险金的保险。与医疗保险不同的是，疾病保险属于定额给付性质的保险，只要被保险人在保险期限内被确诊首次患病，无论其是否发生医疗费用支出，保险公司都要给付事先约定好的保险金额，在这一点上疾病保险与人寿保险类似。而与人寿保险不同的是，人寿保险是以死亡为保险金给付条件，疾病保险是以被保险人患病而非死亡为给付条件。

3.3.1　疾病保险的主要内容

3.3.1.1　保险期限与观察期/等待期

疾病保险的保险期限一般较长，甚至为终身。一方面，很多疾病的发生率会随着人年龄的增长而提高，以长期的形式投保一般采用均衡缴费的形式，可避免被保险人年老时保费负担加重；另一方面，长期的保险产品有利于保险公司的业务稳定性，有利于保险公司的发展。

与医疗保险类似，为防止投保人带病投保，疾病保险也在保单中规定了观察期/等待期，即在疾病保单生效或者复效之后需要经过一段时间的观察（通常为

90 天或 180 天），保险人在观察期内不承担给付责任，当观察期结束后，保险人才根据保险合同的规定承担给付责任。

3.3.1.2　保障项目和除外责任

疾病保险的保单中会明确列明予以承保的疾病种类。例如，重大疾病保险保障的疾病一般包括恶性肿瘤、急性心肌梗死、脑卒中后遗症、重大器官移植术或造血干细胞移植术、冠状动脉搭桥手术、终末期肾病等。我国的重大疾病保险产品中，一般均包含中国保险行业协会发布的《重大疾病保险的疾病定义使用规范（2020 年修订版）》中规定的重大疾病种类，此外保险公司还会出于对市场竞争的考虑增加对其他疾病的保障。

疾病保险中，对疾病的界定尤为重要。保险公司会在保单中详细阐明所保障的每种疾病的确切定义及程度，并明确指出哪些情况不在保单的承保范围之内。此外，疾病保险在其他免责条款内容上与医疗保险类似，一般包括：和疾病相关的既往症；遗传性疾病；先天性畸形、变形或染色体异常；性病；不孕不育治疗、人工授精、怀孕、分娩（含难产）、流产、堕胎、节育（含绝育）、产前产后检查以及由上述原因引起的并发症；疗养、矫形、视力矫正手术、美容、牙科保健及康复治疗、非意外事故所致整容手术等。

3.3.1.3　赔偿方式和赔偿金额

疾病保险可单独承保，也可作为附加险与寿险结合起来承保，同时将重大疾病责任、高度残疾责任和死亡责任纳入赔偿范围之内。对于重大疾病责任而言，有的保险产品是在被保险人首次诊断出合同规定的疾病时由保险公司一次性给付保险金，保险合同即告终止；有的保险产品则具有多次赔付功能，即该产品将重大疾病分成多组，当被保险人罹患某一组中的某种疾病时予以赔付，赔付后该组责任即告终止，但仍提供其余几组重大疾病的保障。

对于高度残疾责任而言，如果被保险人在观察期/等待期内因疾病导致高度残疾，保险公司按合同所交保费（不计利息）给付高度残疾保险金，合同终止。在等待期后因疾病导致身体高度残疾，保险公司按合同基本保额给付高度残疾保险金，合同终止。保险公司一般会要求在治疗结束后，由一定级别的医院、保险公司认可的医疗机构或鉴定机构出具能够证明被保险人身体高度残疾的资料。如果被保险人遭受意外伤害或在自患病之日起一定期限（通常 180 天）内治疗仍未结束，则按照该期限的最后一天（第 180 日）的身体情况出具资料或进行司法鉴定。

对于死亡责任而言，保单中一般会规定生存期，即被保险人在确诊罹患重大疾病后，还需要经过一个特定时间（一般规定为 30 天或者更短）才能领取重大疾病保险金。如果被保险人在生存期之内死亡就只能领取身故保险金。在实务中，生存期是有效区分重大疾病保险金和死亡保险金的重要标志。

此外，重大疾病保险也包含保费豁免条款，即缴费期内被保险人第一次罹患重大疾病，投保人可以豁免保费，保单继续有效。

3.3.2　疾病保险的基本类型

3.3.2.1　按照所保疾病划分

按照所保疾病不同，疾病保险可以分为重大疾病保险和特种疾病保险。重大疾病保险承保特定的重大疾病，如恶性肿瘤、心肌梗死、脑出血等。特种疾病保险是以被保险人确诊某种特定疾病为保险责任，一份保单既可以仅承保一种特定疾病，也可以承保若干种特定疾病，既可以单独投保，也可以作为附加险投保。例如少儿白血病保险、艾滋病保险、传染性疾病保险（如非典型肺炎急性保险）等都是特种疾病保险。

3.3.2.2　按照是否可以单独承保划分

按照是否可以单独承保，疾病保险可以分为基本疾病保险和附加疾病保险。基本疾病保险是可以单独投保的产品，这类疾病保险产品一般保险期限较长，甚至提供终身保障。附加疾病保险一般附加在其他主险后面，不可单独投保，保险双方可以在签订保险合同时，约定是否附加购买此类保险产品。这类疾病保险一般期限较短，或者随主险的到期而自动终止。

◆ **专栏 3 – 2**

社会医疗保险中的重疾险——大病保险

大病保险是我国社会医疗保险制度中的重要组成部分。为解决城乡居民医疗保障不足问题，2012 年经国务院同意，国家发展和改革委员会等六部门下发了《关于开展城乡居民大病保险工作的指导意见》，提出要开展大病保险，并对大病保险的开展原则、筹资机制、保障范围、承保方式和监督管理等内容提出了明确要求。大病保险主要是对参保居民个人承担的高额医疗费用进行二次报销，切实减轻大病患者个人负担，缓解因病致贫、因病返贫的现象。

在资金来源方面，从城乡居民医保基金中划出一定比例或额度作为大病保险资金。在保障范围方面，大病保险主要在参保人患大病发生高额医疗费用的情况下，对城乡居民基本医疗保险补偿后需个人负担的合规医疗费用进行补偿。在保障水平方面，以避免城乡居民发生家庭灾难性医疗支出为目标，实际支出比例不低于 50%。在承办方式方面，采用商业保险公司经办管理的方式。

大病保险是为解决基本医疗保险保障范围和额度有限的问题，在基本医疗保险报销后承担个人自付的高额医疗费用支出的制度，是对基本医疗保险的有益补充。

3.4 残疾收入保险

残疾收入保险，又称丧失工作能力收入保险或失能保险，是为被保险人因疾病或意外伤害而残疾、丧失全部或部分工作能力导致收入损失提供阶段性保障的保险产品。与其他人身保险险种相比，残疾收入保险具有如下特征：第一，残疾收入保险在费率制定和风险选择时更注重考虑被保险人的职业因素。被保险人从事危险性越高的职业，其失能的风险越高，对应的保险费率也会越高。第二，实际赔偿金额小于收入损失。为了避免被保险人获得额外利益以及鼓励被保险人重新返回工作岗位，残疾收入保险的实际给付金额要低于其失能前的收入水平。一般来说，失能收入损失保险金＝月保障工资×失能收入替代比例，其中失能收入替代比例由投保人在投保时与保险公司约定并在保单上载明。第三，残疾收入保险中，对残疾的定义较为复杂，可分为全残和部分残疾。就全残而言，通常使用通用的全残定义[①]或列举式的全残定义[②]。就部分残疾而言，残疾程度通常要依据相关机构的鉴定而确定。

3.4.1 残疾收入保险的主要内容

3.4.1.1 保险期限

残疾收入保险的保险期限可长可短，1年期的短期合同可通过续保来获得长期保障，而1年期以上的长期合同一般没有现金价值。

3.4.1.2 保障项目和除外责任

残疾收入保险的保险责任既包括全残，也包括部分残疾，既包括暂时残疾，也包括永久残疾，既包括意外伤害导致的残疾，也包括疾病导致的残疾（疾病导致的残疾包含观察期）。

残疾收入保险一般将下列情况作为除外责任：投保人对被保险人的故意杀害、故意伤害；被保险人故意犯罪或抗拒依法采取的刑事强制措施；被保险人自杀或故意自伤（自杀或故意自伤时无民事行为能力除外）；被保险人斗殴，醉酒，服用、吸食或注射毒品；被保险人酒后驾驶、无合法有效驾驶证驾驶或驾驶

---

① 通用的全残定义，是指大多数残疾收入保险对全残的定义，如果被保险人在致残初期，不能履行惯常职业的基本职责，则可以认定被保险人全残，被保险人可以按规定领取收入保险金。残疾初期是指在致残后的一定时期，一般为2年或5年。该期限结束后，如果被保险人仍然不能完成任何与之所受教育、训练或经验相当的任务，则仍可认定为全残，并继续领取残疾收入保险金直到给付期满，否则不能继续领取残疾收入保险金。

② 列举式的全残定义，是指在保单中详细明确地列举被保险人可以被视为全残的各种情况，并规定在治疗结束后由保险人指定或认可的医疗机构进行全残鉴定，如果被保险人在180天的等待期后仍未结束治疗，那么按照等待期满时被保险人的身体状况进行鉴定。目前，我国的收入保障保险及附加险种就采用这种全残定义。

无合法有效驾驶证的机动车；被保险人遗传性疾病、先天性畸形、变形或染色体异常，精神和行为障碍；被保险人妊娠、流产、分娩、堕胎、避孕或绝育手术，以及上述原因引起的并发症；被保险人进行牙齿治疗、镶补，安装假齿、假肢及其他附属品，或实施整容、整形手术；被保险人参加跳伞、攀岩、探险、武术比赛、摔跤、赛车、特技表演、赛马或职业性潜水等高风险运动等。

3.4.1.3 赔偿方式和赔偿金额

残疾收入保险可以采用两种方法确定给付金额，即固定给付金额法和收入给付公式法。固定给付金额法适用于个人残疾收入保险。保单中规定了一个固定的给付金额，当被保险人因疾病或意外伤害造成全残时，保险人按照约定的保险金额定期向被保险人进行给付。给付金额的约定取决于投保时被保险人的收入水平。在固定给付金额法中，无论被保险人在残疾期间是否还有其他收入来源，保险人都要按照约定金额给付残疾收入保险金。

收入给付公式法适用于团体残疾收入保险。团体残疾收入保单都规定了一个收入给付公式，保险人根据收入给付公式确定应该向残疾的被保险人支付的定期给付金额。收入给付公式法规定被保险人领取的残疾收入保险金等于被保险人残疾前收入的一个约定百分比，而且给付数额应该扣除被保险人从其他渠道领取的任何残疾收入保险金。通常情况下，团体长期残疾收入保单规定的给付百分比为60%～70%，团体短期残疾收入保单规定的百分比比长期的更高，可以达到90%～100%。如果被保险人遭遇部分残疾而非全残，保险人按照残疾程度给付被保险人全残保险金的一定比例。

此外，残疾收入保险还规定了给付期间和免责期间。给付期间是指保险人在此期间内向被保险人按期支付保险赔偿金。免责期间是指被保险人从残疾被认定到开始领取保险金所需等待的一段时间，在此期间保险人不予支付保险金。免责期间的制定主要考虑到对于短期的残疾，大多数人完全可以依靠自己的日常积蓄维持这段生活，另外也可以降低保险人的理赔费用，从而降低保险费率。

残疾收入保险同样包括保费豁免条款，如果被保险人完全失能并且持续期超过规定的最短期限即可免缴保费，但仅在被保险人的保险给付期间或在其伤残失能期间可免缴。同时，被保险人在没有完全康复的伤残期间也可免缴保费。

3.4.2 残疾收入保险的基本类型

3.4.2.1 按保障范围划分

按照保障范围的不同，残疾收入保险可分为两种：一种是补偿意外伤害致残而导致的收入损失，另一种是补偿疾病致残而导致的收入损失。

3.4.2.2 按给付期间划分

按照给付期间的长短，残疾收入保险可分为短期残疾收入保险和长期残疾收入保险。短期残疾收入保险最长给付期限在 1 年以内，常见的最长给付期限有 13 周、26 周或 52 周。长期残疾收入保险最长给付期间在 1 年以上，最长可给付至被保险人退休为止。

3.4.2.3　按承保对象划分

按照承保对象的不同，残疾收入保险可分为个人残疾收入保险和团体残疾收入保险，两者在保险金的给付方法等方面存在明显差异。

◆ **专栏 3 - 3**

工伤保险

工伤保险是社会保险中的一种，是指劳动者在生产经营活动中或在规定的某些特殊情况下所遭受的意外伤害、职业病，以及因这两种情况造成死亡、劳动者暂时或永久丧失劳动能力时，劳动者及其家属能够从国家、社会得到的必要的物质补偿。

与残疾收入保险类似，工伤保险的保险事故也包括被保险人发生残疾的情况。但与残疾收入保险不同的是，工伤保险的保障范围比残疾收入保险更广泛，还包括职业伤害导致的死亡、医治、康复治疗等费用补偿。此外，残疾收入保险保障的是被保险人因残疾而丧失的收入损失，而工伤保险为被保险人死亡或残疾提供一次性保障，对遗属提供供养费用。

工伤保险的补偿遵循不究过失原则，即在劳动者负伤后，不管过失在谁，均可获得收入补偿，以保障其基本生活。工伤保险遵循个人不缴费原则，保险费由企业或雇主缴纳，这与养老、医疗等其他社会保险不同。工伤保险遵循补偿与预防、康复相结合的原则，这是工伤保险与其他社会保险的显著区别。工伤保险还遵循区别因工和非因工负伤原则，职业伤害导致的医治、康复治疗、伤残补偿、死亡抚恤等均比非职业伤害导致的此类结果的补偿水平更高。此外，工伤保险还遵循一次性补偿与长期补偿相结合的原则，对于因职业伤害导致死亡的，补偿时应一次性支付补偿金，对于受害者所供养的遗属要根据人数支付长期抚恤金，直到其失去供养条件为止。

3.5　长期护理保险

长期护理保险是指在被保险人因年老、严重或慢性疾病、意外伤残等导致身体上某些功能全部或部分丧失，生活无法自理，需要他人辅助全部或部分日常生活时，由保险公司为其在护理院、医院和家中接受的长期医疗护理或者照顾性护理服务提供补偿的保险。区别于其他人身保险险种，长期护理保险的特征包括：第一，长期护理保险的保障对象以老年人为主，这是由于人在年老后可能由于各种疾病或意外等造成身体全部或部分功能丧失，对护理服务的需求更大。第二，长期护理保险的给付期限十分灵活，有 1 年、数年甚至终身等几种不同选择，同时也规定有 20 天、30 天、60 天、90 天、100 天等多种免责期。通常情况下，给付期限越长，保费越高，免责期越长，保费越低。第三，长期护理保险通常保证续保。它可以保证对被保险人续保到一个特定年龄如 79 岁，有的甚至保证对被保险人终身续保。保险人可以在保单更新时提高保险费率，但不得针对具体某个人，必须一视同仁地对待面临同样风险的所有被保险人。

3.5.1　长期护理保险的主要内容

3.5.1.1　保险期限和保险费

长期护理保险的保险期限通常较长，有的甚至提供终身保障。

长期护理保险的保险费一般按照被保险人投保时的年龄采用均衡保费的形式收取。保险费的高低不仅取决于被保险人的年龄，还要考虑被保险人选择的给付期长短、等待期、保险责任范围等诸多因素。

3.5.1.2　保障项目和除外责任

在护理环境方面，长期护理保险既负责补偿被保险人在护理院、社区护理中心等环境中产生的护理费用，也负责补偿被保险人在家庭接受长期照顾而产生的护理费用。在护理条件方面，长期护理保险既负责补偿被保险人日常活动能力丧失（功能性损伤）导致的护理费用，也补偿被保险人由于认知能力障碍导致的护理费用。在护理等级方面，长期护理保险既负责补偿专业性护理①服务，也负责补偿非专业性护理②服务。在保险责任方面，长期护理保险除了主要提供长期护理保险金之外，还会结合其他人身风险内容提供相应保障。例如，与生存保险结合，当被保险人生存到某一年龄（如 60 岁）时，按规定领取保险金；与疾病保险结合，当被保险人在保险期间内首次确诊罹患某种疾病时，领取疾病保险金；与死亡保险结合，当被保险人在保险期内死亡时，领取死亡保险金。

下列因素导致被保险人丧失生活自理能力接受护理服务时，不属于保险责

---

① 专业性护理是由训练有素的医护人员在医生监督下提供的 24 小时的全天候特别护理，是使病人逐渐好转的护理，护理目标是使患者的健康状况恢复到从前的状态。提供专业性护理服务的是正规的有资格认证的医学专业人士。

② 非专业性护理是不以治疗为目的，而以辅助方式维持人们正常生活，尽量提高病人生活质量的护理。包括中级护理和照顾式护理。前者为稳定状态的医疗护理，与专业性护理类似，但不是全天 24 小时的护理，例如指导病人用药、给伤口换药、指导病人使用辅助医疗器械等，也是由具有正规资格认证的专业人士完成。后者一般为在家中的护理，不存在任何专业技术性，例如给老人喂饭、洗衣等，可以由无任何专业专长的普通护工、保姆完成。

任：被保险人自残、被保险人因吸毒或酗酒致残、被保险人因战争或军事行为致残、被保险人因犯罪活动致残、被保险人因艾滋病需要护理。

3.5.1.3　赔偿方式和赔偿金额

长期护理保险的赔偿方式包括三种：根据发生的实际费用进行补偿、定额给付以及直接提供长期护理服务。在根据发生的实际费用进行补偿的方式中，保险人依据投保人提供的各种费用单据进行报销，给付的金额以保单约定的保险金额为限。这种方式单据冗杂，相对烦琐。定额给付的方式中，保险人按照约定的固定金额进行给付，与实际发生的护理费用的多少无关。此方法操作简单易行。直接提供长期护理服务的方法是目前各国比较推崇的做法，此方法中保险人直接向被保险人提供长期护理服务，既避免了单据繁杂造成的不便，也能够有效抑制被保险人的道德风险。

首先，长期护理保险的赔偿受到给付时间的限制，包括在合同中设置免责期/等待期和限定给付期限。免责期/等待期是指被保险人从被认定需要长期护理到开始领取保险金所需等待的一段时间，在免责期/等待期内保险公司不予赔付。免责期/等待期通常为 0 ~ 365 天，免责期/等待期越长，保费越低。给付期限是指长期护理保险的给付期间，可能为 1 年、2 年、3 年或 5 年，少数保单提供终身给付。其次，长期护理保险的赔偿还要受到给付水平的限制。为了限制给付水平，保险公司一般在保险条款中列出日常活动量表，如饮食、如厕、沐浴、穿衣等，采用梯形结构计算给付数额。例如，所有日常生活都无法自理给付 100% 的保险金，3 ~ 5 项无法完成则给付 50% 等。最后，长期护理保险的赔偿还要受到既存状况的限制。最常见的既存状况限制期是 90 天或 180 天，一般不超过 2 年。

3.5.2　长期护理保险的基本类型

3.5.2.1　按保险责任划分

（1）独立承保的长期护理保险。此类长期护理保险产品只提供长期护理保险责任，即仅当被保险人满足合同中规定的护理条件时才能够得到赔偿。被保险人在缴纳多年保费之后，如果未经过长期护理就离世，则得不到任何补偿，因此此类产品容易引发投保人和家属的不满，影响保险公司的社会声誉。

（2）作为附加险种的长期护理保险。此类产品将长期护理保险作为附加险，增补到主险之上。主险可以是寿险、两全保险、医疗保险、疾病保险、残疾收入保险以及万能保险等。此类保险弥补了作为独立险种的长期护理保险的缺点，增加了保障项目，为被保险人提供了更加全面的保障。

3.5.2.2　按投保人划分

按照投保人不同，长期护理保险可分为个人长期护理保险和团体长期护理保险。其中团体长期护理保险又可分为雇主型保险计划和非雇主型保险计划两种。前者是指由雇主为雇员以团体形式购买的长期护理保险，后者是指一些社会团体通过团体的形式为团体中的个人购买的长期护理保险，以获得较低的保险费率。

3.5.2.3 按保额是否变动划分

按照保额是否变动，长期护理保险可分为保额固定的长期护理保险和保额递增的长期护理保险。前者按照保险合同中约定的保险金额进行给付，固定不变；后者的保险给付金额随着物价指数和护理费用指数的变化而增长，是不断增加的。

◆ **专栏 3-4**

社会保险之长期护理保险

我国从 2016 年开始在青岛等 15 个城市开展长期护理保险制度试点，2020 年又新增 14 个试点城市。与商业长期护理保险类似，我国试点的长期护理保险也是以保障失能人员为目标，为失能人员提供长期护理费用补偿的保险。

与商业长期护理保险不同的是，我国试点的长期护理保险着重保障重度失能人群，其筹资主要来源于医疗保险基金，各地区按照"以收定支、收支平衡、略有结余"的原则确定筹资标准，依照不同的护理等级、服务提供方式等制定差别化的待遇给付政策。在服务提供上，各地参考了基本医疗保险定点服务机构的模式，通过对服务机构定点资格的认定，由定点机构提供相应的服务。

目前，我国长期护理保险基本制度框架已经初步形成，各地在实践中已经探索出一定的地方特色，为我国后续建立长期护理保险制度提供了有益的参考。另外，我国试点的长期护理保险也存在着碎片化严重、保障水平较低、筹资来源单一、支付方式不合理以及服务内容单一等问题，在后续的探索中需要对此加以完善。

本章总结

健康保险，是指以被保险人的身体为保险标的，由保险公司为被保险人因疾病或意外事故等导致的医疗费用支出或经济损失提供补偿的人身保险。与人寿保险相比，健康保险在保险标的和保险事故、保险合同性质、保险期限、承保风险、核保标准、保险费率、责任准备金的提取以及成本分摊等方面存在显著差别。健康保险可以分为医疗保险、疾病保险、残疾收入保险和长期护理保险。

医疗保险，是指保险公司为被保险人因疾病或意外事故导致的医疗费用支出提供补偿的保险；大多为1年期产品，且规定了责任期限；主要为被保险人的各项医疗费用支出提供保障；赔偿时受到免赔额、共保比例和最高给付限额等因素的限制；可以分为基本医疗费用保险、高额医疗费用保险和补充医疗费用保险。

疾病保险，是当被保险人在保险期限内首次诊断出保险合同约定的疾病时由保险人给付保险金的保险。与医疗保险不同的是，疾病保险属于定额给付性质的保险。疾病保险的保险期限一般较长，并在合同中规定了观察期或等待期，主要为被保险人确诊罹患合同约定的某种重大疾病提供保障，通常一次性定额给付保险金。

残疾收入保险，是为被保险人因疾病或意外伤害而残疾、丧失全部或部分工作能力导致收入损失提供阶段性保障的保险产品。残疾收入保险的保险期限通常为1年，主要保障被保险人因残疾而丧失的收入。团体残疾收入保险和个人残疾收入保险分别采用收入给付公式法和固定给付金额法来确定给付金额。

长期护理保险，是指在被保险人因年老、严重或慢性疾病、意外伤残等导致身体上某些功能全部或部分丧失，生活无法自理，需要他人辅助全部或部分日常生活时，由保险公司为其在护理院、医院和家中接受的长期医疗护理或者照顾性护理服务提供补偿的保险。其保障期限通常较长，主要为被保险人失能或失智时提供护理费用补偿。赔偿方式为根据实际费用进行补偿、定额给付或者直接提供长期护理费用。

练习与思考

1. 健康保险的定义及特征是什么？
2. 健康保险的基本分类是哪些？
3. 医疗费用保险的主要内容及基本类型有哪些？
4. 疾病保险的主要内容及基本类型有哪些？
5. 残疾收入保险的主要内容及基本类型有哪些？
6. 长期护理保险的主要内容及基本类型有哪些？

第4章 人身意外伤害保险

📖 **本章提要**

本章对人身意外伤害保险进行探讨。首先介绍人身意外伤害的概念、人身意外伤害保险的概念和特征；其次对人身意外伤害保险的内容进行介绍，阐释人身意外伤害保险的可保风险、保险责任、保险金的给付方式；最后说明人身意外伤害保险的分类。

📝 **学习目标**

掌握人身意外伤害的概念。

掌握人身意外伤害保险的概念和特征。

熟悉人身意外伤害保险的可保风险、保险责任、保险金的给付方式。

掌握人身意外伤害保险的分类。

4.1　人身意外伤害保险概述

在我们的日常生活中可能会发生各种意外事故导致人们遭受到意外伤害。人身意外伤害保险（以下简称意外伤害保险或者意外险）是以被保险人因遭受意外伤害造成死亡或者伤残为给付保险金条件的人身保险。人身意外伤害保险是人身保险业务的一种。我国《保险法》第九十五条规定：人身保险业务，包括人寿保险、健康保险、意外伤害保险等保险业务；经营财产保险业务的保险公司经国务院保险监督管理机构批准，可以经营短期健康保险业务和意外伤害保险业务。类似于有些国家将人身意外伤害保险归类丁非寿险，我国财产保险公司也可以经营人身意外伤害保险。

4.1.1　意外伤害的概念

意外伤害在人身意外伤害保险中包含意外和伤害两个必要条件。

4.1.1.1　意外

（1）意外的含义。意外是指伤害的发生是被保险人事先无法预见或者能够预见但由于疏忽而没有预见，或者伤害的发生违背了被保险人的主观意愿。

①事先无法预见。伤害的发生是被保险人事先不能预见或者无法预见到的，如飞机坠毁使被保险人遭受伤害、行人被楼上掉下的花盆砸伤等。

②因疏忽没有预见。被保险人事先能够预见到伤害的发生，但由于疏忽大意而没有预见到，如为了抄近路翻墙摔伤等。

③违背主观意愿。伤害的发生违背被保险人的主观意愿。一种情况是，被保险人预见到伤害即将发生时，在技术上已经无法采取措施避免，如渔船遭遇暴风雨即将倾覆而没有避风港，使得船上人员可能溺水死亡；另一种情况是，虽然在技术上可以采取措施避免，但由于法律或职责上的规定，或是出于公共利益、道德而履行应尽义务而不能躲避受到伤害，如民警在与歹徒搏斗中受伤等。

（2）意外的特征。意外具有外来的、突然的、非本意的、剧烈的、非疾病的特征。

①外来的。外来的是指伤害是由个体自身之外的因素造成的。典型的外来事故，主要包括被保险人的身体与他人或他物以物理方式碰撞或者以化学、电能、热能、生物等方式发生作用所引起的事故。尤其值得注意的是，"外来的"特征排除了因自身疾病等内在因素导致健康受损的情形，因此，"外来的"不能等同于外伤性。如果外来因素作用使得身体内在受到损害，即使表面毫无痕迹，仍认为符合"外来的"之特征。①

②突然的。突然的是指事故是快速发生的且出乎被保险人所预期及所能预见，如爆炸、空中坠落物等引起的人身伤亡。在突然性的认定上，除了要考虑时间因素外，还必须同时考虑该事故损害对于被保险人的可预期性。即使该事故并非在短时间内快速发生，但只要该事故的发生本身并非为被保险人所期待着，则仍应当认为符合突然性要件。

③非本意的。非本意的是指事故是预料外的和非故意的，如飞机坠毁、车祸等情况。凡是故意行为使自己遭受伤害，如自杀、自伤，均不属于意外事故。

④剧烈的。剧烈的是指意外事故导致被保险人身体受到伤害的程度较强。尽管保险公司意外伤害保险条款中没有强调"剧烈的"伤害，但是在意外伤害理赔中未达到规定伤残标准中的伤残程度是免责的，因而事实上仍包含有"剧烈的"特征。

⑤非疾病的。非疾病的是指非疾病引发的身体伤害。如果被保险人所受伤害是因疾病引起的，则属于由内在因素引发，不符合"外来的"要求。因为疾病是人体内部生理故障或新陈代谢的结果，所以疾病所致伤害不属于意外事故。保险条款中"非疾病的"要求，是对"外来的"特征的再明确和再强调。

---

① 王静. 保险类案裁判规则与法律适用［M］. 北京：人民法院出版社，2013：279-280.

4.1.1.2　伤害

伤害是指被保险人的身体受到侵害的客观事实，也被称为损伤。伤害由致害物、侵害对象、侵害事实三个要素构成。

（1）致害物。致害物是指直接造成伤害的物体或物质。没有致害物，就不可能构成伤害。在意外伤害保险中，只有致害物是外来的，才被认为是伤害，如食物中毒。如果致害物在被保险人身体内部形成，如血栓、结石等，则不构成意外伤害保险中的伤害。按照致害物的不同种类，伤害可以分为器械伤害、自然伤害、化学伤害、生物伤害和精神伤害等。

（2）侵害对象。侵害对象是致害物侵害的客体。在意外伤害保险中，只有致害物侵害的对象是被保险人的身体各个部位，才能构成伤害。而不是发生在著作权、肖像权、名誉权等与人身相联系的权利上的侵害，或者是精神上的侵害。

（3）侵害事实。侵害事实是指致害物以一定方式破坏性地接触、作用于被保险人身体的客观事实。如果没有侵害的客观事实，就不构成伤害。侵害方式一般可分为 15 种：碰撞、撞击、跌落、跌倒、坍塌、淹溺、灼烫、火灾、辐射、爆炸、中毒、触电、接触、掩埋和倾覆。

4.1.1.3　意外伤害

人身意外伤害保险中的意外伤害是指在被保险人没有预见到或者违背被保险人主观意愿的情况下，突然发生的外来致害物对被保险人的身体明显、剧烈侵害的客观事实。[①] 根据意外的特征，意外伤害的释义也可表述为：外来的、突然的、非本意的、剧烈的、非疾病的伤害。[②]

只有同时具备意外和伤害两个条件，即在意外条件下发生伤害的客观事实才构成意外伤害。

◆ **专栏 4 - 1**

对意外伤害含义的理解

保险公司意外伤害保险合同条款中对意外伤害的定义为：以外来的、突发的、非本意的、非疾病的客观事件为直接且单独的原因致使身体受到的伤害。据此，有些教材对意外的定义为：非本意的、外来的、突发的事故，或者是指外来的、突然的、非本意的某种客观力量，它不以人的意志为转移。

---

① 黄素. 人身保险实务［M］. 北京：中国金融出版社，2013：94.
② 翁小丹. 人身意外伤害保险和健康保险［M］. 北京：中国财政经济出版社，2007：25.

示例1①：

一人被狂犬咬伤，一人被蚊虫叮咬，二人都是受到生物侵害，但前者属于意外伤害，后者不属于意外伤害。因为一般来说，被狂犬咬伤是偶然发生的事件，被保险人事先无法预知。而在一定的地区、一定的季节，被蚊虫叮咬几乎是必然要发生的事件，被保险人事先应该已经预见到了。另外，通常蚊虫叮咬未能达到剧烈的程度。

示例2②：

中暑和冻伤两种情况，是气温过高或者过低造成的。如果当时的气温与该地区历年同期的气温相差不多，那么被保险人中暑或者被冻伤就不属于意外，因为出现这样高或者这样低的气温是必然发生的事件，被保险人应该已经预见到了。如果当时气温与该地区历年同期的气温差异明显，那么被保险人中暑或者被冻伤属于意外，因为出现这样高或者这样低的气温是偶然发生的事件，被保险人事先不能预见。

示例3③：

长期接触汞的人发生汞中毒，长期接触粉尘的人发生尘肺，虽然都是外来致害物对人体的侵害，但是由于伤害是在较长时期内缓慢发生的，被保险人应该预见到了，因此不属于意外伤害。

示例4：

以下简要介绍唐某某诉某保险公司人身保险合同纠纷案［案号：（2019）桂民再396号，审理法院：广西壮族自治区高级人民法院，来源：《人民法院报》2019年10月24日第7版］。

案例要旨：高原反应是非常年生活在高原地区的人到高原地区游玩都可能会发生的，这是基本的生活常识，但通过有效手段可预防或减轻高原反应发生的概率，因此，高原反应不属于无法预料的"意外"情形，不属于意外伤害保险赔偿范围。

示例5：

以下简要介绍赵某、朱某芳诉中美联泰大都会人寿保险有限公司意外伤害保险合同纠纷案［审理法院：江苏省南京市鼓楼区人民法院，来源：《最高人民法院公报》2017年第9期（总第251期）］。

案例要旨：饮酒过量有害身体健康属生活常识，被保险人作为完全民事行为能力人，对此完全可以控制、避免，故饮酒过量导致身体损害不是基于外来的、突发的和非本意的因素，不属于意外伤害，被保险人据此申请保险公司支付保险金的，人民法院不予支持。

---

① 翁小丹. 人身意外伤害保险和健康保险［M］. 北京：中国财政经济出版社，2007：22-23.
② 荆涛. 人寿与健康保险［M］. 北京：北京大学出版社，2011：147.
③ 蒋虹. 人身保险［M］. 北京：对外经济贸易大学出版社，2010：97.

4.1.2 意外伤害保险的概念

根据《意外伤害保险业务监管办法》①，意外伤害保险是以被保险人因遭受意外伤害造成死亡、伤残或者发生保险合同约定的其他事故为给付保险金条件的人身保险。

不同教材中意外伤害保险的概念与此有些不同，区别主要在于给付保险金的条件是否包含其他事故。一般来说，意外伤害保险是指在保险期间内因发生意外事故致使被保险人死亡或者伤残，保险人按照合同的规定给付保险金②的一种人身保险。本教材以此概念讲述意外伤害保险的内容。

如果包含其他事故，意外伤害保险是指在保险期间内，当被保险人因遭受意外伤害造成死亡、伤残，或者因意外伤害导致医疗费用支出，或者因意外伤害导致丧失工作能力的收入损失时，由保险人按照合同规定，向被保险人或受益人给付保险金的一种人身保险。③

在实践中，保险公司将以承保因意外伤害导致被保险人死亡或者伤残为给付保险金条件的意外伤害保险作为主险，即可以单独投保。因意外伤害导致的医疗费用支出的承保则包含在附加意外伤害保险条款或者意外伤害医疗保险附加险的内容中。因意外伤害导致丧失工作能力的收入损失，则由失能收入损失保险承保，或者以附加条款或附加意外伤害停工期间收入损失保险的方式承保。

4.1.2.1 意外伤害保险属于人身保险

由于意外伤害保险以被保险人的生命或身体为保险标的，因此属于人身保险范畴。

4.1.2.2 意外伤害保险与人寿保险的异同

（1）意外伤害保险与人寿保险的相同之处。

两者均为人身保险，保险金额均不根据保险标的的价值确定，而是由合同双方当事人约定，为给付性保险，不适用损失补偿原则和代位追偿原则。

（2）意外伤害保险与人寿保险的区别。

①保险期限不同。意外伤害保险期限较短，大多为 1 年，被保险人可根据实际需要灵活确定保险期限。人寿保险期限一般较长，有几年、十几年、几十年甚至终身。

②承保风险不同。意外伤害保险承保的是意外伤害风险，与被保险人的职业或者从事活动的危险程度相关，与被保险人的年龄和性别关系不大。人寿保险承

---

① 中国银保监会办公厅关于印发意外伤害保险业务监管办法的通知 [EB/OL]. （2021 - 10 - 15）. 中华人民共和国中央人民政府网站，http：//www.gov.cn/zhengce/zhengceku/2021 - 10/15/content_5642766.htm.
② 许谨良. 人身保险原理和实务 [M]. 4 版. 上海：上海财经大学出版社，2015：58.
③ 刘冬娇. 人身保险 [M]. 2 版. 北京：中国金融出版社，2010：113.

保的是生存或者死亡风险，与被保险人的年龄和性别密切相关。

③费率厘定依据不同。意外伤害保险根据保险金额损失率计算纯保费，人寿保险根据生命表和利息率计算纯保费。

④责任准备金的提取不同。意外伤害保险的年末未到期责任准备金按当年保费收入的一定比例提取，人寿保险的年末未到期责任准备金要根据生命表、利息率、被保险人的年龄、已保年数、保险金额等确定。

⑤保险金给付方式不同。意外伤害保险金的给付包含死亡保险金给付和残疾保险金给付。死亡保险金按照合同约定的金额进行给付；伤残保险金按照保险金额与残疾程度百分比的乘积进行给付。人寿保险是定额给付保险，当发生保险合同约定的保险事故时，保险人即按合同约定给付保险金。

4.1.2.3　意外伤害保险与财产保险的异同

（1）意外伤害保险与财产保险的相同之处。

两者同属短期保险业务，保费均一年一交，纯保费均根据保险金额损失率计算，年末未到期责任准备金均按当年保费收入的一定比例提取。

（2）意外伤害保险与财产保险的区别。

①保险标的不同。意外伤害保险的保险标的是被保险人的生命和身体，财产保险的保险标的是财产及其有关利益。

②保险金额的确定方法不同。意外伤害保险的保险金额由双方协商约定，财产保险的保险金额根据保险标的的价值确定。

③保险金的性质不同。意外伤害保险的保险金给付包含死亡保险金给付和残疾保险金给付，此外，还会承保意外伤害医疗费用、意外伤害停工期间收入损失的赔付等附加保障。财产保险是补偿性保险，保险人按照损失补偿原则进行赔付。

4.1.3　意外伤害保险的特征

4.1.3.1　保险期限短

意外伤害保险的保险期限一般不超过 1 年。

4.1.3.2　具有季节性

意外伤害保险的险种会因季节变化而投保情况不同。春夏秋季是旅游意外伤害保险的投保高峰期，炎热夏季是游泳者平安保险投保相对集中的时期。在出险概率上，寒冬季节骨折风险较高，台风季节舟船事故相对较多。

4.1.3.3　净保险费根据意外事故发生概率厘定

意外伤害保险净保费率的厘定一般不需要考虑被保险人的年龄、性别等因素，主要根据意外事故发生的概率厘定，即依据被保险人的职业、工种或者从事活动的危险程度厘定费率。

4.1.3.4　规定责任期限

责任期限是意外伤害保险特有的概念，是指在自被保险人遭受意外伤害之日起的一定期限内（如 90 天、180 天、360 天等）死亡或者伤残，保险人才承担赔偿责任。意外伤害保险条款规定，只要被保险人在保险期限内遭受意外伤害，在自意外伤害发生之日起的一定时期内，被保险人因该意外伤害死亡或者伤残，即使死亡或者伤残发生在保险期限结束之后，但只要还在责任期限内，保险人仍然要承担保险责任。

4.1.3.5　定额给付与补偿方式相结合

意外伤害保险的保险金既可以按照约定金额给付，如死亡给付，为定额给付；也可以在保险金额限度内补偿全部或者一定比例的实际损失，如伤残给付按照伤残程度给付一定比例的保险金，医疗费用给付则根据实际的医疗费用支出，按照合同约定在保险金额内赔付，为补偿方式。

4.2　人身意外伤害保险的内容

4.2.1　意外伤害保险的可保风险

意外伤害保险承保的是意外伤害，但并非一切意外伤害都是意外伤害保险承保的内容。根据是否可保可以将意外伤害划分为不可保意外伤害、特约可保意外伤害和一般可保意外伤害三种。

4.2.1.1　不可保意外伤害

不可保意外伤害是指那些违反法律规定或者社会公共利益而造成的意外伤害，一般有以下几类。

（1）被保险人在犯罪活动中遭受的意外伤害。保险只能为合法的行为提供经济保障，不能因提供保险保障反而给社会带来不安定因素。另外，犯罪具有社会危害性，若承保犯罪行为导致的意外伤害，会损害到社会公共利益。

（2）被保险人在寻衅殴斗中所遭受到的意外伤害。寻衅殴斗虽不构成犯罪，但属于违法行为，因其具有社会危害性而不能承保。当被保险人受到不法侵害时，被保险人正当防卫所受到的意外伤害，应为可保的意外伤害。

（3）被保险人酒醉、吸毒后发生的意外伤害。酒醉为不道德行为，是可以自行控制的行为，因此造成的意外伤害属于被保险人故意行为所致，因此不予承保。吸毒是违法行为，因此不予承保。

4.2.1.2　特约可保意外伤害

特约可保意外伤害是指一般在保险条款中列为除外责任，但经过投保人和保险人的特别约定并加收保费后，保险人才可以承保的意外伤害。

（1）战争、军事行动、核辐射、核爆炸等造成的意外伤害。因为这类风险会造成很大范围的人身伤害，而且造成的意外伤害在短期内较难确定损失额，因此保险人一般不承保，除非经过特别约定并加收保费后才能承保。

（2）被保险人在从事危险程度较高的体育活动或比赛中遭受到的意外伤害。这类风险较高的活动，如登山、跳伞、漂流江河、赛车、拳击、摔跤等，导致意外伤害发生的概率增加，可能使得正常状态下收取的保费不足以弥补损失的赔偿和给付，因此保险公司一般不予承保，除非经过特别约定并加收保费后才予以承保。

（3）医疗事故造成的意外伤害。如医生误诊、药剂师发错药品、动手术切错部位等造成的意外伤害均属于这类意外伤害。意外伤害保险的保险费率是根据大多数健康被保险人的情况确定的，因医疗事故导致的意外伤害风险是少数患有疾病的被保险人可能遭受的风险。为了使保费的负担公平合理，保险公司一般不承保医疗事故造成的意外伤害。除非经过特别约定并加收保费后才予承保。

上述特约可保意外伤害在保险条款中一般被列为除外责任，经过投保人和保险人特别约定后，由保险人在保险单上添加批注或者出具批单后，可将该除外责任剔除。

4.2.1.3　一般可保意外伤害

除了不可保意外伤害、特约可保意外伤害外，其他风险属于一般可保意外伤害。但是由于造成意外伤害的因素很多，不便在保险单上一一列明，因此要根据意外伤害的构成要素和除外责任具体确定保险责任范围。

特约可保意外伤害与一般可保意外伤害之间没有绝对界限。保险公司可以根据自身的承保技术、承保能力等将一些可保意外伤害列为特约可保意外伤害。随着科学技术的发展、保险人承保能力的增强，有些特约可保意外伤害也可以成为一般可保意外伤害。如因飞机失事造成的意外伤害曾被列为除外责任，只有经过特别约定才能承保，当前该风险已成为一般可保意外伤害。

4.2.2　意外伤害保险的保险责任

意外伤害保险的保险责任是指由保险人承担的被保险人因意外伤害所致的死亡和伤残的责任，对被保险人因疾病所导致的死亡和伤残则不负责任。

被保险人在保险期限内遭受意外伤害，被保险人在责任期限内死亡或者伤残，意外伤害是造成被保险人死亡或者伤残的近因，只有同时具备这三个条件，才能构成意外伤害保险的保险责任。

4.2.2.1　被保险人在保险期限内遭受意外伤害

被保险人在保险期限内遭受意外伤害是构成人身意外伤害保险责任的首要条件，它又包括两方面的要求：首先，被保险人遭受意外伤害必须是客观发生的事实，而非推测或臆想的；其次，被保险人遭受意外伤害的客观事实必须发生在保险期限之内，如果被保险人在保险期限开始以前遭受意外伤害导致其在保险期限内死亡或残疾，则不构成保险责任。

4.2.2.2　被保险人在责任期限内死亡或者伤残

被保险人在责任期限内死亡或者伤残是构成意外伤害保险责任的必要条件之一，这样规定一方面是为了准确判断导致保险事故发生的原因；另一方面是考虑到随着医学科技的发展，被保险人发生了意外事故后，医生可以长时间维持被保险人的生命或者身体功能，从而使保险人很难判断死亡的原因。

4.2.2.3　意外伤害是造成被保险人死亡或者伤残的近因

在意外伤害保险中，当满足了前两个条件，即被保险人在保险期限内遭受了意外伤害并于责任期限内死亡或者伤残时，并不必然构成保险责任。

根据近因原则，只有当意外伤害与死亡、伤残之间存在因果关系，即意外伤害是死亡或者伤残的近因时，才构成保险责任。

4.2.3　意外伤害保险的给付方式

意外伤害保险保障的内容包含死亡给付、伤残给付以及其他附加保障。其他附加保障包括意外伤害医疗费用赔付、丧失工作能力收入损失赔付等。一般来说，死亡保险金和伤残保险金的给付为一个保险金额，医疗保险金和丧失工作能力收入损失赔付分别规定保险金额。

4.2.3.1　死亡保险金的给付方式

在保险期限内被保险人遭受意外伤害，并在责任期限内因该意外伤害死亡的，保险人按保险金额给付身故保险金。被保险人因遭受意外伤害且自该意外伤害发生日起下落不明，后经人民法院宣告死亡的，保险人按保险金额给付死亡保险金。但若被保险人被宣告死亡后生还，保险金受领人应于知道或应当知道被保险人生还后一定期限内退还保险人给付的死亡保险金。

若被保险人死亡前保险人已给付合同约定的残疾保险金，给付死亡保险金时应扣除已给付的残疾保险金。

4.2.3.2　残疾保险金的给付方式

在保险期限内被保险人遭受意外伤害，并在责任期限内因该意外伤害造成被保险人残疾的，保险人按相关人身保险伤残评定标准所对应伤残等级的给付比例乘以保险金额给付残疾保险金。如责任期限届满日治疗仍未结束，按当日的身体情况进行伤残评定，并据此给付残疾保险金。保险金额是死亡和伤残给付的最高限额。

（1）意外伤害造成被保险人全残。保险人按照保险合同约定的保险金额给付残疾保险金。

（2）意外伤害造成被保险人部分残疾。保险人按照残疾程度百分比给付残疾保险金。

残疾保险金 = 保险金额 × 残疾程度百分比

残疾程度百分比按照保险公司意外伤害保险条款中规定的残疾程度对应的给付比例确定。《人身保险伤残评定及代码》（GB/T 44893 – 2024）由国家市场监督管理总局（国家标准化管理委员会）于 2024 年 10 月 26 日发布，2025 年 2 月 1 日正式实施，替代了《人身保险伤残评定标准及代码》（JR/T 0083 – 2013）。其规定了人身保险伤残评定的术语定义、评定原则、分类体系及编码规则，适用于保险行业伤残认定工作。

（3）被保险人因同一意外伤害造成多处伤残。保险人按保险金额与被保险人身体各部位残疾程度百分比之和的乘积计算残疾保险金，若各部位残疾程度百分比之和超过 100%，按保险金额给付残疾保险金。

例如，某被保险人由于一次意外伤害造成一下肢永久性残废（残疾程度百分比是 50%），并丧失一食指（残疾程度百分比是 10%），保险金额是 3 000 元，则保险公司应给付的残疾保险金是：

3 000 × (50% + 10%) = 1 800（元）

如果一次意外伤害事故造成被保险人两目永久完全失明（残疾程度百分比是 100%），一上肢永久性残废（残疾程度百分比是 50%），并丧失一拇指（残疾程度百分比是 10%），受伤各部位残疾程度百分比之和是 160%，已超过 100%，保险公司按保险金额给付 3 000 元残疾保险金。

（4）意外伤害造成被保险人多次伤害。保险人对每次意外伤害造成的死亡或者残疾均按保险合同规定给付保险金，但给付的保险金累计不能超过保险金额。

例如，某被保险人的保险金额为 3 000 元。在保险期限内，该被保险人第一次遭受意外伤害造成一上肢永久性残废（残疾程度百分比是 50%），保险公司给付残疾保险金 1 500 元。第二次遭受意外伤害造成一食指全部丧失（残疾程度百分比是 10%），保险公司给付 150 元残疾保险金。第三次遭受意外伤害造成死亡，由于保险公司已支付了 1 650 元残疾保险金，保险公司只能给付 1 350 元死亡保险金。

4.3　人身意外伤害保险的分类

意外伤害保险既可以作为主险单独承保，也可以作为附加险承保。根据不同的分类标准，意外伤害保险可以分为以下几类。

4.3.1　按照承保危险分类

按照承保危险的不同，意外伤害保险可以分为普通意外伤害保险和特种意外伤害保险两类。

4.3.1.1　普通意外伤害保险

普通意外伤害保险是指被保险人因遭受意外伤害而致死亡或伤残时，由保险人给付保险金的保险。该险种不具体规定事故发生的原因和地点。例如，学生团体平安保险是以在校学生为保险对象，在保险期限内，不论被保险人在校内还是校外，凡因意外事故导致被保险人死亡或者伤残，保险公司均按合同规定给付保险金。普通意外伤害保险的保险期限一般为 1 年。

4.3.1.2　特种意外伤害保险

特种意外伤害保险的保险责任仅限于因特定因素造成的意外伤害或者特定时间、特定地点遭受的意外伤害。例如，游泳者平安保险的保险责任仅限于被保险人在游泳池内发生的溺水死亡；滑雪者意外伤害保险的保险责任仅限于被保险人在滑雪时遭受的意外伤害；旅游意外伤害保险的保险责任仅限于被保险人作为旅行者在乘坐一些交通工具时因遭受意外导致死亡或者残疾。其他特种意外伤害保险有航空人身意外伤害保险、公路旅客意外伤害保险、索道游客意外伤害保险、登山运动员意外伤害保险等。该险种的保险期限一般较短，有的极短。

4.3.2　按照保险责任分类

按照保险责任的不同，意外伤害保险可以分为意外伤害死亡伤残保险、意外伤害医疗保险和意外伤害收入损失保险。

4.3.2.1　意外伤害死亡伤残保险

意外伤害死亡伤残保险是以被保险人因遭受意外伤害造成死亡或者残疾为给付保险金条件的人身保险业务。意外伤害死亡伤残保险是意外伤害保险最基本的险种，承保被保险人在保险期限内遭受意外伤害造成死亡或者残疾，保险人按合同规定向被保险人或受益人给付死亡保险金或者残疾保险金。

4.3.2.2　意外伤害医疗保险

意外伤害医疗保险是以被保险人因遭受意外伤害需要治疗而支出的医疗费用为保险金给付条件的人身保险业务。它的保险责任通常约定：对于被保险人因遭受意外伤害需要治疗时支出的医疗费用，保险人按合同规定进行医疗保险金的支付。支付保险金方式有两种：一种是补偿式，即在保险金额限度内按照实际支出的医疗费用进行补偿，累计补偿金额不能超过保险金额；另一种是定额给付式，即在一定时期内，不按照被保险人实际支出的医疗费用，而是按照约定的保险金额给付医疗保险金。该险种通常作为意外伤害保险的附加险承保。

4.3.2.3　意外伤害收入损失保险

意外伤害收入损失保险是指以被保险人因遭受意外伤害暂时丧失劳动能力而不能工作期间的收入损失为给付保险金条件的人身保险业务。意外伤害收入损失保险通常也作为意外伤害保险的附加险承保，目的在于减轻被保险人因意外伤害暂时不能工作使劳动收入减少对被保险人本人及其家庭生活造成的困难。

意外伤害收入损失保险只负责被保险人在保险期限内因遭受意外伤害造成责任期限内的收入损失。责任期限是保险人给付收入损失保险金的最多日数或周数，从被保险人遭受意外伤害之日起算，一般为90天、180天、360天或13周、26周、52周等。意外伤害收入损失保险金从被保险人遭受意外伤害，经医疗机构认定不能工作之日起按日或按周给付。如果发生下列情形，保险人停止给付：①责任期限结束；②被保险人死亡；③被保险人的残疾程度被确定，领取了残疾保险金；④被保险人恢复工作能力，能从事有劳动收入的工作。

4.3.3　按照保险期限分类

按照保险期限的不同，意外伤害保险可分为极短期意外伤害保险、1年期意外伤害保险和长期意外伤害保险。

4.3.3.1　极短期意外伤害保险

极短期意外伤害保险是指保险期限不足1年，甚至只有几天、几小时或几分钟的意外伤害保险。例如，航空人身意外伤害保险、公路旅客意外伤害保险、索道意外伤害保险等均属于极短期意外伤害保险。

4.3.3.2　1年期意外伤害保险

1年期意外伤害保险是指保险期限为1年的意外伤害保险。个人人身意外伤害保险、附加意外伤害保险等均属于1年期意外伤害保险，如学生团体平安保险、个人综合意外伤害保险等。

4.3.3.3　长期意外伤害保险

长期意外伤害保险是指保险期限超过1年的意外伤害保险。例如，人身意外伤害满期还本保险，保险期限可以是3年、5年、8年，被保险人可以自行选择。投保时缴纳一笔保险本金，这笔保险本金取决于保险期限、保险金额、被保险人的职业以及相应年期的利率。当被保险人在保险期限内遭受意外伤害造成死亡或者残疾时，保险人给付死亡保险金或者残疾保险金，当保险期满时，无论是否发生过保险金给付，保险本金都将返还。保险本金在保险期限内产生的利息即意外伤害满期还本保险中的保险费。

4.3.4　按照投保方式分类

按照投保方式的不同，意外伤害保险可以分为个人人身意外伤害保险和团体人身意外伤害保险。

4.3.4.1　个人人身意外伤害保险

个人人身意外伤害保险，也被称为个人意外伤害保险，是指一份意外伤害保险保单只为一个被保险人的死亡或者残疾提供保险保障的人身保险业务。

4.3.4.2　团体人身意外伤害保险

团体人身意外伤害保险，也被称为团体意外伤害保险，是指以团体方式投保，一份保单向一个团体中的所有成员或大部分成员提供死亡或残疾保障的人身保险业务。

在实务中，团体意外伤害保险业务占绝对比重。意外伤害保险的保险费率通常取决于被保险人的职业及其从事的活动。对于从事风险性质相同的职业的团体成员，可以采用相同的保险费率。因此，意外伤害保险最适合采用团体方式投保。团体意外伤害保险一般由企业缴纳保费。因为雇员遭受的意外伤害，大都在工作中发生，雇主要承担一定责任，所以雇主乐于为雇员投保团体意外伤害保险，这样也可以改善员工福利，增强员工的凝聚力。

本章总结

意外是指伤害的发生是被保险人事先无法预见或者能够预见但由于疏忽而没有预见，或者伤害的发生违背了被保险人的主观意愿。意外具有外来的、突然的、非本意的、剧烈的、非疾病的特征。伤害是指被保险人的身体受到侵害的客观事实，也被称为损伤。伤害由致害物、侵害对象、侵害事实三个要素构成。

人身意外伤害保险中的意外伤害是指在被保险人在没有预见到或者违背被保险人主观意愿的情况下，突然发生的外来致害物对被保险人的身体明显、剧烈侵害的客观事实。只有同时具备意外和伤害两个条件，即在意外条件下发生伤害的客观事实才构成意外伤害。

意外伤害保险是指在保险期限内因发生意外事故致使被保险人死亡或者伤残，保险人按照合同的规定给付保险金的一种人身保险。意外伤害保险属于人身保险，意外伤害保险与人寿保险、财产保险存在异同。

人身意外伤害保险的特征包括：保险期限短，具有季节性，净保险费根据意外事故发生概率厘定，规定责任期限，定额给付与补偿方式相结合。人身意外伤害保险的可保风险，根据是否可保可以划分为不可保意外伤害、特约承保意外伤害和一般可保意外伤害三种。

被保险人在保险期限内发生意外伤害，被保险人在责任期限内死亡或者伤残，被保险人遭受的意外伤害是近因，只有同时具备这三个条件才构成意外伤害保险的保险责任。

死亡保险金的给付方式为：在保险期限内被保险人遭受意外伤害，并在责任期限内因该意外伤害死亡的，保险人按保险金额给付死亡保险金。残疾保险金的给付方式为：在保险期限内被保险人遭受意外伤害，并在责任期限内因该意外伤害造成被保险人残疾的，保险人按伤残等级的给付比例乘以保险金额给付残疾保险金。

人身意外伤害保险按照承保危险、保险责任、保险期限和投保方式的不同可分为不同的种类。

练习与思考

1. 什么是人身意外伤害？什么是人身意外伤害保险？
2. 人身意外伤害保险的特征有哪些？
3. 人身意外伤害保险的责任期限是如何规定的？
4. 人身意外伤害保险的可保风险有哪些？
5. 人身意外伤害保险保险金如何给付？
6. 人身意外伤害保险的分类有哪些？

第5章 团体保险

本章提要

本章介绍团体保险的内容。首先，介绍团体保险的概念及特征，明确团体保险区别于个人保险的不同之处。其次，介绍团体保险的具体类别，包括团体人寿保险、团体年金保险、团体健康保险和团体意外伤害保险。最后，介绍团体保险的标准常用条款以及各类团体保险的特殊条款。

学习目标

理解团体保险的概念，掌握团体保险的特征。

理解团体保险的基本分类。

掌握团体健康保险的标准条款和特殊条款。

5.1 团体保险的概念和特征

5.1.1 团体保险的概念

团体保险是以团体为投保人与保险公司签订一份总的保险合同，为该团体符合资格的所有被保险人提供死亡、疾病、伤残及养老保障的保险。

团体保险合同的当事人是团体保单持有人和保险公司。团体保单持有人是一个团体或一个组织，负责决定团体保险的保障类型、与保险公司商定保险条款并购买团体保险。在团体保险合同生效后，团体保单持有人还要负责处理团体保险的某些日常管理工作，例如负责为团体保险计划增加新的团体成员、负责向保险公司交付保险费等。

团体保险的关系人包括团体保险的被保险人和受益人。被保险人是团体内的成员，他们不参与合同的签订，也不会得到一份独立的合同，而是每人持有一份保险凭证，以记录团体保险合同的保障范围以及其享有的各项权利，例如保险金的请求权、受益人的指定权等。

自 20 世纪初第一张现代团体保单问世以来，团体保险发展异常迅速。"二战"以后，在西方发达国家，为了改善雇主与雇员的关系，迎合工会的要求，以及用低廉的保费获得保障等，团体保险日益发达。团体保险可以作为雇主为雇员提供的福利，同时可以享受国家的税收优惠政策。目前，美国大约有 40% 的有效人寿保险、加拿大有 50% 以上的有效人寿保险属于团体保险。[①]

5.1.2 团体保险的特征

与个人保险相比，团体保险存在如下特征。

5.1.2.1 以对团体的风险选择代替对个人的风险选择

在个人保险业务中，保险人会针对每一位被保险人的风险状况进行逐一筛查以确定其是否可保。而在团体保险业务中，通常不需要对每一位成员都进行体检或让其出具可保证明就可以承保，团体保险风险选择的重点是整个团体的资格要求、业务性质、团体规模等要素，而不是其中每一位被保险人的风险状况。具体来说，团体保险在进行风险选择时，主要考虑以下因素。

（1）投保团体资格。团体保险不承保那些专门为了投保而成立的团体，因为其往往具有逆选择的倾向。团体保险可以承保的团体必须是正式的法人团体，尤其是具有特定的业务活动、独立核算，并能独立承担民事责任的法人团体，通常包括国有企业、集体企业、民营企业、中外合资企业、中外合作企业、外商独资企业，工会团体、协会团体、信用团体等。

（2）投保团体的规模。团体保险对团体规模的限制包括对其绝对数的限制和相对数的限制两个方面。在绝对数的限制上，我国团体保险规定，一类、二类、三类行业投保团体的最低投保人数为 8 人，如投保团体总人数不足 8 人，须全员投保，3 人以下团体不能投保团体保险。四类及四类以上行业的团体投保，最低投保人数为 20 人。若保险条款的承保对象中包含连带被保险人，则符合条件的连带被保险人必须全员参加。在相对数的限制上，非分担型的团体保险要求团体内所有符合条件的在职职工都必须参加，分担型的团体保险要求投保人数比例不得低于 75%。若承保对象中包含连带被保险人，则符合条件的连带被保险人的参保比例必须达到连带被保险人总数的 60% 以上。

（3）团体被保险人的资格。团体保险的被保险人必须是能正常工作的团体在职人员，退休人员、长期因病全休及半休人员、兼职人员、返聘人员等均不能成为团体保险的被保险人。这是因为：一方面，在职工作可以作为一种健康证明，虽然在正常工作的人群中，有的人体质较好，有的人体质较差，但从总体上来看已经达到了一定的健康水平，此规定有利于防止逆选择。另一方面，老职工退休，新职工加入，新老职工的正常交替使团体的平均年龄趋于稳定，从而保证

---

① 荆涛. 人寿与健康保险［M］. 北京：北京大学出版社，2011：245.

了死亡率和疾病发生率的相对稳定。

（4）保险金额的确定。为了防止逆选择，团体保险中的被保险人不能自行选择保险金额。团体保险中，保险金额的确定有三种方法：一是团体中所有的被保险人不论年龄大小均采用统一的保额；二是按照被保险人工资水平的约定倍数确定每一个被保险人的保额；三是根据被保险人的职务级别分别确定保险金额。在团体保险中，为了防止保额不成比例地集中在少数人身上，团体保险中的最高保额通常不能超过平均保额的 10 倍。在实务中，具体采用哪种方式确定保险金额由投保团体与保险人具体协商决定，一旦保单签发，投保团体和被保险人均无权增减保险金额。

5.1.2.2 团体保险使用一张总的保险单

在个人保险业务中，保险人给每一位投保人或被保险人签发一张保险单，保险单中详细列明了保险条款的内容。而在团体保险业务中，保险人给投保团体签发一张总的团体保险单，每一位被保险人手中仅持有一份保险凭证。该保险凭证并不包含全部的保险条款，仅列明合同保障范围以及团体被保险人在合同中享有的各项权利。

5.1.2.3 团体保险经营成本低廉

对于团体保险而言，其经营成本会低于个人保险，这是因为：（1）团体保险使用一张总的团体保险单，节省了大量的单证印制成本和单证管理成本，简化了承保、收费等手续，获得了规模效应。（2）团体保险的逆选择风险较小，降低了平均死亡率和疾病发生率。（3）团体保险免除了体检，因此节省了体检费用。（4）团体保险不必像个人保险那样向每一位被保险人对应的代理人支付佣金，许多大型的团体投保人常常直接与保险人洽谈，免除了佣金支出，从而降低了经营成本。

5.1.2.4 团体保险计划具有灵活性

个人保险合同的保险条款和保险费率都是由保险公司制定的，被保险人只能按照投保单上的要求如实填写。而在团体保险中，虽然合同也有一定的格式和标准的保险条款，但对于规模较大的团体而言，它们可以就保障范围、保险金额、保险费率等条款与保险公司进行协商，只要不违反法律、不引起严重的逆选择、不使管理手续复杂化，一般情况下保险人都会充分考虑投保团体的要求，并在合同中体现出来。因此，团体保险计划更具针对性和灵活性。

5.1.2.5 保费以经验费率为基础

在费率的厘定方面，团体保险与个人保险的基本原理是相同的，但团体保险在费率厘定后，还要根据团体的规模和以前的索赔经验进行调整。

（1）不同团体保险费率的厘定。对于不同的团体，保险费率厘定的方法有手册费率法、经验费率法和混合费率法。

手册费率法是在不考虑特定团体以往的赔付和费用经验的情况下，保险公司利用自己的经验数据或其他保险公司的经验数据来统计投保团体的预期赔付和费用经验，并计算团体保险费率的一种方法。该方法适用于新投保团体首期保费的确定以及小团体首期保费和续期保费的确定。

经验费率法是指保险公司以特定团体的历史赔付经验和费用为基础来确定全体保险费率的方法。这种方法适用于大型团体的续期保费和目前正在被其他保险公司承保的大型团体的首期保费。

混合费率法是指对于某些中等规模的团体，保险公司既不能完全采用经验费率法，又必须充分考虑其赔付的经验数据，此时保险公司就会采用将手册费率法和经验费率法相结合的方法来确定团体保险的费率，即混合费率法。

（2）同一团体保险费率的厘定。对于同一团体的不同被保险人，保险费率厘定的方法有同一费率法和差别费率法。

同一费率法是指对同一团体的所有被保险人采用同一费率。这种方法适用于团体内被保险人的年龄和工种接近、风险状况类似的情况，为了方便投保人或满足投保人的特殊需要，保险公司在分别计算出每一位被保险人的保费后加总换算成平均保险费率，然后按照平均保险费率收取保险费。

差别费率法是指对同一团体的不同被保险人根据其年龄、性别、工种、健康状况采用不同的保险费率，以体现保险的公平和权利义务对等的原则。

个人保险费率厘定时以生命表为依据，考虑被保险人的死亡率、预期的利息率和保险公司的营业费用率。团体保险费率厘定是一个相当复杂的过程，除了考虑选用恰当的费率厘定方法外，还要考虑投保险种所确定的基本费率、团体的规模、团体的历史赔付经验、团体的管理制度和管理水平、团体中每一成员的年龄/性别和团体的平均年龄、团体的行业性质，以及团体成员的工种分布、团体成员的健康状况、团体中每一成员的保险金额、连带被保险人的情况等。在实务中，对于规模较大、风险程度较低、索赔记录较少的团体，在计算保费时，保险公司往往给予一定比例的减费处理，反之则酌情进行加费处理。

团体保险的保费通常是按月缴付的，保险公司在每个保单年度初厘定续期保险费率，在每一个保单年度末，部分团体保险保费可能需要退还给团体保单持有人。保费的退还金额取决于保险公司对团体赔付经验和费用经验的评估。对于大型团体，评估主要依赖团体自身的经验，对于规模不大的团体，评估要综合考虑团体自身的经验和其他类似团体的经验。如果团体的赔付经验或者保险公司的管理费用低于费率厘定时的预期值，保险公司将退还为此保障收取的部分保费。不论是分担型的团体保险还是非分担型①的团体保险，所有的保费退还均支付给保单持有人。如果分担型团体保险的退还金额超过保单持有人所分担的团体保费，超过部分作为团体保险计划参与者的个人福利。

---

① 分担型的团体保险是指保费一部分由团体成员支付，另一部分由团体支付的保险。非分担型的团体保险是指保费全部由团体支付的保险。

5.2　团体保险的分类

团体保险业务可分为团体人寿保险（包括团体年金保险）、团体健康保险和团体意外伤害保险。

5.2.1　团体人寿保险

团体人寿保险主要分为两类，一类是团体定期寿险，另一类是团体终身寿险。雇主通过给雇员投保团体寿险，不仅解决了雇员死亡造成的家庭经济困难，也为雇主部分解决了其依法需要承担的经济责任，还为那些无法购买个人寿险的人提供了死亡保障。在发达国家，团体寿险是雇员福利计划的一种主要形式。

5.2.1.1　团体定期寿险

团体定期寿险是团体寿险中最早开办的险种，也是最主要的险种。团体定期寿险保障的是被保险人早逝的风险，一般保险期限为 1 年。每年续保时，团体被保险人无须提供可保证明，保单无现金价值，保险人有权每年改变其保险费率。在非分担型的团体定期寿险保单中，投保团体所缴付的保费可以作为营业费用处理，并从应税收入中扣除。

5.2.1.2　团体终身寿险

团体终身寿险经常是作为补充保单签发的，由团体被保险人在团体定期寿险的基础上，选择终身保险计划，并且要缴付相当一部分的保费。团体终身寿险为雇员退休后的生活提供保险保障。由于不具备团体定期寿险的税收优惠，团体终身寿险的发展速度和规模远不及团体定期寿险。团体终身寿险常见的形式包括团体缴清保险、均衡保费终身寿险和团体万能寿险。

（1）团体缴清保险。该保险是缴清终身寿险和保额递减的定期寿险的结合。这是一种分担型的团体寿险，雇员缴纳的保费作为趸交净保费用于购买减额的缴清终身寿险，雇主缴纳的保费用于购买使雇员的总保额达到预定水平的团体定期寿险。每一位雇员的缴清保险的总保额将逐年递增，而雇主为其购买的团体定期寿险的保额则逐年递减。其中，雇主所缴纳的保费与团体定期寿险一样享受税收优惠，而雇员缴纳的保费则不享受税收优惠。雇员的终身寿险部分对雇员终身有效，无论其是否退休或脱离团体。

（2）均衡保费终身寿险。该保险通常是在限期缴费终身寿险的基础上签发的。如果是分担型的保险，雇员对保单的部分现金价值享有既得利益，其金额由雇员的保费分担决定。如果是非分担型的保险，雇员对保单现金价值没有既得利益。当雇员脱离团体时，其保险保障终止，保单的任何累积现金价值归雇主所有。

（3）团体万能寿险。该险种更接近个人寿险而非团体寿险。虽然在投保时必须满足团体保险的条件，但在团体万能寿险中，雇主不支付保费，保费的高低由雇员根据自己的经济能力决定，保单的现金价值也取决于团体被保险人缴付的保费的多少。如果保额较高，通常要求被保险人提供可保证明。被保险人可以改变保额，但是增加保额的同时也需要提供可保证明。当被保险人离职或脱离团体时，团体万能寿险保单仍然有效。

此外，团体万能保险为每个保单持有人设置了单独账户，该账户上有三个收入项目，即新缴保险费、对现金价值保证支付的利息、对现金价值支付的超额利息。该账户上还有两个支出项目，即按死亡率收取的提供死亡给付保障的费用、管理和销售费用。收支余额可以用来增加保单的现金价值。保险公司每年向保单持有人寄送一份报告书，详细列明所缴保费如何在提供死亡保障、费用和现金价值中进行分配。团体万能寿险的最大特点是保单具有灵活性，被保险人可以定期改变缴费数额，也可以改变保险金额。

5.2.1.3　团体信用人寿保险

该保险是债权人为其现在和未来的债务人购买的一种保险。与其他团体寿险不同的是，团体信用人寿保险将保单持有人指定为受益人，在团体被保险人死亡后由债权人领取保险金。在任意时点上，每位被保险人的保险金额等于他对保单持有人的负债。在债务清偿之前，若被保险人死亡或高度残疾，由保险人给付相当于未清偿债务额的保险金额给受益人。

5.2.2　团体年金保险

5.2.2.1　传统型的团体年金

传统的团体年金主要满足简单的养老保险需求，主要包括团体延期年金、预存管理年金和即期参与保证年金，它们均属于固定投资收益的传统团体年金。

（1）团体延期年金。团体延期年金是由雇主为在职的每一个雇员投保的年金，当雇员年老退休后从保险公司领取年金。团体延期年金是最古老的一种团体年金形式。保险公司一般会对每一个投保团体的年金经营状况进行考察，如有较多的剩余，可以对保单分红，红利支付给投保团体。

（2）预存管理年金。它与团体延期年金一样也是由雇主为其在职雇员投保的延期年金，只是雇主缴纳的保险费并不记在每个雇员名下，而是全部保存下来，形成一笔资金（即预存管理基金）。这笔基金由保险公司进行投资运用并保证其收益不低于某一既定利率。当某一雇员年老退休时，从基金中划出一部分作为趸交保费，为该雇员投保个人即期终身年金。

（3）即期参与保证年金。它是从预存管理年金演化而来的一种团体年金，始于20世纪50年代。它也是由雇主按雇员退休后应领取的年金额缴纳保险费，形成一笔基金，保险人要保证雇员退休后按约定的金额向雇员支付年金。即期参与保证年金的实务操作方法是：雇主缴纳保费形成一笔基金，雇员的年金支付由基金支出，基金运用的收益也被并入基金，一旦基金的数额低于雇员约定年金的趸交保费时，即把基金分解到雇员个人名下作为趸交保费，为雇员投保缴清延期终身年金。

5.2.2.2 创新型的团体年金

（1）分红型团体年金。分红型团体年金兼有保障和投资双重功能，已成为团体年金的主导产品。分红型团体年金可以由投保单位缴费，也可以由单位和员工共同缴费，单位和员工的缴费比例由投保单位自主决定。保险公司通常为投保人建立企业账户，在企业账户下分别为每一个员工建立个人账户，个人账户可分为"单位缴费"和"个人缴费"两个部分。"单位缴费"部分扣除管理费后记入投保人指定的员工的个人账户。保险公司每年年末根据分红保险业务的实际经营情况和监管机构的规定确定红利分配方案，按投保时确定的红利分配方式发放红利，对个人账户分派红利，并分别计入个人账户的"单位缴费"和"个人缴费"部分。投保人有权要求将由"单位缴费"部分产生的红利支付给投保人。当员工离职时个人账户中"个人缴费"部分的现金价值被返还给员工。"单位缴费"部分的现金价值通过银行转账方式退还投保人或根据投保人要求将其划入企业账户或投保人指定的其他员工的个人账户"单位缴费"部分。

分红型团体年金保险的保险责任包括死亡保险金和养老保险金，有的还包括离职保险金。投保人和员工无须直接参与复杂的年金资产投资决策，却可以分享保险公司的经营成果。

（2）变额型团体年金。变额型团体年金可以由投保单位缴费，也可以由单位和员工共同承担保险费，各自承担的比例由单位和员工自行约定。变额型团体年金需要设立独立的投资账户，投资账户的全部投资收益扣除一定比例的管理费用后全部归投保人和员工所有。员工可根据自己的投资目标及风险偏好选择投资账户，并且可以根据自己的实际状况适时转换投资账户，但保险公司不承诺投资收益，所有投资风险全部由员工承担。员工所缴纳保险费产生的各项权益，全部归员工所有，单位所缴纳保险费及其投资收益的归属比例由单位和员工在投保时约定。

变额型团体年金的保险责任通常包括死亡保险金、退休金、全残保险金和离职保险金，有的还包括提前退休金。当员工年老退休时可以选择一次性领取养老金，也可以分期领取养老金，或者当被保险人因全残、离职或其他因素脱离投保人团体时，只要其个人账户价值超过保险公司规定的金额，该员工就可以申请成为保留成员，保险公司会将其个人账户转为保留账户。

（3）万能型团体年金。虽然万能型团体年金和变额型团体年金一样属于投资型的年金产品，需要设置独立的投资账户，但是相对于变额型团体年金，万能型团体年金具有三个特点：

①设置了更加灵活透明的投保人账户和个人账户。个人账户可分为已归属部

分和未归属部分,单位缴付的保险费在扣除保险公司的手续费后按权益归属比例分别记入投保人账户和员工个人账户,员工个人缴付的保费在扣除手续费后记入员工的个人账户。

②设立减保选择,账户可以弹性收缩。投保单位每年有一次减少投保人账户未归属部分账户累积金额的权利,投保单位可以根据企业运作需要适时调整投保人账户未归属部分的金额。

③承诺最低的保险投资收益,投资风险由员工和保险公司共同承担。万能型团体年金的保险责任除了死亡保险金和退休保险金之外,通常还包括离职保险金,即员工在保险合同约定的年金领取日前离职,保险人按其个人账户中已归属该员工名下的账户金额一次性给付离职保险金。

团体年金保险费率厘定的影响要素是预定的生存率、预定的利息率和预定的营业费用率。团体年金采用集合基金的方法,运用生命表中的生存率采用复利的形式计算保险费。由于养老保险对长寿者有利,因此保险公司通常使用终端年龄高的年金生命表计算年金保险的保险费。

5.2.3 团体健康保险

团体健康保险具有手续简便、费率低、提供的保障项目和范围广泛等特点,通常包括以下类型。

5.2.3.1 团体医疗保险

团体医疗保险是以团体方式投保为团体被保险人提供医疗费用保障的团体保险。其保障的责任范围包括药费、手术费、注射费、检查费、输血费、输氧费、住院费等,对上述各项费用,保险人在扣除免赔额后按约定比例赔付。团体医疗保险是团体健康保险最常见的类型,保险责任范围与个人医疗保险基本相同。按照保障范围不同,团体医疗保险又可分为团体基本医疗保险和团体大额医疗保险,其中团体基本医疗保险又可分为团体住院医疗保险、团体门诊医疗保险、团体手术医疗保险和团体综合医疗保险。

5.2.3.2 团体补充医疗费用保险

团体补充医疗费用保险主要包括团体长期护理保险、团体牙科费用保险等。传统的医疗保险一般不负责保障长期护理费用支出,而团体长期护理保险就是以团体或团体雇主为投保人,以团体成员及其家属、年长的家庭成员为被保险人,承担被保险人的长期护理费用,保障他们退休后的财产或生活的一种团体保险。该险种在美国保险市场相对较为普遍。

团体牙科费用保险是以团体或团体雇主为投保人,以团体员工为被保险人,为员工所需的一些牙科服务(包括预防性护理,如定期口腔检查、清晰和早期诊断)和治疗提供保障的一种团体健康保险。

5.2.3.3 团体残疾收入保险

团体残疾收入保险是以团体或团体雇主为投保人，以团体员工为被保险人，由保险人对被保险人因遭遇意外伤害或疾病而丧失工作能力导致收入损失进行保障的一种团体保险。一般情况下，团体残疾收入保险合同按月提供给付金额，给付金额的高低取决于被保险人残疾前的正常收入多少，并按一定比例支付。保险给付开始于保险合同约定的给付期之后，并延续至合同约定的最高期间或被保险人的极限年龄。

在实务中，大多数团体残疾收入保险合同均以不超过六个月为最高给付期间，这些合同被归属为团体短期残疾收入保险。而最高给付期超过 1 年的成为团体长期残疾收入保险。

5.2.4 团体意外伤害保险

团体意外伤害保险是以团体方式投保的人身意外伤害保险，其保险责任、给付方式与个人意外伤害保险相同，只是团体意外伤害保险与个人意外伤害保险在保单效力上有所区别。在团体意外伤害保险中，被保险人一旦脱离投保的团体，该被保险人自其脱离该单位之日起保单效力即行终止，但对其他被保险人仍然有效。投保团体可以为该被保险人办理退保手续。在保险实务中，如果在保险期间未发生理赔给付的被保险人离职，投保人可以申请与新加入员工进行更换，无须办理退保和投保手续，也无须增减保费。

1 年期的团体意外伤害保险的保险费率根据团体所在行业的性质和被保险人的职业分类确定，保险费率按不同职业的危险大小设定不同的档次，同时还考虑团体的规模、参保人数。续期保费主要根据上一年度的理赔经验对保费进行调整。对于特殊行业、工种按危险程度加收保费甚至拒保。

对于保险期限不足 1 年的极短期团体意外伤害保险的费率的确定有两种方法：一是以 1 年期团体意外伤害保险的费率为基础，按短期费率表计算；二是针对保险期限只有几星期、几天甚至几小时的极短期团体意外伤害保险，按被保险人所从事的活动性质分类，如旅游者、飞机旅客、长途汽车旅客、登山者、参加体育比赛者等分别确定保险费率。

5.3 团体保险的标准条款和特殊条款

5.3.1 团体保险合同共同的标准条款

无论是团体人寿保险、团体健康保险还是团体意外伤害保险都包含一些共同的标准常用条款，即无论是在哪类险种中均适用的常用条款。

5.3.1.1　资格要求条款

每个团体保单都需规定何人有资格获得该保单的保障。资格条款的规定最常见的有在职工作条款和观察期条款。在职工作条款规定：被保险人获得团体保险的前提是该被保险人（即雇员）在保单生效之日必须在职工作，而不能处于在职患病或休假状态。

观察期条款是指新的团体成员在入职之后必须等待一段时间（通常为 1～6 个月）才能获得加入团体保险的资格。观察期的规定能够筛除那些工作很短一段时间就离职的成员，因此能够降低团体保险的管理成本。在非分担型的团体保险中，满足其他所有资格要求的新团体成员在观察期末将自动获得该团体保险的保障。而在分担型的团体保险中，观察期之后还需要经过一段适格期间（通常为 31 天），在此期间，新团体成员可以首次注册团体保险计划。雇员必须签署授权书允许雇主从他的工资中扣除部分薪金作为个人负担部分的保险费。只有在完成这种授权后，分担型的团体保险才能够生效。如果在适格期间雇员拒绝加入团体保险，那么他日后再要求加入该计划时，就必须提供可保证明。

例如，王颖和李明分别是两个企业的新入职员工，二人均有资格获得各自企业提供的团体人寿保险。王颖所在的企业提供的是非分担型的团体保险，李明所在的企业提供的是分担型的团体保险。根据观察期条款，王颖在 60 天观察期结束后可自动被纳入其企业提供的团体人寿保险中。而李明在 60 天的观察期后，还需在适格期间（1 个月），申请这一团体人寿保险，并向雇主授权可以在其薪资中扣除一定费用作为分担的保险费。因此，只有李明在适格期间签署了授权书，他的团体保险保单才能生效。

5.3.1.2　保险费与经验退费

与个人保险类似，团体保险的保单持有人也可选择不同的缴费方式，包括按月、按季度、按半年或按年。所不同的是，团体保险中被保险雇员是否需要缴纳保费，缴纳保费的数额等事项，需要在团体保险合同中进行特别约定。

与个人保险不同的是，团体保险的初年度保险费率同时适用于多类团体，无法反映不同投保团体的危险差异。为了公平起见，团体保险合同中往往列有经验退费条款。此条款规定，在保单周年日，如果团体保险合同有效且保费已经缴纳，团体保险保单持有人可以要求保险人退还因为预期经验值较实际经验值高估的那部分保费，即经验退费。通常的退费方式包括现金、抵缴下期保费、留存生息、增加保险金额等形式。

5.3.1.3　团体保险的受益人

一般情况下，团体保险的受益人是由被保险人指定的，雇主不能成为团体保险的受益人，但团体信用人寿保险除外，团体信用人寿保险通常指定保单持有人为受益人。如果被保险员工指定投保单位为受益人，或同意保险公司将团体保险给付金支付给投保单位，保险人应当要求投保单位提供由每一个被保险员工签字的证明。

5.3.1.4　合同转换权条款

团体保险的该条款规定，被保险人可以在保单效力中止前的一定期限提出书面申请将团体保险变更为个人保险继续享有保障，而无须提供可保证明。在美国大部分州一般将该期限规定为 31 天。美国保险监督官协会（The National Association of Insurance Commissioners，NAIC）的团体人寿保险法案及许多州的法律还对被保险人转换权有具体的规定，在团体保险终止前，被保险人必须参加团体保险 5 年以上才具有使用合同转换权的资格。被保险人运用合同转换权得到新的保险合同的保险金额，不得超过原保险人或其他保险人所签发的人寿保险保额的某一特定金额。

团体健康保险一般规定，如果被保险人已经连续保险三个月以上，当其脱离团体时，保险单赋予被保险人一种有限制的权利，允许其购买个人医疗保险，而无须提供可保证明。但是如果其保障将导致被保险人超额保险时，保险人可以拒绝签发个人医疗保险单，例如某雇员脱离了团体，又找到了一份新的工作，获得了新雇主提供的团体医疗保险保障。根据保单转换权条款的规定，雇员将原雇主提供的团体医疗保险单转换为个人医疗保险单就可能出现超额保险，保险人可以拒绝签发个人医疗保险。当团体医疗保险转化为个人医疗保险时，一般情况下个人医疗保险的保险费要高于团体医疗保险的保险费，而且个人医疗保险的保险金给付限制也比团体医疗保险的保险金给付限制更加严格。

5.3.1.5　保单终止条款

团体保单终止条款规定了团体保险合同何时终止以及团体被保险人的保险保障何时终止。大多数团体保险保单规定：团体保单持有人可以在任何时候书面通知保险人终止团体保险合同，同样地，如果满足条件，保险人也可以在任何一个保费到期日终止团体保险合同。例如，团体保险的参保比例低于保单规定的最低要求，保险人有权终止团体保险合同。但是，保险人在终止团体保险合同时，必须提前书面通知团体保单持有人，告知保单将在下一个续期保费到期日终止。

团体保险保单中含有规定团体被保险人的保险何时终止的条款。如果团体被保险人不再是有资格享有保险的团体中的成员或者团体被保险人已被终止雇佣关系或者团体被保险人不能缴付保费分担额，该团体被保险人的保险保障将被终止，而团体保险保单则继续有效。

此外，与个人保险类似，团体保险的标准条款中也同样包含宽限期条款、不可抗辩条款等内容。

5.3.2　团体保险合同的特殊条款

5.3.2.1　团体人寿保险合同的特殊条款

（1）给付金额条款。团体寿险保单必须明确规定每一位团体被保险人的保险金额或者规定保险人确定保险金额的方法。通常在团体寿险保单中列有一张给付表，用以确定每一个被保险人的保险金额。在团体寿险保单中最常见的给付表类型有三种：第一种是根据一个特定公式来确定保险金额，例如，团体寿险中每一位成员按照其年收入或薪金的约定倍数确定保险金额；第二种是所有团体被保险人确定一个保险金额，例如，团体寿险可以确定所有团体被保险人的保险金额为 3 万元；第三种是根据每一个团体被保险人的职业性质或职务级别，分别确定一个保险金额，例如，团体的总经理、副总经理、部门经理、普通职员，分别确定一个保险金额，为了防止逆选择，团体寿险保单不能以个人为基础来确定保险金额，而是以客观指标为基础确定保险金额。

如果团体寿险保单还为团体成员的受抚养者提供保险保障，在团体寿险中又会包含另一张用以确定受抚养者保险金额的独立给付表。这种给付表有两种类型：一种是向所有受抚养者提供一个统一的保险金额；另一种是先为团体被保险人的配偶确定一个保险金额，再为其子女确定一个较低的保险金额。保险公司通常规定团体成员的保险金额必须高于受抚养者的保险金额，因为团体寿险是企业雇主福利计划的重要组成部分，主要是为团体成员提供保险保障。

（2）年龄误告条款。个人寿险保单的年龄误告条款规定，当被保险人年龄误告时，保险人可以根据被保险人的真实年龄调整死亡保险金给付，以反映被保险人的年龄误告。但在团体寿险保单中，由于团体被保险人的给付金额都是由团体寿险保单中包含的给付表确定的，因此大多数团体寿险保单规定，当团体被保险人年龄误告导致实缴保费与应缴保费不一致时，保险人将根据被保险人的真实年龄调整实缴保费，以反映团体被保险人的年龄误告。

（3）保险金给付选择权条款。当团体被保险人死亡时，保险人通常将保险金一次性给付给指定的受益人，但是有时团体寿险保单也提供保险金给付方式选择权，由团体被保险人或受益人任选一种给付方式。不过只有当死亡保险金达到约定的最低金额时，团体被保险人或受益人才有权行使保险金给付方式的选择权。

5.3.2.2 团体健康保险合同的特殊条款

（1）既存状况条款。为了防止被保险人的逆选择和道德风险，和个人健康保险一样，团体健康保险中也包含了既存状况条款。团体健康保险保单通常将既存状况定义为：个人在保险保障生效前的 3 个月内就医的某种状态。既存状况条款规定，除非团体被保险人所拥有的团体健康保险保单已达到约定的期限，否则对于被保险人的既存状况，保险人不给付保险金。

团体健康保险保单通常规定对于某一既存状况，如果被保险人已经持续 3 个月没有为此状况接受治疗，或者被保险人参加的团体健康保险保单已经持续了12 个月，则不再将其视为既存状况，被保险人可以获得保险保障。如果一团体以前获得另一家保险公司签发的团体健康保险保障，现在团体保单持有人要转换新的保险公司，那么新保险公司签发的团体健康保险保单的既存状况条款，对以前已获得保险保障的任何团体都不适用。

（2）体检条款。团体残疾收入保险包含了体检条款。为了证实被保险人索赔的真实性，保险人有权要求已提出残疾收入索赔的被保险人接受保险人指定医生的体检。此条款还赋予保险人要求残疾的被保险人定期进行医疗检查的权利，以便证明被保险人仍然残疾。

（3）协调给付条款。协调给付条款（coordination of benefit provision，COB）是指当被保险人拥有多份团体健康保险的保障时，通过调整被保险人获得的保险金，使被保险人获得的保险金不超过他实际支出的医疗费用。团体健康保险保单中设置协调给付条款的目的是防止被保险人从多份团体健康保险中获得超过他实际支出医疗费用的额外利益。

协调给付条款常采用两种方法来确定作为第二给付提供者应给付保险金的数额。第一种方法是，第一给付提供者根据保单规定向被保险人支付免赔额和共保额以外的所有费用，第二给付提供者将支付第一给付提供者未给付的大部分医疗费用。也就是说，团体被保险人已支付的免赔额和共保额由第二给付提供者报销。在这种协调给付条款下，团体被保险人通常不支付保险范围内的任何医疗费用。

第二种方法是，协调给付条款是不重复给付条款，即假如作为第二给付提供者的团体健康保险中包含了不重复给付条款，那么如果第一给付提供者已支付的给付金额与第二给付提供者假定作为第一给付提供者时应支付的金额之间存在差额，这个差额将由第二给付提供者支付，否则，第二给付提供者不负担任何费用。不重复给付条款要求团体被保险人个人承担一部分保障范围内的医疗费用，这比第一种协调给付条款更加严格地限定了保险金给付额。

例如，某人拥有两份团体医疗保险，两份保单中都有协调给付条款，而且两份保单都规定了 200 美元免赔额和 20% 的共保比例。现在其实际支出了 5 200 美元的医疗费用，那么被指定为第一给付提供者的保险人需支付 4 000 美元［（5 200 – 200）×80%］。由于第二给付保单中没有不重复给付条款的规定，根据第一种方法，第二给付提供者只需向其支付 1 200 美元（5 200 – 4 000）医疗费用，结果该被保险人不负担任何医疗费用。

假如第二给付提供者提供的团体健康保险中包含了不重复给付条款，则第一给付提供者支付的 4 000 美元医疗保险金与该被保险人假如被置于第一给付提供者提供的团体健康保险中应得的保险金 4 000 美元相同，这样第二给付提供者不必给付任何医疗保险金，1 200 美元的医疗费用由被保险人自己负担。

如果第二给付提供者的团体医疗保险保单的免赔额为 100 美元，共保比例为 20%，那么假如该被保险人的第二给付提供者的团体健康保险保单作为第一给付提供者，则该团体健康保险应赔的医疗保险费用为 4 080 美元 ［（5 200 – 100）× 80%］，这与第一给付提供者支付的 4 000 美元医疗费用有 80 美元的差额，则第一给付提供者支付了 4 000 美元医疗保险金后，第二给付提供者的保险人只需支付 80 美元，该被保险人自己承担 1 120 美元（5 200 – 4 000 – 80）。

现在如果第二给付提供者的团体健康保险保单的免赔额为 500 美元，共保比例为 20%，那么假如将该团体人的第二给付提供者的团体健康保险保单置于第一给付提供者的团体健康保险中，应赔的保险金额为 3 760 美元 [（5 200 – 500）× 80%]。第一给付提供者支付的 4 000 美元医疗保险金大于 3 760 美元，则第二给付提供者的保险人不用支付医疗保险金，1 200 美元（5 200 – 4 000）的医疗费用由个人自己承担。由此可见不重复给付条款对保险金给付做了更为严格的限制。

大多数协调给付条款包含确定第一给付提供者的规则。如果被保险人同时拥有两份团体健康保险，一份团体健康保险中包含了 COB 条款，另一份团体健康保险中不包含 COB 条款，通常将不包含 COB 条款的团体健康保险作为第一给付计划，包含 COB 条款的团体健康保险作为第二给付计划。如果被保险人同时拥有多份团体健康保险，且不止一份团体健康保险中包含了 COB 条款，通常将被保险人以雇员身份而不是受抚养者身份参加的团体健康保险作为第一给付计划。

如果一个人作为受抚养者，由多份团体健康保险提供保险保障，通常采用两种方法确定第一给付计划。一种方法是优先生日法，即将生日较早的雇员所享有的团体健康保险作为受抚养者的第一给付计划。例如，瑞秋生于五月，她的先生约翰生于八月，那么根据优先生日法，瑞秋的雇主提供的团体健康保险，为儿子乔治的第一给付计划。另一种方法是男性优先法，即男性雇员的雇主提供的团体健康保险计划为受抚养者的第一给付计划。例如，在上例中，根据男性优先法，约翰的雇主提供的团体健康保险将作为儿子乔治的第一给付计划。

本章总结

团体保险是以团体为投保人与保险公司签订一份总的保险合同，为该团体符合资格的所有被保险人提供死亡、疾病、伤残及养老保障的保险。与个人保险相比，团体保险用团体的风险选择代替个人的风险选择、使用一张总的保险单、经营成本低廉、保险计划具有灵活性以及保险费率厘定以经验费率为基础。

团体保险可分为团体人寿保险、团体年金保险、团体健康保险和团体意外伤害保险。

团体保险的标准条款包括资格要求条款、保险费与经验退费条款、受益人条款、合同转换权条款以及保单终止条款等。各类团体保险还具有各自的特殊条款，例如，团体人寿保险的给付金额条款、年龄误告条款、保险金给付选择权条款，团体健康保险的既存状况条款、体检条款和协调给付条款等。

练习与思考

1. 团体保险的概念和特征有哪些？
2. 团体保险有哪些种类，每一种类的保障内容是什么？
3. 团体保险的标准常用条款有哪些，具体内容是什么？
4. 团体人寿保险和团体健康保险的特殊条款分别有哪些，具体内容是什么？

03 运行原则篇

第6章 人寿与健康保险的基本原则

本章提要

最大诚信原则、可保利益原则、近因原则和损失补偿原则是保险的四项基本原则。其中，前三个原则是人身保险（涵盖人寿保险、健康保险和意外伤害保险）通用的基本原则，损失补偿原则仅适用于医疗费用补偿型的健康保险[1]和意外伤害保险中附加的意外伤害医疗费用保险[2]。本章主要阐释前面三个基本原则在人身保险中的运用，包含含义、意义和基本内容等。此外，阐述人身保险涉及的其他法律原则，包含推定原则以及投保人、被保险人、受益人的故意伤害行为遵循的法律原则等。

学习目标

掌握最大诚信原则的概念、内容以及违反的法律后果。

掌握可保利益原则的含义、意义及其在人身保险中的应用。

掌握近因原则的含义及其在人身保险中的应用。

理解人寿与健康保险的其他法律原则。

6.1 最大诚信原则

《中华人民共和国民法典》（以下简称《民法典》）第七条规定："民事主体从事民事活动，应当遵循诚信原则，秉持诚实，恪守承诺。"诚信即诚实守信。各国合同法都规定，以欺诈手段达成的合同是无效的。这一原则最早产生于海上保险。当时，所保船舶、货物与合同缔约地往往远隔重洋，不能逐一对其进行实地检查，致使海上保险的承保人不得不完全信赖投保人对其运输货物情况的描述。因此，最大诚信原则更强调投保人的高度诚实和可信。

---

① 如费用报销型医疗保险。

② 具体来说，损失补偿原则不适用于人寿保险、定额给付型的健康保险（如住院津贴、重大疾病保险）和意外伤害保险（主险）。

由于保险市场交易的特殊性，因此要求诚信更为严格，是最大限度的诚实守信，即最大诚信原则。原因在于：一是保证公平交易的需要。保险合同就个人而言是一种不等价交换合同，尤其存在着被保险人缴纳少量保费而获取巨额赔偿的可能性。从经济上讲，这种合同的不平等性、履约的或然性和风险性对保险人更为不利。二是由于保险合同具有个人性的性质。许多关于保险标的和被保险人的情况只有投保人知道，如实提供这些信息是保险人决定是否接受投保和保费高低的依据。三是许多保险法规定，一旦保险合同订立并经过一段时间，或者一旦风险开始，保险人不能随意终止保险合同。若投保人或者被保险人不将有关情况如实告知保险人，或者误导保险人签订了保险合同或使用了较低的保险费率，不给予保险人适当救济不公平。①

6.1.1　最大诚信原则的概念

最大诚信原则（principle of utmost good faith），是指保险合同当事人订立合同及在合同有效期内，应依法向对方作出订约与履约决定的全部实质性重要事实，同时信守合同订立的认定与承诺。否则，受到损害的一方，可以此为由宣布合同无效或者不履行合同的约定义务或责任，甚至对因此而受到的损害可要求对方予以赔偿。②

最大诚信原则是诚实信用原则的功能和作用在保险市场中的具体体现。最大诚信原则中的"最大"体现在以下两方面：

一是要求保险双方均以诚相待。投保人对保险标的的信息处于优势地位，要履行如实告知、陈述的义务以及要遵守保险合同中的保证条款等。保险人对于保险合同条款、内容等信息处于优势地位，要求保险人要履行说明义务。

二是最大诚信原则不仅约束范围最大（交易双方甚至保险中介方），而且在诚信约束方面更具体、细致和严格。如有些国家保险立法对告知的规定，要求投保人对有关保险标的风险的重要事实必须绝对告知，即无限告知，而不仅仅是询问告知。

6.1.2　投保方履行最大诚信原则的内容及违反的法律后果

投保方履行最大诚信原则的内容包含告知和保证两方面。对告知和保证的违反，即构成违反最大诚信原则。

6.1.2.1　告知（disclosure）及其违反的法律后果

（1）投保方的如实告知义务。投保方的告知是指投保人或者被保险人在订立保险合同、合同生效期间及续保时，应把其所知道的有关保险标的的重要事实

---

① 陈欣. 保险法 ［M］. 3 版. 北京：北京大学出版社，2010：9 - 10.
② 荆涛. 人寿与健康保险 ［M］. 北京：北京大学出版社，2011：223.

（material facts）告诉保险人。《保险法》第十六条第一款规定："订立保险合同，保险人就保险标的或者被保险人的有关情况提出询问的，投保人应当如实告知。"该法条规定的有关情况即有关保险标的的重要事实。保险中重要事实的判定标准如《1906 年英国海上保险法》第 18 条规定：该事实是否会对一个谨慎的（prudent）保险人对决定是否承保或者确定保险费率的判断产生影响。① 我国《保险法》第十六条第二款规定了如实告知的范围，即只有投保人未告知的事实"足以影响保险人决定是否同意承保或者提高保险费率的"，② 保险人才有权解除合同。所谓足以影响，应理解为该事实对保险人的承保决定具有实质影响。例如，被保险人的年龄对于投保人寿保险来说即为重要事实。

①告知的形式。各国保险立法关于投保人或者被保险人告知义务的形式有两类：一类为"无限告知"义务，即投保人应主动将其所知道的与保险标的有关的一切重要事实告知保险人；另一类为"询问回答"形式，即保险人在投保单上将自己所要了解的事项列出，由投保人逐项回答，凡属投保单上所询问的事项，均视为重要事实，投保人只需逐项如实回答，即认为已履行告知义务。我国《保险法》第十六条第一款确定了询问告知原则。通常，投保人或者被保险人对保险人没有询问的事项，不负有告知义务。

②违反如实告知义务的认定。判断投保人或者被保险人是否违反如实告知义务，依据投保人或者被保险人是否存在主观过错，即存在故意或者重大过失。根据我国《保险法》第十六条第二款的规定，"投保人故意或者因重大过失未履行前款规定的如实告知义务"，即构成违反如实告知义务的情形。可见，投保人或者被保险人的轻微过失未履行告知义务不被视为违反告知义务。无论是故意还是因重大过失未履行如实告知义务，告知范围都应是"足以影响保险人决定是否同意承保或者提高保险费率的"重要事实。不符合此判断标准的事实情况，即使故意没有告知，投保人也不属违反告知义务，保险人不得进行抗辩或者解除合同。可见，在关于如实告知义务的认定上，我国《保险法》采取的是过错归责原则。

（2）违反告知的法律后果。根据我国《保险法》第十六条规定，投保人违反如实告知义务，无论保险事故是否发生，保险人都可以解除合同，但不产生保险合同无效的后果。

①故意违反如实告知义务的法律后果。投保人或者被保险人故意隐瞒事实，不履行如实告知义务，保险人有权解除合同，并对合同解除前发生的保险事故不承担保险责任，也不退还保险费（我国《保险法》第十六条第二款、第三款）。

②因重大过失未履行如实告知义务的法律后果。如果投保人因重大过失未履行如实告知义务，足以影响保险人决定是否同意承保或者提高保险费率的，保险人有权解除合同。对保险事故的发生有严重影响的，保险人对于保险合同解除前

---

① 陈欣. 保险法［M］. 3 版. 北京：北京大学出版社，2010：63.
② 我国《保险法》第十六条第二款规定："投保人故意或者因重大过失未履行前款规定的如实告知义务，足以影响保险人决定是否同意承保或者提高保险费率的，保险人有权解除合同。"

发生的保险事故，不承担赔偿或者给付保险金的责任，但应当退还保险费（我国《保险法》第十六条第二款、第四款）。

（3）保险人行使合同解除权的期限规定。根据我国《保险法》第十六条第三款的规定，保险人的合同解除权，自保险人知道有解除事由之日起，超过三十日不行使而消灭。自合同成立之日起超过二年的，保险人不得解除合同；发生保险事故的，保险人应当承担赔偿或者给付保险金的责任，[①] 即不可抗辩条款。同时，《保险法》第十六条第六款规定，"保险人在合同订立时已经知道投保人未如实告知的情况的，保险人不得解除合同；发生保险事故的，保险人应当承担赔偿或者给付保险金的责任"，目的是保护投保人、被保险人及受益人的利益。

◆ **专栏 6 - 1**

案例分析 *

2017 年 10 月 24 日，剧某作为投保人与新华人寿保险股份有限公司（以下简称新华人寿）南阳中心支公司签订了保险合同。2019 年 7 月 2 日，被保险人剧某申突然身故。再审申请人新华人寿南阳中心支公司不服河南省南阳市中级人民法院民事判决，向河南省高级人民法院申请再审。本案的争议焦点是新华人寿南阳中心支公司是否就健康告知事项进行了询问、剧某是否对健康告知事项进行了如实告知。

新华人寿南阳中心支公司申请再审称，（1）一、二审法院认定基本事实错误。新华人寿南阳中心支公司履行了询问义务，而投保人未如实告知被保险人在投保前曾患有"左侧输尿管结石、肠梗阻、门静脉高压、酒精性肝硬化失代偿期、酒精性肝硬化"以及近五年内住院治疗的情况，故意未履行如实告知义务。投保人未如实告知事项足以影响新华人寿南阳中心支公司是否承保或者提高保费，故新华人寿南阳中心支公司有权按照《中华人民共和国保险法》第十六条解除涉案保险合同，不承担保险责任。（2）新华人寿南阳中心支公司在投保人投保时已经对保险责任等保险合同内容尽到了保险人的说明义务，本案的保险条款均为有效约定，应按照上述约定确定双方权利义务。请求撤销一、二审判决，依法再审本案。

---

① 我国《保险法》第十六条第三款规定："前款规定的合同解除权，自保险人知道有解除事由之日起，超过三十日不行使而消灭。自合同成立之日起超过二年的，保险人不得解除合同；发生保险事故的，保险人应当承担赔偿或者给付保险金的责任。"

* 案例来源：中国裁判文书网，https：//wenshu. court. gn. cn/website/wenshu/181107ANFZ0BXSK4。

剧某提交意见称，（1）新华人寿南阳中心支公司以剧某未履行如实告知义务为由解除本合同没有事实根据。根据《保险法》第十六条的规定，投保人进行如实告知的前提条件是保险公司先进行询问。但本案投保时新华人寿南阳中心支公司并未进行具体询问。新华人寿南阳中心支公司提供的相关证据中显示，在询问及告知一处并没有剧某的签字，无法证明保险公司履行了询问义务，因此也就不存在未如实告知的情况。（2）案涉保险合同没有解除事由，应当按照合同约定履行义务，被保险人发生保险事故，符合保险合同约定的理赔条件，新华人寿南阳中心支公司应承担赔偿责任。请求驳回新华人寿南阳中心支公司的再审申请。

依照《最高人民法院关于适用〈中华人民共和国保险法〉若干问题的解释（二）》第六条的规定，投保人的告知义务限于保险人询问的范围和内容。

在本案中，健康告知事项记载于《电子投保书》中，但《电子投保书》上并无投保人剧某或被保险人剧某申的签名。《电子投保申请确认书》中虽有剧某和剧某申的签名，但《电子投保申请确认书》中并无健康告知事项的具体内容。新华人寿南阳中心支公司的客服电话回访仅是对投保情况进行的程序性核实，回访内容并未涉及剧某对《电子投保书》《电子投保申请确认书》的内容是否了解，更未对健康告知事项进行明确说明。

剧某的委托代理人和本案保险业务员李某兰的通话录音内容显示，李某兰仅向剧某询问了剧某申在两年内是否有过住院情况，且健康告知事项内容中的选项均由新华人寿南阳中心支公司内勤操作录入，剧某和剧某申均不在场。因此，新华人寿南阳中心支公司所提交的证据不足以证实其在签订保险合同时曾就健康告知事项进行了询问。

新华人寿南阳中心支公司关于剧某未履行如实告知义务，其有权解除案涉保险合同，不承担保险责任的主张不能成立。依照《中华人民共和国民事诉讼法》第二百零四条第一款、《最高人民法院关于适用〈中华人民共和国民事诉讼法〉的解释》第三百九十五条第二款规定，裁定如下：

驳回新华人寿保险股份有限公司南阳中心支公司的再审申请。

6.1.2.2　保证（warranty）及其违反的法律后果

保险中的保证起源于 18 世纪英国的海上保险，后由美国在 19 世纪引入，并扩大适用于火灾保险和人寿保险。

（1）保证的概念与分类。保险中的保证，是指那些保险合同中以书面文字或者通过法律规定的形式使被保险人承诺某一事实状态存在或者不存在，或者作出作为或不作为的担保的保险合同条款。保证一般适用于投保人，投保人违反保证，保险人有权解除合同。

根据表现形式不同，保证可分为明示保证和默示保证。明示保证（express warranty）是指在保险合同中所明确记载的保证事项，需要投保人或者被保险人明确作出承诺。默示保证（implied warranty）是指在保险单内虽未明文规定，但是按照法律或者惯例应当予以承诺的保证。例如，在人寿保险中，投保人必须对被保险人具有可保利益。明示保证与默示保证具有同等的法律效力。

根据保证的内容不同，保证可分为确认保证和承诺保证。确认保证（affirmative warranty）是指，投保人或者被保险人对过去或者现在某一特定事项存在或者不存在的保证。如在健康保险中，保证"过去一年未看过医生"。承诺保证（promissory warranty）又称约定保证，是指投保人对将来某一事项作为或者不作为的保证。如在意外伤害保险中保证"保险合同生效后不出国"。

（2）保证的法律适用。对于保险合同中的保证条件，不论其重要性如何，投保人或者被保险人均须严格遵守，如有违反（breach），保险人有权自保证被违反之日起解除合同。而且，投保人或者被保险人即使在损失发生之前已对其违反的保证作出了弥补，也不能以此为由为其违反保证的事实提出辩护，保险人仍可按违反保证处理。例如，某被保险人购买了一份人身意外伤害保险，并保证一年内不出国。但被保险人在保单生效后一个月即参加旅游团出国旅游，并于两周后安然返回。回国后的第五天被保险人发生车祸，导致一下肢被截肢。在本案中，显然当被保险人出国时即已违反了保证，虽然此后他对违反保证的事由作出了弥补——回国，但保险人有权自保证被违反之日，即出国之日起解除保险合同，此后虽然发生了保单承保风险造成的损失，但保险人仍有权拒付保险金。

需注意的是，投保人或者被保险人违反保证，保险人虽可按规定自投保人或者被保险人违反保证之日起解除合同，但对违反保证之前所发生的保险事故，仍须承担赔偿责任。

6.1.3 保险人履行最大诚信原则的内容及违反的法律后果

保险人履行最大诚信原则主要体现在履行告知义务、弃权与禁止反言上。

6.1.3.1 保险人的告知义务

保险人的告知义务，是指保险人在订立保险合同时，应当向投保人说明保险合同条款内容，特别是免责条款。在保险人违反告知义务的主观要件上，并不要求其存在过错，只要保险人未尽说明义务，就构成对告知义务的违反。

我国《保险法》对保险人的说明义务采取的是严格责任原则。《保险法》第十七条第一款规定："订立保险合同，采用保险人提供的格式条款的，保险人向投保人提供的投保单应当附格式条款，保险人应当向投保人说明合同的内容。"保险人的告知义务为法定义务，不允许保险人以合同条款的方式予以限制或者免除。对于责任免除条款，《保险法》第十七条第二款规定："对保险合同中免除保险人责任的条款，保险人在订立合同时应当在投保单、保险单或者其他保险凭证上作出足以引起投保人注意的提示，并对该条款的内容以书面或者口头形式向投保人作出明确说明；未作提示或者明确说明的，该条款不产生效力。"保险人在履行告知义务上，应对保险条款的内容、术语、目的等作出说明和解释，不能仅仅提醒投保人阅读保险合同的条款，还要做到完整、客观、真实地阐释保险合同条款。

保险人若想长期经营，必须以诚实守信为基础，否则，势必会影响其声誉。而且法院对保险纠纷的判案，多作对投保方有利的解释，使得保险人违反诚信的情形较少。因此，最大诚信原则主要针对的是投保人或者被保险人。

6.1.3.2　弃权和禁止反言

最大诚信原则对保险人的约束还体现在弃权和禁止反言上。

（1）弃权。弃权（waiver）是指自愿和故意地放弃自己所享有的权利。保险合同或者保险代理合同中的一方当事人放弃其在合同中的某种权利即弃权。构成弃权须具备以下两个条件：

①保险人必须知悉权利的存在。所谓知悉权利的存在，原则上应以保险人确切知情为准。如果保险人不知道有违背约定义务的情况及因此可享有解约权或者抗辩权，其作为或者不作为均不得视为弃权。

②保险人须有明示和默示弃权的意思表示。保险人弃权的意思表示，可以从其行为中推定。如投保人或者保险代理人未按期缴纳保险费，或者违背其他约定义务，保险人明知可以行使合同解除权或者宣告保单失效。如果保险人继续收取其逾期缴纳的保险费，即足以证明保险人有继续维持合同效力的意思表示。因此，其原本享有的合同解除权或者宣告保单失效的权利均被视为放弃。弃权是一种单方法律行为。

一般来说，基于保险合同或者代理合同所产生的权利或者抗辩权，保险人或者被保险人均可放弃。但在下列情况下，不得放弃：一是放弃的权利是法律禁止放弃或者放弃的条件违反社会公共利益，如可保利益就不能放弃。二是对事实上的主张不得放弃。三是保险人不得放弃除外或者承保风险。保险人放弃除外或者承保风险，应由双方当事人合意作出，并有对价关系存在。这种情况是当事人对合同内容的变更，而不是弃权。

（2）禁止反言。禁止反言（estoppel）也被称为禁止抗辩，是指保险合同一方既然已经放弃其在合同中的某种权利，将来不得再向他方主张这种权利。在保险实务中，禁止反言主要用于约束保险人。例如，假设保险人收到保险代理人递交的一份终身寿险的投保单，其上投保人或者被保险人的回答不完整且有遗漏，保险人并未与代理人联系获取进一步的信息，并签发了保单，那么保险人今后将不得以投保单不完整为由拒绝履行赔偿给付责任。因为，保险人已放弃了要求保单完整的权利。

6.2 可保利益原则

6.2.1 可保利益原则概述

对可保利益的要求可以追溯到 18 世纪的英国。当时，作为被保险人的自己并不申请保险单，而是由第三人提出申请，被保险人只是保险对象。被保险人经常不知道谁获得了保险金或者不知道保险人以被保险人的生命为保险标的签发保单。这就导致有一段时期，打赌某些头面人物能否再活几天成了一项活动，甚至那些不认识头面人物的人获得了以其生命为保险标的的保险。由于这种赌博会诱使受益人去谋杀被保险人，1774 年，英国下院颁布法律禁止这种恶意赌博行为，取消了所有"投保人或者受益人与被保险人没有利益关系或者以赌博方式签发的"寿险保单。①

6.2.1.1 可保利益及可保利益原则的概念

可保利益（insurable interest）是人身保险合同得以成立的必要条件，是人寿与健康保险合同的客体。可保利益，也称保险利益，是指投保人或者被保险人对保险标的具有的法律上承认的利益，是一种合法的经济利益。投保人或者被保险人可因保险标的的损害或者丧失而遭受经济上的损失；反之，可因保险事故的不发生、保险标的的安全而从中受益。如果投保人或者被保险人对保险标的存在上述经济上的利害关系，则说明他对标的物具有可保利益。如果投保人或者被保险人没有这种经济上的利害关系，则对保险标的的没有可保利益。例如，某人会由于疾病丧失工作能力而遭受经济损失，说明他对自身具有可保利益。我国《保险法》第十二条对其的定义为："保险利益是指投保人或者被保险人对保险标的具有的法律上承认的利益。"

人身保险的投保人对保险标的，即被保险人的生命和身体不具有可保利益而签订的人寿与健康保险合同，为自始无效的合同，此为可保利益原则（principle of insurable interest）。我国《保险法》（第二节人身保险合同）第三十一条第二款规定："订立合同时，投保人对被保险人不具有保险利益的，合同无效。"

6.2.1.2 可保利益原则的作用

法律规定所有的人身保险合同必须确立可保利益原则，其作用体现在以下方面。

（1）有效防止赌博。如果人身保险合同不要求具有可保利益，将会变成一种赌博性合同，这将损害公众利益。例如，任何人可以为他人的生命投保并盼望其早日死亡而从中获益。这些合同将变成赌博性合同，损害公众利益。

（2）减少道德风险。如果投保时不要求具有可保利益，不诚实的投保人在

---

① 缪里尔·L. 克劳福特. 人寿与健康保险［M］. 8 版. 北京：经济科学出版社，2000：147.

为他人投保时会故意造成损害的发生而谋利。可保利益的要求减少了为获得保险金而谋害被保险人的动机。

（3）可以限制保险的赔偿金额。在人身保险中，赔偿与给付的标准之一就是被保险人的可保利益，只有在损失的补偿与给付不超过可保利益时，才不会出现道德风险。

6.2.1.3　可保利益确立的要件

可保利益的成立，必须符合下列条件。

（1）必须是法律认可的利益。人寿与健康保险合同是一种民事法律行为，因此，可保利益必须符合法律规定，符合社会公共秩序要求，为法律认可并受到法律保护。如果投保人为非法律认可的利益投保，则保险合同无效。

（2）必须是确定的可计量的利益。可保利益必须是已经确定的利益或者能够确定的利益，即该利益应为能够以货币形式估价的事实上或者客观上的利益，而不能是凭主观估计的利益。

（3）必须是经济上的利益。可保利益必须可以用金钱衡量。

6.2.2　可保利益原则在人寿与健康保险中的应用

6.2.2.1　人身保险可保利益的表现形式

人身保险的保险标的是人的生命或者身体，其可保利益是指投保人对被保险人的生命或者身体所具有的利害关系，实质是投保人对自己的生命或者身体所具有的所属关系，以及投保人和被保险人之间的血缘关系、婚姻关系、亲属关系、业务关系等经济利益关系。

我国《保险法》第三十一条规定，"投保人对下列人员具有保险利益：（一）本人；（二）配偶、子女、父母；（三）前项以外与投保人有抚养、赡养或者扶养关系的家庭其他成员、近亲属；（四）与投保人有劳动关系的劳动者。除前款规定外，被保险人同意投保人为其订立合同的，视为投保人对被保险人具有保险利益。"

（1）以自己为被保险人的可保利益。任何人都对自己的生命具有无限可保利益，都可以以自己为被保险人投保人身保险，并指定任何人为受益人，受益人并不要求对被保险人具有可保利益。以自己的生命为保险标的的保险合同，由于很难从经济意义上确定生命的价值，其保险金额原则上以保险人愿意接受和投保人能够支付的保费为限。从这点来看，该类保险不是补偿性保险。

（2）以他人为被保险人的可保利益。对他人生命的可保利益可以定义为能够从他人的生命延续中获得合理的利益预期。[①] 如果为他人购买人身保险，投保人必须对被保险人的生命具有可保利益。直系血缘关系和婚姻关系都满足人寿保

---

① 缪里尔·L. 克劳福特. 人寿与健康保险［M］. 8 版. 北京：经济科学出版社，2000：148.

险中可保利益的要求。例如，丈夫可以为妻子购买人寿保险单，并指明自己为受益人；祖父母可以给其孙子、孙女购买人寿保险单。但是，远亲关系不具有可保利益，例如，表亲之间不能为对方投保，除非他们存在经济利益关系。

①家庭关系。产生可保利益的家庭关系是指血缘关系或者婚姻关系。家庭关系的可保利益是基于这样一种推断，家庭成员之间普遍存在着"挚爱和感情"，这种关系为防止损害生命提供了较为可靠的保障。

a. 血缘关系。在一般情况下，个人对其核心家庭的全部成员即直系亲属具有可保利益，包括配偶的生命和未成年子女的生命。未成年子女对父母有可保利益。如果没有金钱关系，已成年子女与父母之间是否具有可保利益，兄弟姐妹之间是否具有可保利益，从英美判例上看并没有一致的原则。

如果寿险保单的受益人不是核心家庭成员（直系亲属），要满足寿险保单对可保利益的要求，就必须能够证明有金钱利益的存在。这种亲属关系包括叔侄关系、表亲关系、继父母和子女关系、同父异母或者同母异父的兄弟姐妹关系、寄养关系等。例如，1898 年克罗宁诉佛蒙特州人寿保险公司案（Cronin v. Vermont Life Ins. Co.），一个女性从小抚养她的侄女，法庭判定她对其侄女的生命有可保利益。法庭的理由是，侄女长大了对她的姑姑有道德义务，并且姑姑期望由此得到金钱上的好处。[①]

b. 婚姻关系。夫妻之间对于对方的生命具有可保利益。

②非家庭关系。如果可保利益不涉及家庭成员间的关系，那么，反映可保利益的这种个人间关系的性质就非常重要。这时，可保利益取决于是否存在一种真实的经济或者金钱联系或者合作。可以构成这种可保利益的关系是多种多样的，通常都属于商业关系，具体包括以下几种：

a. 债权债务关系。债权人对债务人的生命具有可保利益。

b. 合伙关系。一个合伙人对另一个合伙人的生命具有可保利益。

c. 雇佣关系。公司对于关键雇员的生命具有可保利益。

如果受益人不是亲属，也没有迹象表明被保险人的死亡会使其遭受任何可以用数量衡量的金钱损失，这就会使法庭在确认受益人的索赔时遇到困难。如果不存在被保险人的生命延续会给受益人产生金钱上的好处这样一种合理期待，或者人身保险的保险金额与受益人和被保险人之间的金钱关系非常不成比例，法庭都会判定所要求的可保利益并不存在。

③取得被保险人的同意。我国《保险法》第三十一条同时规定："被保险人同意投保人为其订立合同的，视为投保人对被保险人具有保险利益。"投保人经过被保险人的同意即视为对被保险人具有可保利益，即所谓同意原则。有些国家的法律规定采用利益主义原则，也有些国家使用利益主义和同意主义双重标准。

我国现行《保险法》对人身保险可保利益的确认采取利益主义和同意主义兼顾的原则，即投保人以他人为被保险人订立人身保险合同，判断是否具有可保

---

① 陈欣. 保险法 [M]. 3 版. 北京：北京大学出版社，2010：52 - 53.

利益时，或者是以投保人和被保险人之间是否存在金钱上的利害关系，或者是以取得被保险人的同意为判断标准。换句话说，若投保人和被保险人之间存在金钱上的利害关系或者其他利害关系，投保人对被保险人具有可保利益；若投保人和被保险人之间不存在金钱上的利害关系或者其他利害关系，但被保险人同意投保人为其订立保险合同的，视为具有可保利益。

6.2.2.2　人寿与健康保险具有可保利益的时间

在人身保险中，可保利益原则要求投保人在保险合同订立时必须具有可保利益，而在保险事故发生时，如被保险人死亡时可以不具有可保利益，原因有四：

第一，人身保险通常是为亲属和配偶购买的，家庭关系的存在一般并不随着时间的流逝而改变，例如，父母与子女的关系。因此，一般情况下，购买人身保险时的可保利益是基于家庭关系，通常这种关系在死亡时依然存在。另外，如果是稳定的婚姻关系，就有理由使用相同的原则，配偶中的一方作为另一方的受益人。

第二，大部分人身保险既作为保险，又作为投资。仅仅要求投保人在人身保险合同开始时具有可保利益的规定，可以使这种投资具有流动性。如果要求死亡时具有可保利益，就会限制资产的可转让性，进而降低其作为投资的价值。

第三，既要保证合同自由，又要保证合同承诺的履行，使其在人身保险交易中得到统一。一方面，需要有可保利益，以避免把人身保险变为赌博，刺激谋杀而引发道德风险；另一方面，对于长期性人身保险合同，在合同长期有效之后，投保人或者被保险人或者受益人的可保利益停止了，保险人以此拒绝履行承诺不公平。

第四，受益人所领取的保险金中有一部分是投保人或者被保险人历年缴纳保费的累积。

因此，人身保险并不要求投保人、被保险人或者受益人在被保险人死亡时必须具有可保利益。

◆ 专栏 6 - 2

案例分析 *

2020 年 6 月 23 日，阳光人寿保险股份有限公司（以下简称阳光保险）吉林分公司与恒宇公司签订《保险服务协议》一份，约定投保人为恒宇公司，保险人为阳光保险吉林分公司，被保险人为与恒宇公司签订劳务合同的、能正常工作和生活且工作地不超出东北三省的 16 ~ 65 岁的在职职工，协议有效期自 2020 年 6 月 24 日起至 2021 年 6 月 23 日止。工亡身故

---

* 案例来源：中国裁判文书网，https://wenshu.court.gov.cn/website/wenshu/181107ANFZ0BXSK4。

保险金额 70 万元；工伤需救治所发生的医疗费用保险金额 20 万元；工伤伤残待遇保险金额 4 万～55 万元；工伤住院津贴保险金额每日 160 元。如产生争议，以双方共同认可的司法鉴定机构鉴定所出具的司法鉴定书为准。

2020 年 8 月 31 日，恒宇公司作为投保人、阳光保险吉林分公司作为保险人、刘某等 1 516 人作为被保险人及法定受益人，恒宇公司向阳光保险吉林分公司投保阳光人寿附加团体意外伤害医疗保险、阳光人寿附加团体意外伤害住院津贴医疗保险、阳光人寿和泰团体意外伤害保险，阳光保险吉林分公司出具保险单及保险合同，保费缴纳方式为趸交，保费合计 63 930 元。保险期间自 2020 年 9 月 1 日起至 2020 年 9 月 30 日止。保障计划明细显示意外伤残保险金额为 55 万元、附加团体意外住院津贴及重症监护室津贴每日 160 元、团体意外伤害医疗保险责任保险金额为 20 万元。

2020 年 6 月，舜辰公司与恒宇公司签订《劳务派遣协议书》一份，合同期自 2020 年 6 月 1 日起至 2021 年 5 月 30 日。2020 年 9 月，刘某与恒宇公司签订劳务派遣合同一份，双方约定劳务合同期限为三年，自 2020 年 9 月 1 日起至 2023 年 3 月 1 日止。2020 年 9 月 15 日，刘某在舜辰公司工作时受伤，随后被送至吉林市中心医院治疗，住院 59 天，自 2020 年 9 月 15 日起至 2020 年 11 月 13 日止，产生医疗费 90 338.10 元。出院诊断为：左桡骨远端骨折、左手开放性损伤、左上肢开放性损伤、左上肢皮肤脱套伤、腕骨多发骨折、左下尺桡关节脱位。2021 年 4 月 8 日，刘某委托吉林博信司法鉴定中心（以下简称博信鉴定中心）对其伤残等级进行鉴定。2021 年 4 月 27 日，博信鉴定中心出具司法鉴定意见书，鉴定意见为：被鉴定人刘某，左桡骨远端骨折，左下尺桡关节脱位，并行切开复位内固定术，评定玖级伤残。左手开发性损伤，腕骨多发性骨折，术后，左手丧失分值 55 分，评定陆级伤残。被保险人刘某据此向阳光保险吉林分公司提出索赔。

阳光保险吉林分公司认为：刘某与恒宇公司不存在劳动关系，恒宇公司未提供劳务合同未履行如实告知义务，本公司有权取消被保险人资格；刘某与案外人舜辰公司存在劳动关系，刘某不具有保险利益，本公司主张该保险合同无效；恒宇公司大量收购非本单位在职职工名单，违法赚取保费差价，恒宇公司的行为应属无效；要求恒宇公司提交每一个员工的劳务合同、工作能力证明及其他材料，但恒宇公司未能提交；医疗费中有不符合报销范围的费用等。综合上述抗辩理由而拒赔。刘某向一审法院提起诉讼。

一审法院依照《最高人民法院关于适用〈中华人民共和国民法典〉时间效力的若干规定》第一条第二款，《中华人民共和国保险法》第十条、第十二条、第十四条，《最高人民法院关于适用〈中华人民共和国民事诉讼法〉的解释》第九十条规定，判决：阳光保险吉林分公司于判决生效后三日内一次性赔付刘某医疗费 90 338.10 元、伤残赔偿金 20 万元、住院津贴 9 440 元，合计 299 778.10 元。案件受理费 2 898 元，由阳光保险吉林分公司负担。

保险公司上诉到二审法院。二审中，双方当事人均未提交新证据。二审法院对一审查明的相关事实予以确认。认定阳光保险吉林分公司的上诉请求不能成立，应予驳回；一审判决认定事实清楚，适用法律正确，应予维持。依照《中华人民共和国民事诉讼法》第一百七十七条第一款第一项规定，判决如下：驳回上诉，维持原判。二审案件受理费 5 796 元，由阳光人寿保险股份有限公司吉林分公司负担（已交纳）。本判决为终审判决。

6.3　近因原则

《英国 1906 年海上保险法》最先使用近因这一术语。该法第五十五条规定："根据本法规定，除保险单另有约定外，保险人对由其承保危险近因造成的损失，承担赔偿责任；但对非由其承保危险近因造成的损失，概不承担责任。"

近因原则是判断保险事故与保险标的损失之间的因果关系，从而确定保险赔偿责任的一项基本原则，在保险经营实务中是处理赔案所需遵循的一项重要原则。近因原则在人身意外伤害保险的理赔过程中运用广泛。

6.3.1　近因原则的概念

6.3.1.1　近因的概念

近因（proximate cause），是指造成保险标的损失最直接、最有效、起决定性作用、有支配力的原因，而不是在时间、空间上最接近损失的原因。

6.3.1.2　近因原则的概念

近因原则（principle of proximate cause）的基本含义是，在保险事故与保险标的的损害关系中，如果近因属于承保风险，保险人应负赔偿责任；如果近因属于除外风险或者不保风险，则保险人不负赔偿责任。

6.3.1.3　认定近因的方式

认定近因的方式是进行因果关系分析。因果关系分析一般采用两种思维方法：推演法和追溯法。

（1）推演法。即从最先发生的事件出发，往后推演或者进行逻辑推理，直到最终损失发生，若其间因果关系没有断裂，则最先发生的事件就是损失的近因。

（2）追溯法。与推演法相反，追溯法是从损失开始，逆向往前，追溯到最初事件，若有多个先后事故原因，只要因果关系没有中断，则最初事件即损失的近因。

无论是推演法还是追溯法，在判断因果关系时，都必须严格周密地进行逻辑分析与推理，原因一定是结果直接、有效、起决定性作用的起因。

6.3.2　近因原则在人身意外伤害保险中的应用

通常，在人身意外伤害保险实务中，导致损失发生的原因错综复杂，特别是意外伤害与故意自杀或者自残的区分、意外伤害与职业伤害的差别、意外事故与疾病致被保险人伤害的比较等，均需运用近因原则，以确定保险事故与损失之间的关系，明确保险人的赔偿责任。

6.3.2.1　单一原因造成损失——意外伤害事件直接造成保险标的的损失

由单一原因造成保险标的的损失，该原因即损失的近因。若该近因属于保险承保风险，则保险人应负赔偿责任；若该近因不属于保险承保风险，则保险人不负赔偿责任。例如，乘坐飞机的乘客投保了意外伤害保险，因飞机坠毁造成被保险人死亡，保险人应按照保险金额给付被保险人死亡保险金，因为飞机坠毁属于意外伤害保险的承保责任。

6.3.2.2　多种原因同时发生造成损失

导致保险标的受损的原因大多数情况下不止一个，在存在多个原因，且同时发生无先后之分时，即可视为多个原因都对损失的发生具有直接影响，均为保险标的损失的近因。在这种情况下，判断保险人是否承担责任，分为两种情况。

（1）多个原因顺序发生初始原因为近因。连续发生的多个原因环环相扣，后因是前因的必然结果，则最初原因为近因，若属于承保风险，保险人应负全部保险责任；若是除外责任，则损失均不由保险人承担。在意外伤害保险中，若意外事件是造成被保险人死亡、残疾事故发生一系列事件中的最初原因，则保险人应该按照保险金额给付死亡保险金或者按照保险金额和残疾程度给付残疾保险金。

例如，被保险人因驾驶摩托车时不小心摔车导致右腿受伤，后患上破伤风而截肢。在上述保险事故中，被保险人驾驶摩托车时摔车受伤属于意外事故，在意外伤害保险责任范围内，但导致被保险人截肢的直接原因是破伤风。由于摔车是引起被保险人患破伤风最开始、最直接、最有效、最主要的原因，即近因，各原因间环环相扣，后因是前因的必然结果，各环节并没有其他独立因素介入，所以意外伤害是被保险人残疾的近因，保险人应按照保险金额和残疾程度给付残疾保险金。

但是，若被保险人本身患有基础疾病，例如被保险人患有凝血功能障碍，其在日常生活中因意外事故造成轻微受伤，但伤后流血不止不幸身亡，这样的意外伤害对于身体健康的人只会造成轻微的伤害或者根本不会造成伤害，但由于被保险人原来患有基础疾病而不幸身亡或者残疾，因此，意外伤害只是被保险人死亡的诱因，而基础疾病才是被保险人死亡的原因，该情况下保险人不承担保险责任。

（2）多个原因是否同属承保风险。

①若多个原因均为保险责任，则保险人应承担全部赔偿责任；若多个原因均不是保险责任，则保险人不负赔偿责任。例如，被保险人在高速公路正常行驶过程中遭遇恶劣天气，被雷电击中，继而引起火灾，造成车内人员伤亡，此为连续发生的雷击和火灾两项原因造成被保险人受损，而两项原因均属于意外伤害保险承保的风险，因此，保险人应给付死亡或者残疾保险金。

②若多个同时发生的近因中，有些为保险事故，另一些为除外责任，则原则上，保险人应当对保险标的的损失承担全部保险责任；若保险标的损失能够按照不同的原因分别计算出来，则保险人仅对属于保险责任的那些原因造成的保险标的损失承担赔偿责任。若多个同时发生的近因中，有些为保险事故，另一些为除外责任，但多个近因相互间彼此独立，即任何一个原因都会造成保险标的的损害，则保险人应对属于保险责任的那些原因造成的保险标的的损失部分，承担保险责任；但是若多个近因彼此依存，即没有其他原因的发生，任何一个原因都不能单独造成保险标的的损害，则属于除外责任的近因取得优先适用地位，保险人对保险标的的损失，不承担任何保险责任。①

6.3.2.3　多种原因间断发生造成的损失——有新的独立原因介入

若造成保险标的损失的原因有两个及以上，中间介入新的独立原因造成保险标的损害，使原来的因果关系链断裂，则新介入的独立原因为近因。若该近因属于意外伤害险保险责任范围，则保险人承担赔偿责任；若该近因不属于保险责任范围，则保险人不承担赔偿责任。例如，投保意外伤害保险的被保险人，在保险责任期限内，骑自行车外出时被汽车撞倒骨折住院。被保险人本身患有心脑血管类疾病，在正常医治过程中突发脑梗去世。由于脑梗不属意外伤害，与被保险人死亡之间不存在直接因果关系，但脑梗作为新的独立原因介入，是死亡的近因，所以保险人对被保险人的死亡不承担赔偿责任，仅按意外伤残支付保险金。

另外，在意外伤害保险中规定责任期限，其目的之一是有利于判定意外伤害与死亡、残疾之间的因果关系。如果被保险人遭受意外伤害后经过很长时间才死亡或者残疾，那么中间极有可能介入其他独立原因，很难判定意外伤害与死亡、残疾之间是否存在因果关系。因此，在意外伤害保险条款中规定，被保险人在保险期限内遭受意外伤害，并且在责任期限内死亡、残疾，只有当意外伤害是死亡、残疾的近因时，才构成保险责任。如果被保险人在保险期限内遭受意外伤害，死亡、残疾发生在责任期限结束之后，由于自意外伤害事故发生至死亡、残疾经过的时间较长，难以判定它们之间是否存在因果关系，因此保险人不再承担保险责任。

---

① 邹海林 . 保险法［M］. 北京：社会科学文献出版社，2017：201.

6.4 人寿与健康保险合同的其他法律原则

人身保险合同除了遵循最大诚信原则、可保利益原则、近因原则外，还遵守一些特有的法律规定。

6.4.1 推定原则

推定（presumption），是根据某一事实的存在而作出的与之相关的另一事实存在（或者不存在）的假定。推定与证据问题息息相关，它可以免除主张推定事实一方当事人的举证责任，并把证明不存在推定事实的证明责任转移给对方当事人。推定是"可以反驳的"，即把举证责任转移到对方。一旦对方提出反驳证据，推定便消失，除非能推翻反驳证据。

推定原则（presumption principle）即在某些法律关系中，当某些事实无法直接证明时，根据法律规定或者经验法则，从已知事实推断出未知事实的一种法律规则。

6.4.1.1 共同灾难推定

在人身保险合同中，受益人取得保险金的权利通常以其在被保险人死亡时仍生存为条件。若被保险人和受益人在同一次意外事故中同时死亡，而且无法确定孰先孰后，保险金归属就成为问题，法律会采用共同灾难推定（presumption of common disaster）来确定保险金的受益人。

在美国，大多数州使用《统一同时死亡法令》（*Uniform Simultaneous Death Act*），该法令的保险部分规定："当一份人寿保险单或者意外伤害保险单的被保险人和受益人同时死亡，保险金应按被保险人比受益人生存更久来给付。"即推定受益人先于被保险人死亡来支付保险金。为了便于处理这一问题，可以在投保单上指定顺位受益人，在保险条款中规定受益人要比被保险人生存更长的一个固定时期才能有权利取得保险金，或者规定在给付保险金时受益人必须生存。

若第一受益人在被保险人死亡后很短时间内也死亡，这样的情况该如何处理呢？一般可附加一个共同灾难条款。该条款要求受益人必须比被保险人多活一段时间（如7~30天）或者在被授权获得保险金时仍生存，则保险金归受益人所有。若两者均在同一事件中死亡，且不能确定死亡先后顺序，推定受益人死亡在先，则保险金作为被保险人的遗产由其法定继承人继承。

我国《保险法》第四十二条规定，被保险人死亡后，受益人与被保险人在同一事件中死亡，且不能确定死亡先后顺序的，推定受益人死亡在先。保险金作为被保险人的遗产，由保险人依照相关法律的规定履行给付保险金的义务。这即我国的共同灾难推定原则。

6.4.1.2　自杀推定

在人寿保险合同中通常包括"自杀条款"，一般由法律规定。它规定在合同生效一年或者两年内由于被保险人自杀造成的死亡，属于除外责任。但是，意外的自我伤害不属于自杀。自杀推定（presumption of suicide）即推定意外的自我伤害不是自杀，保险人要按照被保险人是意外身亡而支付保险金给其受益人。此外，当确定是由于自杀身亡还是由于意外事故造成死亡有疑难时，一般都推定不是自杀身亡。即保险人要按照被保险人是意外身亡而支付保险金给其受益人。这是因为通常认为人类有热爱生命、保护生命、恐惧死亡的本性。

6.4.1.3　失踪后的死亡推定

失踪后的死亡推定（presumption of death after disappearance）是指，当一个人失踪或者离开其惯常住所，在持续的法定时间（在美国一般为7年）杳无音信，或者由于其他事情的发生，使得其生存的概率几乎为0时，依法推定该人死亡。

我国《民法典》第四十六条规定了宣告死亡的条件。这种宣告死亡，是指通过一定的法律条件和程序，人民法院对失踪公民推定死亡的制度。根据该法，自然人有下列情形之一的，利害关系人可以向人民法院申请宣告该自然人死亡：①下落不明满四年；②因意外事件，下落不明满两年。因意外事件下落不明，经有关机关证明该自然人不可能生存的，申请宣告死亡不受两年时间的限制。第四十一条规定，自然人下落不明的时间自其失去音讯之日起计算。战争期间下落不明的，下落不明的时间自战争结束之日或者有关机关确定的下落不明之日起计算。同时，只有利害关系人提出宣告死亡申请的，人民法院才能依法作出死亡宣告。

如果有证据显示该失踪人口在这个时期内某个时候曾遇到过某种特别危险，可以合理预期他已丧失了生命，则可以推定其在法律规定年数满期以前就已死亡。在这种情况下，保险公司除了给付保险金外，还应给付从推定的死亡日期起计算的利息。

6.4.2　投保人、被保险人、受益人的故意伤害行为

6.4.2.1　投保人故意造成被保险人死亡、伤残或者疾病

投保人故意造成被保险人死亡、伤残或者疾病的，我国《保险法》第四十三条规定："保险人不承担给付保险金的责任。投保人已交足二年以上保险费的，保险人应当按照合同约定向其他权利人退还保险单的现金价值。"

6.4.2.2　被保险人故意犯罪或者抗拒依法采取的刑事强制措施导致其伤残或者死亡

对于被保险人故意犯罪或者抗拒依法采取的刑事强制措施导致其伤残或者死亡的法律后果，我国《保险法》第四十五条规定："保险人不承担给付保险金的

责任。投保人已交足二年以上保险费的，保险人应当按照合同约定退还保险单的现金价值。"

6.4.2.3　受益人故意造成被保险人死亡、伤残、疾病的，或者故意杀害被保险人未遂

受益人故意造成被保险人死亡、伤残、疾病的，或者故意杀害被保险人未遂的，我国《保险法》第四十三条第二款规定："该受益人丧失受益权。"但是，这并不意味着可以免除保险人给付保险金的责任。如果有顺位受益人，应向第一个无辜受益人给付保险金。如果没有指定顺位受益人，则可把保险金作为被保险人的遗产，根据相关法律规定，由其法定继承人继承。

本章总结

最大诚信原则是指保险合同当事人订立合同及在合同有效期内，应依法向对方作出订约与履约决定的全部实质性重要事实，同时绝对信守合同订立的认定与承诺。否则，受到损害的一方，可以此为由宣布合同无效或者不履行合同的约定义务或责任，甚至对因此而受到的损害可要求对方予以赔偿。

可保利益是一种合法的经济利益，是指投保人或者被保险人对保险标的具有的法律上承认的利益。投保人或者被保险人可因保险标的的损害或者丧失而遭受经济上的损失，反之，可因保险事故的不发生、保险标的的安全而从中受益。如果投保人或者被保险人对保险标的存在上述经济上的利害关系，则说明他对保险标的的具有可保利益。

近因原则是指在保险事故与保险标的的损害关系中，如果近因属于承保风险，保险人应负赔偿责任；如果近因属于除外风险或者未保风险，则保险人不负赔偿责任。近因原则是在理赔环节判断保险事故与保险标的的损失之间的因果关系、确定保险赔偿或者给付责任的一项基本原则。

人身保险涉及其他法律原则，包含：共同灾难，自杀推定，失踪后死亡推定，投保人、被保险人、受益人的故意伤害行为等需遵循的法律原则。

练习与思考

1. 最大诚信原则包含哪些内容，如何应用于人寿与健康保险？
2. 什么是可保利益？可保利益原则如何应用于人寿与健康保险？
3. 近因原则在人身意外伤害保险中如何应用？
4. 人身保险涉及哪些其他法律原则？
5. 结合社会主义核心价值观的要求，谈谈你对人寿与健康保险基本原则的理解和应用。

第7章 人寿与健康保险合同

本章提要

本章对人身保险合同进行探讨。首先介绍人身保险合同的概念、特征和法律规定；其次对人身保险合同的主体和客体进行阐释；再次对人身保险合同的具体内容进行详细介绍，说明人身保险合同订立、变更和终止的相关规定，介绍人身保险合同的标准条款；最后阐释人身保险合同的履行和在争议方面的处理。

学习目标

掌握人身保险合同的概念、特征和法律规定。

掌握人身保险合同的主体与客体。

熟悉人身保险合同的各种凭证和具体内容。

掌握人身保险合同的订立、变更和终止。

理解人身保险合同的标准条款。

掌握人身保险合同的履行和争议处理。

7.1 人寿与健康保险合同概述

我国《保险法》第十条规定，保险合同是投保人与保险人约定保险权利义务关系的协议。保险合同可分为人身保险合同和财产保险合同。

7.1.1 人身保险合同的概念

人身保险合同是以人的寿命和身体为保险标的的保险合同。投保人根据人身保险合同的约定，向保险人支付保险费，当被保险人死亡、伤残、疾病或者达到合同约定的年龄、期限等条件时，保险人承担给付保险金责任。人身保险合同是投保人与保险人之间设立、变更、终止约定的保险权利义务关系的协议。

7.1.2 人身保险合同的特征

人身保险合同兼具保险合同的一般特征和自身的特殊性。作为保险合同的一种，除了遵循一般合同平等、自愿、公平、诚实守信、维护公共利益、协商性的原则，以及具有一般保险合同所具有的射幸性、双务性、要式合同、附和性等特征外，还具有自己的一些特征。

7.1.2.1 人身保险合同的一般特征

（1）人身保险合同是最大诚信合同。人身保险合同当事人均需遵守最大诚信原则。由于保险信息的不对称，保险合同对投保人和保险人的诚信要求远高于其他合同。《保险法》对此也有相关规定。

（2）人身保险合同是要式合同。人身保险合同是要式合同，是指双方当事人必须采取特定的形式订立保险合同，一般是指法律、行政法规规定，或者当事人约定应当采用书面形式的合同。前者被称为法定之要式合同，后者被称为约定之要式合同。根据合同的成立是否需要特定的形式，可将合同分为要式合同与不要式合同。要式合同是指法律要求必须具备一定形式和手续的合同。不要式合同是指法律不要求必须具备一定形式和手续的合同。

（3）人身保险合同是双务有偿合同。人身保险合同的双方当事人相互负有义务，他们的义务与其权利相互关联。投保人负有支付保费的义务，作为对价保险人负有当保险事故发生时给付保险金的义务。

（4）人身保险合同是附和性合同。人身保险合同条款通常事先由保险人拟订，即格式条款，投保人一般不参与保险条款的拟订，投保时只有接受或者不接受的权利，即使有某项特别要求，也只能采纳保险人事先准备的附加条款。

7.1.2.2 人身保险合同特有的特征 *

（1）具有定额给付性。保险合同按其性质可分为补偿性合同和给付性合同两大类。补偿性合同是指当发生合同约定的保险事故，使被保险人遭受经济损失时，由保险人根据合同约定，对保险标的的实际损失给予经济补偿。补偿性合同包括财产保险合同、责任保险合同、保证保险合同以及人身保险合同中的健康保险合同。这类合同的保险人在履行补偿义务时主要考虑三个因素，即保险金额、可保利益和实际损失。被保险人得到的赔偿数额以上述三者中最小者为限。补偿性合同遵循补偿性原则、代位追偿原则、重复保险及其分摊原则等原则。

而人身保险合同中的人寿保险合同和意外伤害保险合同是给付性合同。因为人身保险的标的是人的寿命和身体，而人的寿命和身体的价值无法用货币来计

---

* 荆涛. 人寿与健康保险［M］. 北京：北京大学出版社，2011：167－169.

算。所以，人身保险中投保人或者被保险人只能根据自己对保险保障的需要和自己缴付保险费的能力确定一个保障金额，并将此金额列明于保险合同中，当保险事故发生或约定的保险期限届满时，由保险人向被保险人或者受益人给付保险金。此外，人身保险事故除了带给人们经济上的损失外，还有精神上和心理上的创伤，这种创伤无法用货币来衡量。由此可见，人身保险中保险人给予被保险人或受益人的保险金和财产保险中的赔偿金在意义上完全不同。

①人身保险合同的给付性决定了保险人理论上不应该限制投保人的投保金额。但是，在实务中各保险公司都对人身保险金额有上限和下限的规定。这是因为，如果保险金额过高，可能会引发道德风险，危害被保险人的生命安全。另外，高额保险对应着高额保费，使投保人不易坚持按期缴费，造成保险合同中途失效或者退保，从而影响保险公司的经营稳定。而如果保险金额过低，一方面被保险人或者受益人得不到应有保障，另一方面保险人的经营成本也会很高。

②人身保险合同的给付性决定了人身保险可以重复投保，被保险人可以签订多份人身保险合同。当保险事故发生时，保险人要按照不同的保险合同分别给付保险金。如某人投保了中国人寿的终身寿险、平安保险公司的定期寿险、太平人寿的意外伤害保险，外出旅游时又投保了索道保险。如果被保险人在乘坐索道期间遭遇意外伤害死亡，这时受益人就可以从保险公司得到四份保险金。

③人身保险合同的给付性还决定了人身保险不适用代位追偿原则。我国《保险法》第四十六条规定，"被保险人因第三者的行为而发生死亡、伤残或者疾病等保险事故的，保险人向被保险人或者受益人给付保险金后，不享有向第三者追偿的权利，但被保险人或者受益人仍有权向第三者请求赔偿。"在人身保险中，如果保险事故的发生是由于第三者的行为所致，被保险人或受益人既可以获得保险人依据保险合同给付的保险金，又可以依法向责任人追偿。而补偿性合同则不同。

（2）具有储蓄性。储蓄性特点主要为长期性人寿保险合同所特有。在人身保险经营中，保险费率采用均衡费率，保险人每年收取的保险费数额超过保险人当年用于给付保险金的数额，这个超过部分是投保人提前交给保险人的，它相当于投保人存于保险人处的储蓄存款。这笔存款由保险人用于投资或存于银行，保险人按一定的利息率给投保人计息。这部分相当于存款的保费及产生的利息属于投保人或者被保险人，他们可以以多种方式享受这部分利益，如退保领取退保金、以保单作质押向保险人贷款、将保单改为缴清保单或展期保单等。人身保险合同的储蓄性与银行储蓄有相似之处，但两者之间存在严格区别。

（3）具有长期性。长期性是人身保险合同，尤其是寿险合同的又一特点。这是因为人的死亡风险随着年龄增长，如果将合同的期限定得比较短，比如以1 年为保险期限，就会出现年轻的被保险人缴费很少，而年老的被保险人缴费很多的现象，这会导致年老的人在最需要保障时却买不起保险。为了克服此弊端，人身保险，尤其是人寿保险一般都采用长期性业务。保险期限少则 5 年、10 年，多则几十年甚至终身。

人身保险合同具有经营上的特点包括：第一，采用均衡费率，即保险人每年收取的保费数额不随被保险人年龄的增长而增加，在整个缴费期内保持不变。这样使得投保人的年保费负担均衡，不至于在年老时因保费过高而放弃保险。第二，保险人应提取责任准备金。第三，经营人身保险业务的公司应特别重视投资。第四，长期性业务要求人身保险部门的业务管理要严密、连续。

（4）是为他人利益的保险。人身保险合同，尤其是以死亡为给付条件的寿险合同及意外伤害保险合同，是以被保险人的寿命或者身体为保险标的的，当发生死亡事故时，由保险人给付保险金给受益人，显然这些险种不是被保险人本人受益，而是为他人利益的保险。而财产保险及生存保险、健康保险等均为本人受益的保险。

7.1.3　相关法律规定

7.1.3.1　保险合同一般特征的相关规定

（1）有名合同。根据法律上有无规定一定的名称，合同可分为有名合同和无名合同。有名合同，又称典型合同，是指法律上或者生活习惯上按其类型已确定了一定名称的合同。《中华人民共和国民法典》（以下简称《民法典》）中规定的合同和民法学中研究的合同都是有名合同。人身保险合同是法律直接赋予名称的合同。一般那些社会经济关系重大、影响深远的合同才会被法律确定其名称和特定的规范，而且有名合同一般有其统一的交易习惯。保险合同即有名合同，由《保险法》加以规定。无名合同是指有名合同以外的、尚未统一确定一定名称的合同。无名合同如经法律确认或者在形成统一的交易习惯后，可以转化为有名合同。

（2）要式合同。根据合同成立是否需要特定的形式，可将合同分为要式合同与不要式合同。要式合同是指法律、行政法规规定，或者当事人约定应当采用书面形式的合同。前者被称为法定之要式合同，后者被称为约定之要式合同。不要式合同是指法律不要求必须具备一定形式和手续的合同。《保险法》第十七条提出"保险人应当向投保人说明合同的内容"，表明保险合同是要式合同。

（3）附和性合同。如前所述，保险合同具有附和性，这种特性使得当合同双方发生纠纷时，通常会作出有利于非制定合同一方的解释。我国《保险法》第三十条规定："采用保险人提供的格式条款订立的保险合同，保险人与投保人、被保险人或者受益人对合同条款有争议的，应当按照通常理解予以解释。对合同条款有两种以上解释的，人民法院或者仲裁机构应当作出有利于被保险人和受益人的解释。"同时，第十九条规定，"采用保险人提供的格式条款订立的保险合同中的下列条款无效：（一）免除保险人依法应承担的义务或者加重投保人、被保险人责任的；（二）排除投保人、被保险人或者受益人依法享有的权利的"。

7.1.3.2　人身保险合同订立的相关法律规定

作为具有约束力和可以强制执行的合同的首要条件是合同双方的一致同意（agreement）。一致同意由要约和对该要约的承诺所构成。我国《民法典》第十三条规定："当事人订立合同，采取要约、承诺方式。"在人身保险合同的订立程序中，要约处于起始阶段。提出要约的一方被称为要约人（offeror），对要约作出承诺的一方被称为承诺人（offeree or acceptor）。我国《保险法》第十三条规定："投保人提出保险要求，经保险人同意承保，保险合同成立。"

投保人提出要约，保险人作出承诺，人身保险合同即告成立。人身保险合同生效是指人身保险合同对双方当事人产生约束力，即人身保险合同的条款产生法律效力。我国《保险法》第十三条第三款规定："依法成立的保险合同，自成立时生效。投保人和保险人可以对合同的效力约定附条件或者附期限。"

人身保险合同生效的时间与保险责任开始的时间可以一致，也可以不一致，但通常是人身保险合同一旦生效，则保险责任开始。

人身保险合同责任的开始是指人身保险合同约定的保险人开始承担保险责任的时间。我国《保险法》第十四条规定："保险合同成立后，投保人按照约定交付保险费，保险人按照约定的时间开始承担保险责任。"

7.2　人身保险合同的主体和客体

人身保险合同的主体是指与人身保险合同发生直接、间接关系的自然人和法人，包括人身保险合同的当事人、关系人和辅助人。人身保险合同的客体是投保人对被保险人所具有的保险利益，即可保利益。

7.2.1　人身保险合同的主体

7.2.1.1　人身保险合同的当事人

人身保险合同的当事人包括保险人（insurer）和投保人（applicant or proposer）。

（1）保险人。保险人是指与投保人订立保险合同，并承担赔偿或者给付保险金责任的保险公司（我国《保险法》第十条）。作为保险合同当事人的保险人必须具备下列条件。

①保险人要具备法定资格。我国《保险法》第六十八条规定，设立保险公司应当具备下列条件：a. 主要股东具有持续盈利能力，信誉良好，最近三年内无重大违法违规记录，净资产不低于人民币两亿元；b. 有符合本法和《中华人民共和国公司法》规定的章程；c. 有符合本法规定的注册资本；d. 有具备任职专业知识和业务工作经验的董事、监事和高级管理人员；e. 有健全的组织机构

和管理制度；f. 有符合要求的营业场所和与经营业务有关的其他设施；g. 法律、行政法规和国务院保险监督管理机构规定的其他条件。

第六十九条规定，设立保险公司，其注册资本的最低限额为人民币两亿元。国务院保险监督管理机构根据保险公司的业务范围、经营规模，可以调整其注册资本的最低限额，但不得低于本条第一款规定的限额。保险公司的注册资本必须为实缴货币资本。

第八十九条规定，经营有人寿保险业务的保险公司，除因分立、合并或者被依法撤销外，不得解散。

第九十二条规定，经营有人寿保险业务的保险公司被依法撤销或者被依法宣告破产的，其持有的人寿保险合同及责任准备金，必须转让给其他经营有人寿保险业务的保险公司；不能同其他保险公司达成转让协议的，由国务院保险监督管理机构指定经营有人寿保险业务的保险公司接受转让。

②保险人必须在法律规定的范围内经营人身保险业务。《保险法》第九十五条规定，保险公司的业务范围为：a. 人身保险业务，包括人寿保险、健康保险、意外伤害保险等保险业务；b. 财产保险业务，包括财产损失保险、责任保险、信用保险、保证保险等保险业务；c. 国务院保险监督管理机构批准的与保险有关的其他业务。保险人不得兼营人身保险业务和财产保险业务。但是，经营财产保险业务的保险公司经国务院保险监督管理机构批准，可以经营短期健康保险业务和意外伤害保险业务。保险公司应当在国务院保险监督管理机构依法批准的业务范围内从事保险经营活动。

（2）投保人。[①] 投保人是指与保险人订立保险合同，并按照合同约定负有支付保险费义务的人（我国《保险法》第十条）。作为保险合同一方当事人的投保人，必须具备如下条件。

①投保人要具有完全民事权利能力和民事行为能力。由于人身保险合同条款专业性较强，较为复杂，订立保险合同涉及当事人、关系人等的重大利益，所以，投保人须具有完全民事权利能力和民事行为能力。投保人可以是自然人，也可以是法人。

②投保人对被保险人要具有保险利益。人身保险的投保人在保险合同订立时，对被保险人应当具有保险利益（我国《保险法》第十二条）。这是人身保险合同中可保利益的要求，这种要求是为了减少道德风险的发生，防止投保人利用人身保险进行投机赌博等行为。

③投保人要具有缴纳保费的能力。投保人可以按照合同约定向保险人一次支付全部保险费或者分期支付保险费（我国《保险法》第三十五条）。投保人无论为自己投保还是为他人投保，都有义务支付保险费。如果投保人不按期支付保险

[①] 本教材根据我国《保险法》规定，以投保人为保险合同一方当事人，与英美法系中的保单所有人有所不同。后者是拥有保单完整权利（变更、质押、退保等）的主体，支付保费并持有合同。在我国法律下，保单所有人的权利被分拆给了投保人和被保险人，如投保人支付保费，被保险人享有对受益人指定的否决权，控制合同的核心权利。

费，保险人有权中止保险合同。

7.2.1.2　人身保险合同的关系人

人身保险合同的关系人包括被保险人（insured）和受益人（beneficiary）。

（1）被保险人。被保险人是指其财产或者人身受保险合同保障，享有保险金请求权的人（我国《保险法》第十二条）。在人身保险合同中，如果投保人为自己投保，投保人即为被保险人；如果投保人为他人投保，投保人是人身保险合同的当事人，被保险人是人身保险合同的关系人。

在人身保险合同中，由于被保险人的生命、身体和健康等受保险合同保障，所以当保险事故发生或者保险期限届满时，被保险人依然生存的，保险金请求权由被保险人本人行使；被保险人死亡的，保险金请求权由被保险人或者投保人指定的受益人行使，未指定受益人的，保险金请求权由被保险人的法定继承人行使。

当他人为被保险人投保时，为保护被保险人的利益，法律赋予被保险人以特殊的权利。

①同意投保并认可保险金额的权利。他人为被保险人订立以死亡为给付保险金条件的合同须经被保险人同意。我国《保险法》第三十四条规定：“以死亡为给付保险金条件的合同，未经被保险人同意并认可保险金额的，合同无效……父母为其未成年子女投保的人身保险，不受本条第一款规定限制。”

②保险合同的转让或者质押须经被保险人同意。在保险合同有效期间内，投保人转让或者质押保险单，应取得被保险人的同意才可生效。我国《保险法》第三十四条规定：“按照以死亡为给付保险金条件的合同所签发的保险单，未经被保险人书面同意，不得转让或者质押。”

（2）受益人。受益人是指人身保险合同中由被保险人或者投保人指定的享有保险金请求权的人。投保人、被保险人可以为受益人（我国《保险法》第十八条）。受益人与投保人是同一人时，受益人就是合同当事人；否则，受益人是合同关系人。受益人应当具备下述两个条件。

①受益人必须由被保险人或者投保人指定。受益人须是被保险人或者投保人在人身保险合同中指定的人。我国《保险法》第三十九条规定，“人身保险的受益人由被保险人或者投保人指定”“投保人指定受益人时须经被保险人同意。投保人为与其有劳动关系的劳动者投保人身保险，不得指定被保险人及其近亲属以外的人为受益人”“被保险人为无民事行为能力人或者限制民事行为能力人的，可以由其监护人指定受益人”。

②受益人必须是享有保险金请求权的人。保险金请求权是受益人的基本权利，来自保险合同的约定。当被保险人与受益人不是同一人时，如果保险事故发生导致被保险人死亡，受益人就有权依据合同约定从保险人处获得保险金。我国《保险法》第四十条规定，“被保险人或者投保人可以指定一人或者数人为受益人”“受益人为数人的，被保险人或者投保人可以确定受益顺序和受益份额；未确定受益份额的，受益人按照相等份额享有受益权”。即被指定的受益人是一人

的，保险金请求权由该人行使，并获得全部保险金；受益人是数人的，保险金请求权由该数人行使，其受益顺序和受益份额，由被保险人或者投保人确定，未确定的，受益人按照相等份额享有保险金。

被保险人死亡后受益人获得的保险金不属于被保险人的遗产，既不纳入遗产分配，也不用于清偿被保险人的生前债务。但是，有下列情形之一，被保险人生前又未指定其他受益人的，保险金作为被保险人的遗产：a. 受益人先于被保险人死亡；b. 受益人依法丧失受益权；c. 受益人放弃受益权。此时，保险金应按相关法律的规定分配（我国《保险法》第四十二条）。

③受益人的资格。受益人可以是自然人，也可以是法人或者其他合法经济组织，可以是有民事行为能力人，也可以是无民事行为能力人或者限制民事行为能力人。受益人如果不是被保险人、投保人，则多为与其有利害关系的自然人。胎儿也可以是受益人，但以出生时存活为必要条件。

④受益人的义务。受益人除了在保险事故发生时有及时通知保险人和索赔时提供保险单证的义务，几乎不承担其他义务，也不必对被保险人具有保险利益。受益人无须履行支付保险费的义务，可无偿享受保险金请求权。但是，保险人从受益人获得的保险金中扣除投保人欠缴的保险费或者扣除投保人未偿还的保单质押贷款例外。

7.2.1.3　人身保险合同的辅助人

人身保险合同的辅助人是指协助人身保险合同当事人签署保险合同或者履行人身保险合同，并办理有关保险事项的人。人身保险合同的辅助人包括保险代理人（insurance agent）、保险经纪人（insurance broker）和保险公估人（loss adjuster）。

（1）保险代理人。保险代理人是根据保险人的委托，向保险人收取佣金，并在保险人授权的范围内代为办理保险业务的机构或者个人。保险代理机构包括专门从事保险代理业务的保险专业代理机构和兼营保险代理业务的保险兼业代理机构（我国《保险法》第一百一十七条）。保险代理人可以是法人，也可以是自然人。

保险代理人具有民事代理的一般特征。保险代理人在保险人的授权范围内，以保险人的名义进行代理活动。保险人的授权范围包括代销保单、代收保费、代为查勘理赔等。法律上，保险代理人的活动被视为保险人的活动，保险代理人以保险人的名义从事授权范围内活动的后果，即所产生的权利义务关系由保险人承担。在授权范围内，保险代理人有权进行独立的意思表示。

（2）保险经纪人。保险经纪人是基于投保人的利益，为投保人与保险人订立保险合同提供中介服务，并依法收取佣金的机构（我国《保险法》第一百一十八条）。保险经纪人的佣金一般由保险公司支付。保险经纪人属于从事媒介居间的经纪人。①

---

① 刘冬娇. 人身保险［M］. 2 版. 北京：中国金融出版社，2010：54.

保险代理人与保险经纪人虽然都是招揽人身保险业务的中介人，但两者存在不同：首先，保险代理人代表的是保险人的利益，保险经纪人代表的是投保人的利益。其次，保险代理人是以保险人的名义与投保人和被保险人发生联系，提供保险中介服务，保险经纪人是以自己的名义从事保险经纪活动。最后，保险代理人在授权范围内进行活动产生的法律责任由保险人承担，保险经纪人从事保险经纪业务产生的法律责任由保险经纪人自己承担。

保险代理人和保险经纪人更多具体内容见本教材第 8 章。

（3）保险公估人。保险公估人，也称保险公证人，是指接受保险当事人委托，专门从事保险标的的勘验、鉴定、估损、理算等业务，并据此向委托方收取合理费用的人。

我国《保险法》第一百二十九条规定："保险活动当事人可以委托保险公估机构等依法设立的独立评估机构或者具有相关专业知识的人员，对保险事故进行评估和鉴定。接受委托对保险事故进行评估和鉴定的机构和人员，应当依法、独立、客观、公正地进行评估和鉴定，任何单位和个人不得干涉。前款规定的机构和人员，因故意或者过失给保险人或者被保险人造成损失的，依法承担赔偿责任。"

保险公估人的存在对保护投保人的利益、维护保险公司的信誉、推动保险业的发展起到了重要作用。保险公估人与保险代理人、保险经纪人相比，存在明显不同：一是保险公估人不代表保险合同关系中任何一方的利益，具有独立、公正、中立的地位；二是保险公估人可以接受保险合同中任何一方的委托从事公估活动，并向委托方收取费用。保险公估人因为职业疏忽造成委托人的损失要承担法律赔偿责任。

7.2.2　人身保险合同的客体

人身保险合同的客体是人身保险合同当事人的权利义务共同指向的对象，是投保人对被保险人所具有的保险利益。人身保险合同的保险利益取决于投保人与被保险人的人身关系或者经济利害关系，如父母、子女、配偶、近亲属等。可保利益的大小由双方约定或者按经济利益大小而定。具体内容参见章节 6.2。

7.3　人身保险合同的内容

人身保险合同通常采用书面形式，以证明保险合同的成立。我国《保险法》第十三条规定："投保人提出保险要求，经保险人同意承保，保险合同成立。保险人应当及时向投保人签发保险单或者其他保险凭证。保险单或者其他保险凭证应当载明当事人双方约定的合同内容。当事人也可以约定采用其他书面形式载明合同内容。"

广义的人身保险合同的内容包括整个合同订立过程中的各种书面形式，如投保单、保险单、体检报告书、保费收据等。狭义的人身保险合同的内容是指以当事人约定的权利义务为核心的保险合同记载的各种事项。

7.3.1　人身保险合同的书面形式

人身保险合同的书面形式常见的有投保单、体检报告书、保险单、保险凭证、保费收据、批单六种。具体的某一种人身保险合同不是包含上述所有书面形式，如人身意外伤害合同不包含体检报告书。

7.3.1.1　投保单

投保单又称要保单（insurance application form or proposal form），是投保人的书面要约，是保险合同的一个重要组成部分，也是签发保险单的主要依据。不同的人身保险险种，投保单的内容不完全相同，格式也不同。投保单一般由保险人事先根据险种需要设计内容格式，投保人根据投保单所列内容逐一填写，保险人再据此核实，决定是否承保。

投保单通常由以下几个部分组成：①被保险人、投保人、受益人的姓名、性别、年龄、住所、身份证号、职业、通信电话、与被保险人的关系等保险合同当事人和关系人的信息。②投保的主险和附加险，保险金额、保险期限、缴费期限、缴费方式、现金红利的处理方式、保险金的领取方式等投保信息。③被保险人的询问告知、健康告知、财务告知和其他告知。例如，以前投保时是否被其他保险公司拒保或非标准承保，是否申请过索赔及原因等告知事项。④投保人、被保险人的声明或授权。⑤投保人和被保险人的签字或盖章。⑥填写投保单的日期。

7.3.1.2　体检报告书

体检报告书（medical examination report），是由保险公司指定的医疗机构对被保险人的身体进行检查后出具的关于被保险人健康状况的书面证明。体检报告书是保险人决定是否承保以及保险费率高低的依据，也是人身保险合同的重要组成部分。体检报告书由保险人事先印制，医疗机构检查后逐项填写，由主持检查的医生签字、医疗机构盖章。体检项目通常有身高、体重、脉搏次数、血压、X线透视、心电图、B超、血液和尿液检查等。

并不是所有投保人群和险种都需要体检，并提供体检报告书。对于生存保险、年金保险及人身意外伤害保险，被保险人不需要进行体检。只有定期寿险、终身寿险、两全保险、疾病保险、医疗保险等险种需要被保险人进行体检，并由体检医生出具体检报告书。在我国保险实务中，保险金额在 10 万元以上或者被保险人年龄在 40 周岁以上，投保定期寿险、终身寿险、两全保险、疾病保险、医疗保险等险种时才要求严格体检。而保险金额较低、被保险人年龄在 40 周岁以下的人身保险，一般是由保险公司抽检。

7.3.1.3　保险单

保险单（insurance policy），简称保单，是保险合同成立后，由保险人签发给投保人的正式书面保险合同。保险单上完整记载了合同双方当事人的权利和义务。保险单由保险人制作，经签章后交给投保人。保险单的形式可以是一张纸，如航空人身意外伤害保险；也可以是一个小册子，如终身寿险、两全保险等长期人寿保险。保险单的结构通常包含三个部分：第一部分是承保表，内容是客户信息；第二部分是主险和附加险的保单价值利益表；第三部分是保险条款，包括主险条款和附加险条款。

人身保险合同中的保险单是合同成立的证明，确立合同内容的载体，明确当事人履行合同的依据，也是合同双方当事人进行法律诉讼的依据。有些人寿保险单具有现金价值，可以进行质押贷款。

7.3.1.4　保险凭证

保险凭证（insurance certificate），又称小保单，是保险人签发给投保人以证明保险合同已成立的书面凭证，是一种简化的保险单。它和保险单具有同样的法律效力。保险凭证的内容不详时，以相应的正式保险单内容为准。在保险实务中，有两种保险凭证最具代表性：一种是人身意外伤害保险凭证，例如旅客运输、旅游等服务行业中，保险人一般将保险的简要内容印在飞机票、车船票或者门票上，在消费者购票时，一并缴纳保险费；另一种是团体人身险凭证，团体人寿保险中保险人和团体投保人签一份总括保单，而每个被保险人持有一份保险凭证。

7.3.1.5　保费收据

保费收据（premium receipt），是人身保险合同中投保人支付保险费后，保险人出具的已收到保险费的凭证。人身保险的代理人一般未被授予订约权，代理人收到投保单和第一次保险费时，开立一张保费收据给投保人作为已收保险费的凭据。保费收据是人身保险中缴纳保险费（通常是首期保险费）和可能获得预期保险保障的证据。

通常缴纳首期保险费并不意味着投保人或者被保险人自其交纳首期保险费时起就获得了保险保障。这种预期的保险保障通常取决于一些事先规定的先决条件，如一些需要体检的人寿保险、疾病保险、医疗保险等。这类保险合同明确规定，除了交纳首期保险费外，还需要通过体检和核保要求，才能获得保险保障，如果被保险人未通过体检和核保要求，则保险人可拒绝承保，将保险费退还给投保人。

7.3.1.6　批单

批单（endorsement），是人身保险合同双方就保险单的内容进行修改和变更的证明文件。批单一经签发，就自动成为人身保险合同的组成部分，但是，批单不是人身保险合同的必备形式。批单的法律效力优于保险单，当批单上的内容与保险单上的内容有抵触时，以批单上的内容为准。对于长期性人身保险合同的修改和变更，一般都要出具批单。人身保险合同在下列情况下需要出具批单。

（1）合同内容变更。投保人提出变更人身保险合同的申请，如变更缴费方式、保险金额、保险期限等，征得保险人同意后，由保险人出具批单予以证明。

（2）合同主体变更。被保险人要求变更和撤销受益人，虽然不需要征得保险人的同意，但要通知保险人，并由保险人出具批单予以确认和生效（我国《保险法》第四十一条规定，被保险人或者投保人可以变更受益人并书面通知保险人。保险人收到变更受益人的书面通知后，应当在保险单或者其他保险凭证上批注或者附贴批单。投保人变更受益人时须经被保险人同意）。

（3）部分履行保险责任。保险事故发生后，保险人履行了给付保险金的义务，但保险合同继续有效，保险人要出具批单记录这一事实。例如，在人身意外伤害保险中，被保险人因意外伤害致残，保险人给付了残疾保险金，但还未达到保险金额，此时，保险人就要出具批单记录有效保额减少的事实。又如，在子女教育金、婚嫁金保险中，缴费期内投保人死亡，可以豁免续期保费而保单仍然有效，保险人也必须出具批单记录这一事实。

7.3.2 人身保险合同的具体内容

人身保险合同的内容指的是人身保险合同的全部记载事项，包含合同当事人、关系人、双方的权利和义务、保险金额、保险费等。我国《保险法》第十八条规定，"保险合同应当包括下列事项：（一）保险人的名称和住所；（二）投保人、被保险人的姓名或者名称、住所，以及人身保险的受益人的姓名或者名称、住所；（三）保险标的；（四）保险责任和责任免除；（五）保险期间和保险责任开始时间；（六）保险金额；（七）保险费以及支付办法；（八）保险金赔偿或者给付办法；（九）违约责任和争议处理；（十）订立合同的年、月、日。投保人和保险人可以约定与保险有关的其他事项"。

一般而言，人身保险合同应载明以下内容。

（1）人身保险合同当事人和关系人的名称、住所。人身保险合同的当事人和关系人是合同约定的权利和义务的承担者。投保人、被保险人不明的保险合同，是无法履行的合同，因不符合保险合同成立的基本条件而不能成立。写明人身保险的受益人的姓名或者名称、住所，是为了在保险事故发生后，明确向谁支付保险金。如果未明确保险合同当事人和关系人的名称和住所，则不便于正确、及时地通知、催告、给付及进行争议的管辖和处理。因此，在订立人身保险合同时，必须列明保险人、投保人、被保险人及受益人的名称和住所。

（2）保险标的。在人身保险合同中，保险标的（subject of insurance or subject matter insured）是被保险人的寿命和身体。在人身保险合同中应详细记载被保险人的健康状况、性别、年龄、职业、居住地及其与投保人之间的关系等。受益人的相关事项也要明确记载。

（3）保险责任和责任免除。保险责任是指保险合同约定的由保险人承担责任的保险事故范围。在保险实务中，由于保险种类的不同，保险人承担的责任也不同。责任免除又称除外责任，是指保险人不承担责任的范围，通常在保险合同中列明。

保险责任与除外责任条款是确定保险人赔偿范围的重要依据。《保险法》第十七条规定："对保险合同中免除保险人责任的条款，保险人在订立合同时应当在投保单、保险单或者其他保险凭证上作出足以引起投保人注意的提示，并对该条款的内容以书面或者口头形式向投保人作出明确说明；未作提示或者明确说明的，该条款不产生效力。"这是为了保护投保人、被保险人、受益人的利益，防止保险人利用保险合同的专业性、技术性，通过除外责任的设定侵犯其利益，也是保险活动诚实信用原则的体现。

（4）保险期间和保险责任开始时间。人身保险合同的保险期间是保险责任起讫时间。保险事故在此期间发生，保险人应负赔偿或者给付保险金的义务。超过该期限，即使是承保风险造成了承保损失，保险人也不再承担保险责任。保险期间的确定通常由当事人约定，因险种的不同和投保人的要求不同而不同。人身保险合同成立的时间与保险责任开始的时间可能并不完全一致。保险责任开始时间，应根据保险合同约定的保险期限而定。例如，健康保险通常规定保单成立并生效后，保险责任通常在 90 天或 180 天后开始，即所谓观察期，避免被保险人带病投保。我国保险实务中以约定起保日的零时为保险责任开始时间，以合同期满日的 24 时为保险责任终止时间。

（5）保险金额。保险金额（sum insured or sum assured）是保险人承担赔偿或者给付保险金的最高限额，是计算保费的依据。在以死亡或者生存为给付保险金条件的人寿保险合同中，保险金额与给付金额一致；在健康保险合同中，合同约定的保险金额是保险人承担赔偿责任的最高限额，保险人赔偿的具体数额应视实际损失情况而定。

在人身保险合同中，确定保险金额不以保险价值为依据，只要投保人对被保险人具有可保利益，原则上要由投保人与保险人约定保险金额。但以死亡为给付保险金条件的保险合同，应由被保险人认可保险金额，否则合同无效（我国《保险法》第三十四条）。父母为其未成年子女投保以死亡为给付保险金条件的人身保险合同，保险金额总和不得超过保险监督管理部门规定的限额（我国《保险法》第三十三条）。

（6）保险费以及支付办法。保险费（premium）是投保人支付给保险人承担保险责任的费用。缴纳保险费是投保人的义务。《保险法》第十四条规定，"保险合同成立后，投保人按照约定交付保险费，保险人按照约定的时间开始承担保险责任"。保险费的多少由保险金额和费率以及保险期限等因素决定。保险费率的高低还取决于保险责任范围的大小以及以往经营中的出险损失率和经营成本的高低。保险合同双方确定保险费时，应以保险监管部门制定的保险费率为依据。人身保险合同应明确记载保费的数额、交付保费的方式、交付保费的时间和次数。

《保险法》第三十五条规定："投保人可以按照合同约定向保险人一次支付全部保险费或者分期支付保险费。"第三十六条规定："合同约定分期支付保险费，投保人支付首期保险费后，除合同另有约定外，投保人自保险人催告之日起超过三十日未支付当期保险费，或者超过约定的期限六十日未支付当期保险费的，合同效力中止，或者由保险人按照合同约定的条件减少保险金额。被保险人在前款规定期限内发生保险事故的，保险人应当按照合同约定给付保险金，但可以扣减欠交的保险费。"第三十八条规定："保险人对人寿保险的保险费，不得用诉讼方式要求投保人支付。"

（7）保险金赔偿或者给付办法。人身保险保险金的赔偿或者给付是保险人在保险标的遭受保险责任范围内的保险事故导致被保险人人身伤亡或经济损失时，依法履行的义务。

《保险法》第二十三条规定："保险人收到被保险人或者受益人的赔偿或者给付保险金的请求后，应当及时作出核定；情形复杂的，应当在三十日内作出核定。但合同另有约定的除外。保险人应当将核定结果通知被保险人或者受益人；对属于保险责任的，在与被保险人或者受益人达成赔偿或者给付保险金的协议后十日内，履行赔偿或者给付保险金义务。保险合同对赔偿或者给付保险金的期限有约定的，保险人应当按照约定履行赔偿或者给付保险金义务。保险人未及时履行前款规定义务的，除支付保险金外，应当赔偿被保险人或者受益人因此受到的损失。任何单位和个人不得非法干预保险人履行赔偿或者给付保险金的义务，也不得限制被保险人或者受益人取得保险金的权利。"

人身保险合同中行使保险金请求权的诉讼时效由法律规定。我国《保险法》第二十六条规定，人寿保险的被保险人或者受益人向保险人请求给付保险金的诉讼时效期间为五年，自其知道或者应当知道保险事故发生之日起计算。

（8）违约责任和争议处理。违约责任是指人身保险合同当事人因过失或者故意不履行合同规定的义务应承担的法律后果。我国人身保险合同中的违约责任主要表现在：投保人未履行告知义务、通知义务、按期缴纳保险费的义务等；保险人未履行条款说明义务、及时签发保单义务、履行赔付保险金义务、保密义务等。

争议处理指的是人身保险合同发生争议后所采取的解决方式，如协商、仲裁或诉讼等方式。

（9）订立合同的时间。人身保险合同应当注明订约的时间，因其对证明可保利益是否存在、保险危险是否已经发生具有重要意义。对于成立即生效的保险合同，订约时间还关系到保险责任期限的计算和保险责任的开始时间。在特定情况下，订约时间对查明合同争议和避免保险诈骗起到关键作用。

（10）其他声明事项。除上述主要事项之外，还有一些需要声明的事项，如保险合同的失效、复效解除、退费、内容变更、红利领取方式等。

7.4 人身保险合同的订立、变更和终止

7.4.1 人身保险合同的订立、生效与保险责任开始

人身保险合同的订立是投保人和保险人之间基于意思表示一致，就人身保险合同的主要条款达成协议的法律行为。保险合同的订立须经过投保人提出要约和保险人承诺两个阶段。

7.4.1.1 人身保险合同的订立

人身保险合同的订立要经过要约和承诺过程。我国《保险法》第十三条明确规定了保险合同的订立过程："投保人提出保险要求，经保险人同意承保，保险合同成立，保险人应当及时向投保人签发保险单或者其他保险凭证。保险单或者其他保险凭证应当载明当事人双方约定的合同内容。"

我国《民法典》第四百七十二条规定，"要约是希望与他人订立合同的意思表示"。投保人为要约人，保险人为被要约人。投保人提出投保申请，填写投保单，保险人审核投保单并据以出具保险单。投保人填写投保单被视为要约，保险人出具保险单被视为承诺。

需要注意的是，保险合同订立是以投保人与保险人就保险合同条款进行协商，达成协议为标志，而不应把保险人出具保险单作为保险合同成立的条件。

实际上，人身保险合同的成立，有时候要经过要约、反要约和承诺这样一个反复协商的过程。

◆ **专栏7-1**

案例分析——未如实告知义务的法律后果

李某考虑到其母亲吴某长期患病，决定为她投保重大疾病终身保险。2003年8月21日，李某向A保险公司营销人员办理了投保手续，缴纳了3份重大疾病终身险的保险费6 100元。A保险公司根据投保单反馈的告知信息，未要求对被保险人吴某进行体检。在经过进一步承保审核后，向李某签发了保险单。保险单内容记载如下：投保人李某，被保险人吴某，受益人李某，保险金额3万元，缴费期限10年。

2004年8月，李某按时缴纳了第二次续期保费6 100元。9月2日，吴某发生高烧不退情况，被送往医院救治，9月18日因抢救无效死亡。医院死亡通知单上签写的死亡原因有三：一是肺部感染；二是帕金森氏综

合征；三是高血压。随后，投保人李某向 A 保险公司提交了保险金给付申请书及相关的证明和资料，要求按照重大疾病终身保险条款约定，即按保险单所载保险金额 3 倍给付死亡保险金，共计 9 万元。接到申请后，A 保险公司立即进行了核查，得知吴某早在 2000 年就被医院诊断患有帕金森氏综合征及脑动脉硬化症。经核对，李某和吴某对投保单上的书面询问及健康声明书中 14 类疾病，全部共 29 个告知项目均填上了"否"。

请问：A 保险公司对该案应如何处理？说明理由。

解析：A 保险公司对该案应作拒赔且不退还保险费的处理。《保险法》第十六条规定：订立保险合同，保险人就保险标的或者被保险人的有关情况提出询问的，投保人应当如实告知。投保人故意不履行如实告知义务的，保险人对于合同解除前发生的保险事故，不承担相应的赔偿或者给付保险金责任，并不退还保险费。

而在该案中投保人李某对投保单上的书面询问及健康声明书中 14 类疾病，全部共 29 个告知项目均填上了"否"。然而，该保单的被保险人吴某早在 2000 年就被医院诊断患有帕金森氏综合征及脑动脉硬化症。所以，李某在这一案件中属于故意不履行如实告知义务。

7.4.1.2 人身保险合同的生效

保险合同的生效是指保险合同对当事人双方发生约束力，即合同条款产生法律效力。保险合同成立并不意味着生效，保险合同生效可能是附有条件的。

我国《保险法》第十三条规定："依法成立的保险合同，自成立时生效。投保人和保险人可以对合同的效力约定附条件或者附期限。"这一规定明确了保险合同在成立的同时即生效，除非保险双方对合同生效附有条件或者期限。若附有条件或者期限，则从满足该条件或者期限时开始生效。若保险合同成立与生效之间出现时间差，则对于保险合同成立后但尚未生效前发生的保险事故，保险人不承担赔偿责任。

在保险实务中，人身保险合同的生效以投保人实际缴纳首期或者全部保险费为条件。保险人实际承担保险责任是从保险合同生效时开始的。

◆ 专栏 7-2

案例分析——宽限期内未缴费合同是否有效

李先生以自己的生命为保险标的向某寿险公司购买了一份 20 年期的定期寿险，保险金额为 20 万元，按年缴纳保险费。李先生在缴纳了首期保费后，由于出差在外未能在规定的宽限期内缴纳续期保费，但却在宽限期内发生了车祸导致死亡，试分析保险人是否应给付 20 万元的保险金。

解析：保险人应当给付李先生保险金。因为在宽限期内，即使没有交纳续期保险费，保险合同依然有效。如果在此期间发生保险事故，保险公司仍要承担保险责任，不过要从给付金额中扣除欠交的保险费。

7.4.1.3　人身保险合同责任的开始

人身保险合同责任的开始是人身保险合同约定的保险人开始承担保险责任的时间。

我国《保险法》第十四条规定："保险合同成立后，投保人按照约定交付保险费，保险人按照约定的时间开始承担保险责任。"保险责任的开始时间应根据保险合同约定的保险期限而定。保险事故在此期间发生，保险人承担赔付保险金的义务，否则，保险人不承担赔付义务。

人身保险合同的成立、人身保险合同的生效以及保险责任开始之间存在区别：（1）人身保险合同订立后不一定立即生效。人身保险合同是否生效取决于合同约定的生效条件（若未约定生效条件，则自成立时生效）。（2）人身保险合同生效，保险责任不一定开始。保险责任开始由双方当事人约定并在保单上列明。如健康保险合同通常规定一定时间如 180 天的观察期，只有过了观察期后保险责任才开始。（3）保险责任即使已经开始，若投保人未能按期支付保险费，而且过了宽限期后仍未支付保险费，保险合同效力中止，若发生保险事故，保险人不承担保险责任。

7.4.2　人身保险合同的变更

人身保险合同的变更，是指在人身保险合同有效期内，当事人依法对合同的主体、内容、效力等所作的修改或者补充。人身保险合同大多是长期性合同，在长期的保险期限中，订约的各种事项可能发生一些变化，相应就会出现人身保险合同的变更。

7.4.2.1　人身保险合同主体的变更

人身保险合同主体的变更是指投保人、被保险人和受益人的变更。

一般而言，人身保险合同中保险人不会变更。只有当保险公司破产、解散、合并和分立等事由出现时，才会导致保险人将所承担的全部保险合同责任转移给其他保险人[①]。投保人可以选择退保来变更保险人。

---

① 我国《保险法》第九十二条规定："经营有人寿保险业务的保险公司被依法撤销或者被依法宣告破产的，其持有的人寿保险合同及责任准备金，必须转让给其他经营有人寿保险业务的保险公司；不能同其他保险公司达成转让协议的，由国务院保险监督管理机构指定经营有人寿保险业务的保险公司接受转让。"保险人被依法撤销或者被依法宣告破产的，保险合同不终止，保险人强制变更为其他保险人。

投保人的变更须征得保险人的同意并通知保险人,保险人核准后可以变更。

受益人的变更由投保人或者被保险人指定。但是,投保人变更受益人必须经过被保险人的同意,并书面通知保险人,保险人在保险单或者其他保险凭证上批注或者附贴批单后生效(我国《保险法》第四十一条)。

人身保险合同中的被保险人一般不能变更。因为被保险人的健康状况、年龄、职业等因素直接关系到承保条件、费率、保险金额等,变更被保险人相当于为他人重新投保,因此一般不能变更被保险人。但团体人身保险合同允许变更被保险人及被保险人的人数。变更时只要单位出具证明,保险公司注册后即可。

7.4.2.2　人身保险合同内容的变更

人身保险合同内容的变更指的是主体不变时,改变合同约定的事项,主要是权利义务的变更。被保险人的职业、缴费方法、保险期限、保险责任、保险金额等的变化都是人身保险合同内容的变更。

1 年期和短期的人身保险合同的保险金额不能变更,长期人身保险合同的保险金额可以变更。若增加保险金额,须通过新的合同予以增加;若减少保险金额,对减少部分视为合同终止。缴清增额保险也是保险金额变更的形式之一。

人身保险合同的投保人可以变更缴费方式,如对于分期缴费的长期人身保险,投保人可以将月缴变为季缴、年缴方式,季缴可以变为半年缴、年缴方式,年缴也可以变为月缴、季缴方式等。

人身保险合同订立后一般不能变更保险期限和保险责任。缩短保险期限按退保处理,延长保险期限按投保新的合同处理。变更保险责任相当于终止原保险合同,订立新保险合同。将原保单改为展期保险,保险金额与原保单相同,保险责任改为定期死亡保险,保险期限的长短由保单的现金价值多少决定,因此,原保单改为展期保险时,保险期限和保险责任均发生了变化。

《保险法》第二十条规定:"投保人和保险人可以协商变更合同内容。变更保险合同的,应当由保险人在保险单或者其他保险凭证上批注或者附贴批单,或者由投保人和保险人订立变更的书面协议。"由此可知,投保人和保险人协商变更合同内容的,应当协商一致,变更协议自双方意思表示一致时成立,并且履行相关程序后变更才有效。

7.4.3　人身保险合同的终止

人身保险合同的终止是指人身保险合同关系的消灭。法定或者约定事由的出现,致使合同双方当事人的权利义务关系消灭。人身保险合同的终止主要有自然终止、履约终止、解约终止、违约终止、退保终止等。

7.4.3.1　自然终止

自然终止是指合同的效力自动归于终止,不需要当事人行使终止权的意思表示。自然终止有以下两种情形：（1）保险期限届满。在保险期限内未发生保险事故，保险合同自然终止。如人身意外伤害保险的被保险人在保险期限内没有发生保险事故，保险期限届满时，保险合同终止。（2）被保险人因非承保的保险事故死亡，保险合同终止。如投保1年期人身意外伤害保险的被保险人，在保险合同有效期内，因疾病死亡，保险合同终止。

7.4.3.2　履约终止

履约终止指的是人身保险合同履行完毕。在人身保险合同有效期内，发生了保险事故或者被保险人达到保险合同约定的年龄或者期限时，保险人按照合同约定给付保险金，保险合同终止。

7.4.3.3　解约终止

人身保险合同因解除而终止，即解约终止，是指在保险合同有效期尚未届满时，合同一方当事人根据法律规定或者合同约定行使合同解除权，提前终止保险合同的法律行为。

（1）投保人的合同解除权。我国《保险法》第十五条规定："除本法另有规定或者保险合同另有约定外，保险合同成立后，投保人可以解除合同，保险人不得解除合同。"因此，投保人享有人身保险合同的任意解除权，可以使保险合同终止。

第四十七条规定："投保人解除合同的，保险人应当自收到解除合同通知之日起三十日内，按照合同约定退还保险单的现金价值。"因此，投保人解除保险合同应结清合同规定的权利和义务，履行解除前的义务。一般情况下，投保人在签收保单的犹豫期内解除保险合同，保险人退还全部保险费；未缴足两年保险费的，保险人扣除手续费后退还保险费；已缴足两年保险费的，保险人退还保单的现金价值。

（2）保险人的合同解除权。

①投保人未履行如实告知义务的，保险人可以解除合同。我国《保险法》第十六条第二款规定，投保人故意或者因重大过失未履行如实告知义务，足以影响保险人决定是否同意承保或者提高保险费率的，保险人有权解除合同。保险人据此主张解除合同的，需自保险人知道解除事由之日起三十日内行使解除权，否则将丧失解除权。自合同成立之日起超过两年的，保险人不得解除合同；发生保险事故的，保险人应当承担赔偿或者给付保险金的责任（我国《保险法》第十六条第三款）。

②被保险人或者受益人谎称、故意制造保险事故的，保险人有权解除合同。未发生保险事故，被保险人或者受益人谎称发生了保险事故或者故意制造保险事故，向保险人提出赔偿或者给付保险金请求的，保险人有权解除合同，并不退还保险费（我国《保险法》第二十七条）。

③被保险人年龄不真实，保险人可以解除合同。基于《保险法》第三十二

条的规定，保险人据此行使合同解除权，需满足真实年龄不符合合同约定的年龄限制这一前提条件。保险人解除合同后，可退还保险单的现金价值。

（3）被保险人的合同解除权。在以死亡为给付保险金条件的合同中，被保险人撤销其同意并认可保险金额的意思表示后，可视为保险合同解除（《保险法司法解释三》① 第二条）。

7.4.3.4 违约终止

违约终止是指由于投保人、被保险人和受益人的违约行为使保险合同终止。例如，投保人未按期缴付保险费而使保险合同效力中止，并在其后两年内不申请复效；投保人故意隐瞒或者谎报重要事实等。

7.4.3.5 退保终止

退保终止是指投保人提出退保要求，保险合同终止。投保人可以以明示或者默示方式提出退保，有如下情形：

（1）投保人明确提出退保，保险人支付退保金，保险合同终止。

（2）投保人申请保单质押贷款，未按期偿还，当贷款本息达到保单现金价值时，保险合同终止。

（3）对于列有自动年缴保费条款的人身保险合同，投保人停止缴纳保费，保险人以保单现金价值垫缴，当现金价值全部垫缴完时，保险合同终止。

◆ **专栏 7 - 3**

案例分析——合同解除权的行使 *

创达开发公司向泰康保险江苏分公司在线投保泰康健康有约终身重大疾病保险（团体保险），孙某燕为其配偶——被保险人孙某进行在线投保操作并缴纳保费。2016 年 4 月底孙某燕提出理赔申请，6 月 30 日泰康保险江苏分公司宣布解除合同，理由是投保时孙某燕故意未如实告知被保险人的健康状况。一、二审判决均支持保险公司的决定，再审申请人申请再审。

再审申请人称，（1）泰康保险江苏分公司提供的健康询问单均系复印件，现有证据不足以证明在增加孙某为被保险人时，进行了有效的健康询问。（2）孙某燕系涉案保险合同关系中的交费人，并非投保人或者被保险人，孙某燕自愿交费的行为不意味着需要承担如实告知义务。（3）泰康保险江苏分公司未提供证据证明未如实告知事项足以影响其决定是否同

---

① 《最高人民法院关于适用〈中华人民共和国保险法〉若干问题的解释（三）》。

* 资料来源：根据裁判文书网（https://wenshu.court.gov.cn/）内容整理。

意承保或者提高保险费率，故不应认定泰康保险江苏分公司享有合同解除权。
（4）泰康保险江苏分公司行使合同解除权已超出三十日的除斥期间，该
合同解除权消灭。（5）孙某燕对保险事务缺乏充分认知，本案即使认定
孙某燕主观上存在过失，亦应系一般过失，不构成故意或重大过失，泰康
保险江苏分公司无权解除合同，应承担给付保险金的责任。综上所述，依
据《中华人民共和国民事诉讼法》第二百条第二项、第六项之规定，请
求对本案依法再审。

再审法院经审查认为，（1）涉案保险需要在网络上填写被保险人的
相关资料进行激活，孙某燕亦认可其曾在他人协助下在网络上进行操作，
填写被保险人孙某的相关信息，并对有关孙某的健康询问进行在线填写作
答。因此，应认定泰康保险江苏分公司已经进行了健康询问。

（2）涉案保险虽系团体保险，投保人系创达开发公司，但孙某燕在
网上进行了实际投保的操作，参与了投保的整个流程，实际缴纳了保险
费。且孙某燕系被保险人孙某的配偶，更为了解孙某的实际健康状况，又
系保险合同项下的法定受益人，与该保险合同具有直接利害关系。因此，
在泰康保险江苏分公司针对孙某的健康状况进行询问时，孙某燕应当履行
如实告知义务。

（3）泰康保险江苏分公司在进行健康询问时，已明确提及被保险人
孙某是否患有或曾患有××、××病毒携带、肝肿大、肝硬化、消化道溃
疡或出血、食道炎等消化系统疾病，孙某燕对上述询问均作出否定性作
答。但从孙某2016年4月11日在医院的病历可知，其在22年前已被诊
断为"××肝硬化"，16年前因呕血被诊断为"××肝硬化，上消化道出
血"，并行"脾切除术"。孙某燕作为孙某的配偶，对于上述健康状况应
系明知，但孙某燕仍作出了与实际情况不符的回答，致使泰康保险江苏分
公司无从获取被保险人的真实健康情况，足以影响其决定是否同意承保或
者提高保险费率。故一、二审判决认定泰康保险江苏分公司有权解除合
同，并无不当。

（4）根据孙某燕签署的理赔申请书的记载，其向泰康保险江苏分公
司提出理赔申请的时间为2016年6月2日，再审申请人虽否认该日期为
孙某燕所写，并称孙某燕实际系在2016年4月底即已提交理赔申请书，
但未提供有效证据证明其主张，亦无法推翻上述书面证据记载的事实，故
其该项申请再审理由不能成立。此外，根据《中华人民共和国保险法》
第十六条第三款的规定，合同解除权自保险人知道有解除事由之日起，超
过三十日不行使而消灭。故保险人的合同解除权行使期间应自其知道解除
事由之日起算，具体到本案中，即为泰康保险江苏分公司享有的合同解除权
行使期间应自其知晓孙某燕存在未履行如实告知义务时起算。即使孙某燕

曾于2016年4月底与泰康保险江苏分公司沟通过理赔事宜，但因其未提交完整的理赔材料，不宜认定泰康保险江苏分公司当时已明确知悉合同解除事由，亦不应从当时起算权利行使期间。因此，一、二审判决认定泰康保险江苏分公司2016年7月1日解除合同未超过法定期限，并无不当。

（5）涉案保险合同已明确约定，泰康保险江苏分公司会就投保人和被保险人的有关情况提出书面询问，投保人应当如实告知；如果投保人故意或者因重大过失未履行前款规定的如实告知义务，足以影响决定是否同意承保或者提高保险费率的，泰康保险江苏分公司有权解除或者部分解除本合同。据此，未履行如实告知义务系合同当事人约定的解除条款，具有法律约束力。该事由发生时，泰康保险江苏分公司有权按照约定解除合同。再审申请人关于孙某燕未尽如实告知义务仅系一般过失、泰康保险江苏分公司无权解除合同的申请再审理由，与上述合同约定内容不符，不能成立。

依照《中华人民共和国民事诉讼法》第二百零四条第一款、《最高人民法院关于适用〈中华人民共和国民事诉讼法〉的解释》第三百九十五条第二款规定，裁定如下：驳回×××再审申请。

7.5　人身保险合同的标准条款

人身保险合同的标准条款是指保险合同当事人履行合同所遵循的内容固定、文字形式较为规范的常用条款，为大多数国家的保险监管部门所批准，供保险人设计保险合同时选择使用。

7.5.1　不可抗辩条款

不可抗辩条款（incontestable clause），又称不可争议条款（indisputable clause），是指保险人在保险单生效两年之后，就不得对保险单的效力提出争议。即保险人在保险单生效两年后，就不得以保险单出立时投保人存在错误陈述、隐瞒重要事实和欺骗为理由，使合同无效或拒绝保险金给付申请的要求。若被保险人在两年内死亡，则保险合同在任何时候都是可争议的。

规定该条款的目的是保护被保险人或受益人的利益。保险合同是最大诚信合同，它要求投保人或被保险人在投保时据实回答保险人的询问，否则，保险人有权解除合同。但是，在人身保险业务实务中，特别是人寿保险，多是长期性的保单，投保多年后，当被保险人年老、生病或死亡需要保障时，保险人却以被保人在投保时的误告、隐瞒或者欺骗等为理由主张合同无效，将损害被保险人尤其是受益人的利益。由于该条款的存在，保险人要在签发合同之前进行大量调查，否则可能会给其带来不应有的赔付。

我国《保险法》第十六条有相关规定："订立保险合同，保险人就保险标的或者被保险人的有关情况提出询问的，投保人应当如实告知。投保人故意或者因重大过失未履行前款规定的如实告知义务，足以影响保险人决定是否同意承保或者提高保险费率的，保险人有权解除合同。""自合同成立之日起超过二年的，保险人不得解除合同；发生保险事故的，保险人应当承担赔偿或者给付保险金的责任。"

不可抗辩条款的例外情况包括：别人代替被保险人体检；投保人对被保险人不具有可保利益；受益人怀有谋害被保险人的意图取得保险单等。

7.5.2　自杀条款

自杀条款（suicide clause）规定，如果被保险人自保单签发之日起两年内（有的公司规定一年）自杀，保险公司不给付保险金，只退还保单的现金价值。我国《保险法》第四十四条规定，以被保险人死亡为给付保险金条件的合同，自合同成立或者合同效力恢复之日起两年内，被保险人自杀的，保险人不承担给付保险金的责任，但被保险人自杀时为无民事行为能力人的除外。保险人依照前款规定不承担给付保险金责任的，应当按照合同约定退还保险单的现金价值。如果被保险人在上述规定时间后自杀，则保险人按合同约定给付保险金。

如果对自杀行为给付保险金，则会诱发道德风险，如果将自杀完全作为除外责任，则会损害受益人的利益。因为人寿保险的主要目的是向受抚养者提供保障。实际上，保险公司计算保险费所依据的生命表中已经考虑了自杀因素，因此，对自杀完全免责不合理。由于人类具有自我生存的本能，所以一般认为死亡是一种非故意行为，由保险人承担自杀的举证责任。

7.5.3　宽限期条款

宽限期条款（grace period provision）规定，投保人在缴纳续期保费时，保险人给予其一定时间上的宽限（有的为 1 个月，有的为 2 个月）缴付逾期保险费，并不计收利息。在宽限期内发生保险事故，即使投保人没有缴费，保险人也给付保险金，但要从保险金中扣除当期应缴的保险费。如宽限期满投保人仍未缴付保险费，保险合同自宽限期满翌日停止效力。

规定宽限期的目的是避免保险合同非故意失效。人身保险合同是长期性合同，交费期限有的长达几十年，会出现如遗忘、经济暂时困难等因素影响投保人按时缴费，如果因此导致保险合同中途失效终止，对于保险人而言，不利于保全合同，稳定经营；对于投保人而言，会因此失去保障，所以规定宽限期不仅有利于投保人，避免保单失效风险，也有利于保险人保持较高的续保率。

我国《保险法》第三十六条规定："合同约定分期支付保险费，投保人支付首期保险费后，除合同另有约定外，投保人自保险人催告之日起超过三十日未支付当期保险费，或者超过约定的期限六十日未支付当期保险费的，合同效力中止，或者由保险人按照合同约定的条件减少保险金额。被保险人在前款规定期限内发生保险事故的，保险人应当按照合同约定给付保险金，但可以扣减欠交的保险费。"

7.5.4 保单复效条款

保单复效条款（policy reinstatement provision）规定，对于分期缴费的人身保险合同，投保人在宽限期内仍未缴付保险费，导致保单效力中止的，投保人可以在两年内申请复效。保险人对复效期间发生的保险事故不承担保险责任。申请复效必须满足保险公司的有关规定，例如，提供保险公司要求的可保证明，补缴所欠保费及利息，归还所有保单质押贷款等。

一般来讲，复效优于重新投保。这是因为，首先，随着年龄的增长和签单费用的增加，费率会随之增加。其次，身体状况可能发生较大变化，出现了加费因素，甚至被拒保。最后，相比新保单在保险合同生效一两年后才有现金价值，复效能快速累积现金价值。所以，投保人大都愿意申请复效。

我国《保险法》第三十七条规定："合同效力依照本法第三十六条规定中止的，经保险人与投保人协商并达成协议，在投保人补交保险费后，合同效力恢复。但是，自合同效力中止之日起满二年双方未达成协议的，保险人有权解除合同。保险人依照前款规定解除合同的，应当按照合同约定退还保险单的现金价值。"

7.5.5 不丧失现金价值条款

不丧失现金价值条款（non‐forfeiture provision），也称不可没收的现金价值条款。此条款规定，长期寿险合同的投保人享有保单现金价值的权利，不因保险合同效力中止而丧失。也就是说，即使保险单失效了，保险单上的现金价值所有权归投保人不变，投保人可以按照有利于自己的方式处理这一部分现金价值。

该条款是根据长期寿险合同的储蓄性而制定的。现金价值是具有储蓄性的人寿保险单所具有的价值。由于均衡费率制的实施，人寿保险单中除定期寿险单之外的大部分保险单，当投保人缴费时间达到一定时间后，逐年积存相当数额的责任准备金并随着时间的延伸而不断累积，形成了人寿保险单的现金价值。这部分现金价值如同储蓄存款一样（在不发生给付的情况下），为投保人或者保单所有人所拥有。

不丧失现金价值条款一般包含三种处置失效保单现金价值的方式：

（1）领取退保金。退保金是投保人在保单期满前退保获得的现金总额，将现金价值表中列示的现金价值，减去未偿还的保单质押贷款和利息以及解约费用计算得到。

（2）将原保单改为减额缴清保险。将原保单改为减额缴清保险，即将保单现金价值作为趸交保费购买终身寿险，在原保单的保险期限和保险责任保持不变的情况下，保险金额减少，但可以继续分红，而不从现金价值中扣除保单质押贷款本息。

（3）将原保单改为展期保险。将原保单改为展期保险，即将扣除保单质押贷款本息后的现金价值作为趸交保费，购买定期寿险。

三种方式适用情况不同。第一种方式适用于不想继续投保的人；第二、第三种方式适用于由于某些因素无力继续缴纳保险费又不想保单失效的投保人，以继续维持保单效力。

我国《保险法》相关规定如下。

（1）第四十三条：“投保人故意造成被保险人死亡、伤残或者疾病的，保险人不承担给付保险金的责任。投保人已交足二年以上保险费的，保险人应当按照合同约定向其他权利人退还保险单的现金价值。”

（2）第四十四条：“以被保险人死亡为给付保险金条件的合同，自合同成立或者合同效力恢复之日起二年内，被保险人自杀的，保险人不承担给付保险金的责任，但被保险人自杀时为无民事行为能力人的除外。保险人依照前款规定不承担给付保险金责任的，应当按照合同约定退还保险单的现金价值。”

（3）第四十五条：“因被保险人故意犯罪或者抗拒依法采取的刑事强制措施导致其伤残或者死亡的，保险人不承担给付保险金的责任。投保人已交足二年以上保险费的，保险人应当按照合同约定退还保险单的现金价值。”

（4）第三十七条：“自合同效力中止之日起满二年双方未达成协议的，保险人有权解除合同。保险人依照前款规定解除合同的，应当按照合同约定退还保险单的现金价值。”

（5）第四十七条：“投保人解除合同的，保险人应当自收到解除合同通知之日起三十日内，按照合同约定退还保险单的现金价值。”

7.5.6　年龄与性别误告条款

年龄与性别误告条款（misstatement of age and gender provision）规定，保险人发现被保险人年龄或者性别误报时，将根据真实年龄或者性别调整保险金额。

被保险人的年龄是确定保险费率的重要依据之一，也是承保时判断能否承保的条件。一般规定，在被保险人生存期间发现年龄误报，可调整保费而维持原保额不变。如在被保险人死亡时发现年龄误报，则只能按真实年龄调整保额。在真实年龄超过保险公司规定的最高年龄时，保险合同自始无效，保险人退还保险费。年龄误报不属于不可抗辩条款的范围。

年龄误报保险金额给付的调整公式如下：

$$调整后应给付的保险金额 = 保单面值 \times \frac{按误报年龄计算的年缴保费}{按实际年龄计算的年应缴保费}$$

例如，某 33 岁的被保险人购买了一份保额为 10 000 元的终身寿险，其误报自己年龄为 30 岁。假设 30 岁者应缴保费为 500 元，33 岁者应缴 600 元，则在该被保险人死亡时，保险人应支付的保险金为：

$$调整后应给付的保险金额 = 10\,000 \times \frac{500}{600} = 8\,333.33（元）$$

我国《保险法》第三十二条规定："投保人申报的被保险人年龄不真实，并且其真实年龄不符合合同约定的年龄限制的，保险人可以解除合同，并按照合同约定退还保险单的现金价值。保险人行使合同解除权，适用本法第十六条第三款、第六款的规定。投保人申报的被保险人年龄不真实，致使投保人支付的保险费少于应付保险费的，保险人有权更正并要求投保人补交保险费，或者在给付保险金时按照实付保险费与应付保险费的比例支付。投保人申报的被保险人年龄不真实，致使投保人支付的保险费多于应付保险费的，保险人应当将多收的保险费退还投保人。"

7.5.7 受益人条款

受益人条款（beneficiary clause）规定，在被保险人死亡时，由投保人或者被保险人指定的受益人获得保险金。受益人条款的核心功能在于明确当被保险人死亡时保险金的请求权主体。受益人是由被保险人或者投保人指定的。我国《保险法》第三十九条规定，"人身保险的受益人由被保险人或者投保人指定""投保人指定受益人时须经被保险人同意"。若未指定受益人，则保险金归被保险人的法定继承人所有。受益人不一定必须对被保险人具有可保利益，而投保人必须对被保险人具有可保利益。受益人只有比被保险人活的时间更长才能获得保险金。为防止相反情况发生，被保险人通常指定数名受益人，受益顺序根据获得保险金的优先权决定。

在指定第一和第二顺序受益人的情形下，第一受益人是被保险人死亡后优先有权领取保险金的人，第二受益人是在第一受益人先于被保险人死亡或者第一受益人丧失受益权的情况下有权领取保险金的人。如果第一受益人在没有领完分期给付的保险金时死亡，其余保险金向第二受益人给付。如果保单没有指定受益人，或者被保险人死亡时所有指定的受益人都已死亡，则保险金作为被保险人的遗产。

关于受益人条款的相关内容参见章节 7.2 人身保险合同关系人。

◆ **专栏 7 - 4**

案例分析——未指定受益人的继承纠纷

2011 年 1 月 5 日，史某晖与泰康人寿保险股份有限公司山西分公司签订泰康金满仓两全保险（分红型）合同，投保金额为 300 000 元，被保险人为史某晖，保险期间为五年，即自 2011 年 1 月 5 日至 2016 年 1 月 4 日，被保险人身故保险金受益人为法定，该合同还约定，保险期间内被保险人非因意外伤害身故，保险人向保险金受益人给付意外身故保险金，保险期满被保险人生存，向生存受益人给付满期保险金，保险合同终止。2012年6月27日，经史晓晖申请，被保险人泰康人寿保险股份有限公司山西分公司同意，将保险合同的投保人变更为田某丽。

2013年4月21日，史某晖因意外身故。再审申请人史某华、史某岚与被申请人史某亮、刘某梅因保险金的继承问题产生纠纷，诉至法院。阳泉市中级人民法院于2015年6月8日作出民事判决，已经发生法律效力。再审申请人史某华、史某岚不服判决结果申请再审。

史某华、史某岚再审请求：（1）撤销民事判决书关于身故保险金的判决；（2）改判被保险人史某晖身故保险金不属于遗产，史某亮、刘某梅、史某华、史某岚不应继承，保险金属于田某丽；（3）改判一审、二审关于身故保险金部分的诉讼费由被申请人负担。

事实与理由：（1）一审、二审判决对身故保险金的金额认定错误。保险责任中关于身故保险金第二款的约定为："本合同生效之日起1年后，被保险人非因意外伤害导致身故，我们按本合同的保险金额向身故保险金受益人给付非意外身故保险金，本合同终止。"史某晖于2013年4月21日因意外身故，保险合同生效已过1年，该保险单保险金额为315 000元。一审法院和二审法院判决保险金为300 000元明显缺乏证据证明，判决错误。

（2）一审、二审法院适用《中华人民共和国保险法》第四十二条、《中华人民共和国继承法》第五条，属于适用法律错误，应当适用《保险法》第十二条以及《中华人民共和国合同法》第八十八条、第八十条。

①保险合同的投保人变更合法有效。原投保人与被保险人史某晖已于2012年6月27日将该保险转给田某丽，且通知了保险人并办理了投保人变更手续，合法有效。田某丽与泰康人寿山西分公司之间建立起新的保险合同关系，为合同当事人。二审法院在二审判决书中也依据《合同法》第88条的规定认定了"该保险合同的相关权利义务均转至田某丽名下"，依据《保险法》第十二条的规定，被保险人的权利包括保险金请求权。因此，田某丽已于2012年6月27日承继了该保险合同的全部权利义务，包括对保险人的保险金请求权。

②关于法律适用。根据《保险法》第十八条规定的受益人含义，以及适用《保险法》第四十二条规定的"保险金作为被保险人的遗产"的前提条件是享有保险金请求权的人无法确定的情形。史某晖投保时在保单受益人处填写"法定"，因法律并未规定"法定受益人"，故依据相关司法解释视为未明确指定受益人，二审法院在判决书中也认定未明确指定受益人。田某丽已于2012年6月27日承继了诉争保险合同的全部权利义务，

田某丽作为唯一享有保险金请求权的人，合法且明确。因此，这并不属于《保险法》第四十二条规定的享有保险金请求权的人无法确定的情形，该身故保险金不应也不是被保险人史某晖的遗产。

7.5.8 保单质押贷款条款

保单质押贷款条款（policy pledge loan terms）规定，投保人可以在寿险合同生效一年或者两年后，以保单现金价值为质押向保险人申请贷款，贷款金额以保单累积的现金价值为限。保单规定了贷款利率，投保人应按期归还贷款本息。如果此前发生了保险事故或者退保，保险人从保险金或者退保金中扣除贷款本息给付。当贷款本息达到保单现金价值时，保险合同终止。保单质押贷款条款多见于终身寿险合同或者生死两全保险合同。

保单质押贷款有别于商业贷款：一是投保人没有偿还保单贷款的法定义务。投保人可以随时偿还部分或者全部贷款，若被保险人死亡时贷款尚未还清，保险人将从保险金中扣除尚未归还的贷款本息。而商业贷款是在借款人和贷款人之间的一种借贷关系，借款人负有偿还贷款的法定义务。二是保险人只需根据保单的现金价值审批贷款，不必对投保人进行资信审查。对于商业贷款，银行要对贷款申请人进行严格的资信审查，确保其信用风险，决定贷款额度。

7.5.9 保单转让条款

保单转让条款（policy assignment clause）的内容是，在不侵犯受益人权利的情况下，投保人可以将保单上的权益转让给他人。由于人寿保险具有现金价值，而且迟早会在死亡事件发生时给付保险金，因此，只要不侵犯受益人的既得权利，可以将保单进行转让。

保单转让可分为绝对转让和抵押转让两种。绝对转让指的是将保单所有权完全转让给一个新的所有人。通常赠与和出售是绝对转让的两种方式。例如，父母为子女投保，当子女成年后将保单赠与子女；公司为其员工投保，当员工离职时将保单出售给员工。抵押转让指的是投保人将保单的某些权益转让给银行或者贷款人，为贷款提供担保。

在寿险保单的抵押转让中，对抵押人的要求是履行支付保费的义务，不能让保单失效。被保险人并不改变。保单转让条款一般规定在抵押转让时，受益人必须在抵押转让表上签名。此外，保单转让条款还规定，在保单转让时，投保人或者被保险人必须书面通知保险人，由保险人加批注或者出具批单后生效。

我国《保险法》第三十四条对转让或者质押有如下规定："按照以死亡为给付保险金条件的合同所签发的保险单，未经被保险人书面同意，不得转让或者质押。"

7.5.10　自动垫缴保费条款

自动垫缴保费条款（automatic premium loan clause）规定，保险合同生效满一定时期（通常是两年）后，投保人分期支付保费的，若超过了宽限期仍未支付，保险人则自动以保单现金价值垫缴保费，被保险人在垫缴保费期间发生了保险事故，保险人从应给付的保险金中扣除垫缴的保费和利息。当垫缴保费和利息超过了保单的现金价值时，保险合同效力中止。中止可适用复效条款。保险人使用自动垫缴保费条款时，应及时通知投保人。

规定此条款的目的是减少保险单失效量，维持较高的续保率。有的保险单使用此条款时还同时规定了垫缴的次数。

7.5.11　红利任选条款

红利任选条款（dividend options clause）规定了分红保险的投保人或者被保险人可以选择领取红利的方式。红利是投保人或者被保险人分享的保险公司经营成果，可供选择的领取红利方式有四种：①现金红利，即以现金方式领取红利。②抵缴保费，即用红利缴纳保费。③累积生息，即将红利留存于保险公司用于累积生息，通过保险公司的资金运用，实现增值。④增加保险金额，即将红利作为趸交保费购买缴清增额保险。

7.5.12　保险金给付任选条款

保险金给付任选条款（settlement option clause）的内容是，被保险人或者受益人在领取保险金时可选择的方式。

一般来说，保险金的给付方式有五种：①一次性支付现金方式。②利息支付方式。受益人将保险金留存于保险人处，保险人按照约定利率定期向受益人支付利息。③定期收入方式。保险人按固定期限向受益人分期给付等额保险金。分期给付金额取决于保险金数额、保证的利率、给付次数。④定额收入方式。保险人按固定金额向受益人分期给付保险金，直到付完保险金本金和利息为止。⑤终身年金方式。受益人将领取的保险金作为趸交保费投保一份终身年金保险，受益人按期领取保险金直至死亡。

7.6　人身保险合同的履行和争议处理

7.6.1　人身保险合同的履行

人身保险合同的履行是指人身保险合同当事人依法、依约履行各自义务的行为。本节将投保人、被保险人、受益人作为人身保险合同的投保方，保险人作为保险方阐述人身保险合同的履行。

7.6.1.1 投保方履行的义务

在人身保险合同中，投保方应履行支付保险费、如实告知、出险通知、提供单证等义务。

（1）支付保险费义务。支付保险费是人身保险合同投保人最重要的义务，也是人身保险合同成立和生效的要件。投保人必须按照约定的时间和方法支付保险费。根据险种的不同，投保人可以采取趸交、分期交付、终身交付等方式支付保险费。我国《保险法》第三十五条规定："投保人可以按照合同约定向保险人一次支付全部保险费或者分期支付保险费。"

第三十六条规定："合同约定分期支付保险费，投保人支付首期保险费后，除合同另有约定外，投保人自保险人催告之日起超过三十日未支付当期保险费，或者超过约定的期限六十日未支付当期保险费的，合同效力中止，或者由保险人按照合同约定的条件减少保险金额。被保险人在前款规定期限内发生保险事故的，保险人应当按照合同约定给付保险金，但可以扣减欠交的保险费。"

（2）如实告知义务。投保人在订立保险合同的过程中履行如实告知义务，是体现了最大诚信原则的一项重要内容。在人身保险合同中，投保人如实告知的范围和内容是指足以影响保险人决定是否承保和确定费率的重要事实，如被保险人的年龄、性别、健康状况、既往病史、家族遗传史、生活习惯如抽烟饮酒等。投保人在进行投保前，应对被保险人的上述情况进行详细了解，并在保险合同的"有关健康告知等情况"进行如实勾填。此外，保险公司一般还会要求被保险人也必须履行如实告知义务，而受益人则没有如实告知义务。如果投保人或者被保险人不履行如实告知义务或者不如实告知，保险人有权解除合同。

我国《保险法》第十六条规定："订立保险合同，保险人就保险标的或者被保险人的有关情况提出询问的，投保人应当如实告知。投保人故意或者因重大过失未履行前款规定的如实告知义务，足以影响保险人决定是否同意承保或者提高保险费率的，保险人有权解除合同。"

（3）出险通知义务。保险合同订立后，如果发生了保险事故，投保人、被保险人或者受益人应及时通知保险人，并提供相关单证。保险人如果能够及时得知情况，一方面可以采取适当措施防止损失扩大；另一方面可以迅速调查事故真相，避免因拖延时间而导致证据灭失。

出险通知义务的履行可以以书面形式，也可以以口头方式进行，法律并无明确规定。但合同中规定以书面形式通知的，则必须以书面形式通知保险人或其代理人。在通知期限上，视不同险种而有不同的时间要求，我国《保险法》对此未作具体规定，只规定了"及时通知"。在实务中，通知的具体期限具有一定差别。

如果投保人未履行保险事故发生的通知义务，则有可能产生两种后果：一是保险人不解除保险合同，但可以请求投保人（被保险人）赔偿因此而遭受的损失；二是保险人免除保险合同上的责任。

我国《保险法》第二十一条规定："投保人、被保险人或者受益人知道保险事故发生后，应当及时通知保险人。故意或者因重大过失未及时通知，致使保险事故的性质、原因、损失程度等难以确定的，保险人对无法确定的部分，不承担赔偿或者给付保险金的责任，但保险人通过其他途径已经及时知道或者应当及时知道保险事故发生的除外。"

（4）提供单证义务。保险事故发生后，人身保险合同的投保人、被保险人或者受益人应当向保险人提供必要的单证，请求给付保险金。这些单证是保险金请求权人索赔的依据，也是保险人履行赔付责任范围和赔付金额的依据。

我国《保险法》第二十二条规定："保险事故发生后，按照保险合同请求保险人赔偿或者给付保险金时，投保人、被保险人或者受益人应当向保险人提供其所能提供的与确认保险事故的性质、原因、损失程度等有关的证明和资料。"

7.6.1.2　保险方履行的义务

保险方，即保险人履行的义务包含赔付义务、告知义务、及时签单义务、保密义务等。

（1）赔付义务。在保险责任范围内的保险事故发生后，保险人应及时作出核定。对属于保险责任的，按照法律规定或者合同约定，在规定期限内向被保险人或者受益人赔偿或者给付保险金。对不属于保险责任的，保险人应当向被保险人和受益人发出拒赔通知书说明拒赔原因，这是保险人履行合同责任的基本义务。

我国《保险法》第二十三条规定："保险人收到被保险人或者受益人的赔偿或者给付保险金的请求后，应当及时作出核定；情形复杂的，应当在三十日内作出核定，但合同另有约定的除外。保险人应当将核定结果通知被保险人或者受益人；对属于保险责任的，在与被保险人或者受益人达成赔偿或者给付保险金的协议后十日内，履行赔偿或者给付保险金义务。保险合同对赔偿或者给付保险金的期限有约定的，保险人应当按照约定履行赔偿或者给付保险金义务。"

（2）告知义务。订立保险合同时，保险人有义务向投保人详细说明保险合同条款的具体内容，并就投保人对保险合同条款的询问作出如实回答，以最大诚意履行其告知义务。

我国《保险法》第十七条规定，订立保险合同，采用保险人提供的格式条款的，保险人向投保人提供的投保单应当附格式条款，保险人应当向投保人说明合同的内容。对保险合同中免除保险人责任的条款，保险人在订立合同时应当在投保单、保险单或者其他保险凭证上作出足以引起投保人注意的提示，并对该条款的内容以书面或者口头形式向投保人作出明确说明；未作提示或者明确说明的，该条款不产生效力。

保险人可以书面形式或者口头形式向投保人作出说明，也可以通过代理人向投保人作出说明。无须投保人询问，保险人应主动说明。对于免责条款，不仅要向投保人明确说明，还要作出足以引起投保人注意的提示，否则，该条款不产生效力。

（3）及时签单义务。人身保险合同的保险人有义务在保险合同成立后，及时向投保人签发保险单或者其他保险凭证，并在保险单或者其他保险凭证上载明当事人双方约定的合同内容，以作为书面合同的证明和履行保险合同的依据。具体参见我国《保险法》第十三条规定。

（4）保密义务。订立保险合同时，投保人对保险人询问的重要事项如实告知，如实填写投保单。为了保护投保方的利益，保险人对在办理保险业务中获得的投保人、被保险人、受益人的信息负有保密义务。

7.6.2　人身保险合同争议处理

保险合同争议是指在保险合同成立后，合同主体就合同履行时的具体行为产生意见分歧或纠纷。造成意见分歧或纠纷的原因包括合同双方对合同条款的理解不同、违约、对是否承担保险责任的争议、对索赔权或者保险金分配的争议等。针对这些分歧和纠纷，可以采用保险合同的解释原则和不同的争议处理方式解决。

7.6.2.1　保险合同的解释原则

保险合同的解释是指当保险当事人由于对合同内容的用语理解不同发生争议时，依照法律规定或者约定俗成的方式，对保险合同内容或文字的含义予以确定或说明。保险合同的解释原则通常有以下五种。

（1）文义解释原则。文义解释即按照合同条款通常的文字含义并结合上下文来解释，它是解释保险合同条款最主要的方法。

（2）意图解释原则。意图解释是指在无法运用文义解释方式时，通过其他背景材料进行逻辑分析来判断合同当事人订约时的真实意图，由此解释保险合同条款的内容。意图解释只适用于合同条款不精当、语义混乱、不同当事人对同一条款所表达的实际意思理解有分歧的情况。

（3）有利于被保险人和受益人的解释原则。有利于被保险人的解释原则，是指当保险合同的当事人对合同条款有争议时，法院或仲裁机关往往会作出有利于被保险人的解释。我国《保险法》第三十条规定："采用保险人提供的格式条款订立的保险合同，保险人与投保人、被保险人或者受益人对合同条款有争议的，应当按照通常理解予以解释。对合同条款有两种以上解释的，人民法院或者仲裁机构应当作出有利于被保险人和受益人的解释。"

（4）批注优于正文、后加批注优于先加批注的解释原则。保险合同变更时，保险人需要在保险单上加批注，或者增减、修改条款。如果变更前后内容有矛盾或者互相抵触，后加的批注、条款应当优于原有条款。保险合同更改后应写明批改日期。如果由于未写明日期而使条款发生矛盾，手写批注优于打印的批注，加贴的批注优于正文的批注。

（5）补充解释原则。补充解释是指当保险合同条款约定内容有遗漏或者不完整时，按照商业习惯、国际惯例、公正原则等对保险合同内容进行务实、合理的补充解释，以便合同的继续履行。

7.6.2.2　人身保险合同争议处理方式

按照我国法律的有关规定，保险合同争议处理方式主要有以下四种。

（1）协商。协商是指合同双方当事人在自愿基础上，按照法律和合同规定，通过协商来解决纠纷。自行协商解决方式简便，有助于增进双方的进一步信任与合作，也有利于合同的继续履行。

（2）调解。调解是指在合同管理机关或者法院的参与下，通过说服教育，使双方自愿达成协议、平息争端。调解必须遵循法律、政策与平等自愿原则。如果一方当事人不愿意调解，就不能进行调解。如果调解不成立或者调解后又反悔，可以申请仲裁或者直接向法院起诉。

（3）仲裁。仲裁是指争议双方依照仲裁协议，自愿将彼此间的争议交由双方共同信任、法律认可的仲裁机构的仲裁员进行调解，作出裁决。仲裁结果具有法律效力，当事人必须执行。

（4）诉讼。诉讼是指争议双方当事人通过法院进行裁决以解决纠纷。它是解决争议最激烈的一种方式。人身保险合同双方当事人发生纠纷时，有权以自己的名义直接请求法院通过审判给予法律上的保护。当事人提起诉讼应当在法律规定的时效以内。

==================== 本章总结 ====================

人身保险合同是以人的寿命和身体为保险标的的保险合同。投保人根据人身保险合同的约定，向保险人支付保险费，当被保险人死亡、伤残、疾病，或者达到合同约定的年龄、期限等条件时，保险人承担给付保险金责任。人身保险合同是最大诚信合同、要式合同、双务有偿合同和附和性合同，具有定额给付性、储蓄性、长期性，是一种为他人利益的保险。

人身保险合同的主体包括人身保险合同的当事人、关系人和辅助人。当事人包括保险人和投保人；关系人包括被保险人和受益人；辅助人包括保险代理人、保险经纪人和保险公估人。人身保险合同的客体是投保人对被保险人所具有的保险利益。

人身保险合同的书面形式是订立保险合同的书面证明，有投保单、体检报告书、保险单、保险凭证、保费收据和批单六种。常见条款主要有不可抗辩条款、自杀条款、宽限期条款、保单复效条款、不丧失现金价值条款、年龄与性别误告条款、保单质押贷款条款、受益人条款、保单转让条款、自动垫缴保险费条款、红利任选条款、保险金给付任选条款等。

人身保险合同的终止是合同关系的消灭。法定或者约定事由的出现，致使合同双方当事人的权利义务关系消灭。人身保险合同的终止主要有自然终止、履约终止、解约终止、违约终止、退保终止等。

人身保险合同的履行即双方各自承担义务。在人身保险合同中，投保方应履行支付保险费、如实告知、出险通知、提供单证等义务。保险人履行的义务包含赔付义务、告知义务、及时签单义务、保密义务等。

保险合同争议是指在保险合同成立后，合同主体就合同履行时的具体做法产生意见分歧或者纠纷。发生争议时，保险合同的解释原则包括：文义解释原则，意图解释原则，有利于被保险人和受益人的解释原则，批注优于正文、后加批注优于先加批注的解释原则，以及补充解释原则。保险合同争议的解决方式包括协商、调解、仲裁和诉讼。

练习与思考

1. 人身保险合同的特殊性体现在哪些地方？
2. 人身保险合同的书面形式有哪些？
3. 人身保险合同的具体内容包括哪些？
4. 人身保险合同中的标准条款包括哪些？
5. 投保方应如何履行人身保险合同？
6. 保险人应如何履行人身保险合同？
7. 人身保险合同的订立程序如何？
8. 人身保险合同的成立、生效和保险责任的开始如何确定？
9. 简述人身保险合同的变更内容。
10. 发生人身保险合同纠纷后，如何进行处理？

04

运营管理篇

第8章 人寿与健康保险营销

📑 **本章提要**

本章介绍人寿与健康保险的营销。首先，通过概述，介绍人寿与健康保险营销的概念、特征及营销战略。其次，分别阐述了人寿与健康保险营销战略的三个主要环节——营销环境分析、目标市场选择和营销策略制定的具体内容：营销环境一般从市场环境、投保人行为和企业竞争力三个方面展开，目标市场选择主要包括市场细分、市场选择和定位三个部分，营销策略的制定主要包括险种开发与设计、保险费率制定、保险营销渠道选择和商品的具体促销策略四个阶段。

📑 **学习目标**

了解人寿与健康保险营销的概念和特征。

理解人寿与健康保险营销战略的主要内容。

掌握人寿与健康保险营销战略各部分的分析方法。

8.1 概　述

8.1.1 人寿与健康保险营销的定义

保险营销是将营销学原理运用于保险企业与保险商品中的一门学问。从营销学的角度出发，保险营销就是指通过挖掘人们对保险商品的需求，设计和开发满足投保人需求的保险商品，并且通过各种沟通手段使投保人接受这种商品，并从中得到最大满足的过程。保险营销不仅仅是指推销保险，而是包括售前、售中和售后的一切活动。人寿与健康保险营销，是保险人为实现其经营目标，满足人们对人身风险保障的需求，依据市场环境并利用各种营销技术和策略，与保险营销对象进行沟通并促成投保、接受保险服务的过程。人寿与健康保险营销是一个动态的管理过程，是从险种设计前的市场调研到最终将承诺与服务转移到保险消费者手中的整体过程。随着科技进步、管理升级与营销人员素质的提升，人寿与健康保险营销不再只是个险销售的重要活动，而开始成为由各类产品、不同渠道有机组合构成的一个体系、一个系统。

8.1.2 人寿与健康保险营销的特征

人寿与健康保险营销和保险推销有着本质的区别，相比而言，人寿与健康保险营销有以下几方面特征：首先，它具有比推销更广泛的内涵与外延。人寿与健康保险营销包括对保险市场的开发、费率的合理厘定、营销渠道的选择、相关信息的收集整理、保险产品的推广以及相应的售后服务等一系列活动。而推销只是营销过程的一个阶段。其次，它更注重保险公司的长远利益。人寿与健康保险营销不仅是单纯的销售活动，还非常注重公司的形象，为公司今后的发展作出预测和决策。而保险推销则偏重眼前的短期利益，是一种短期行为。最后，它始终以客户的最终利益为目标导向，为不断满足客户的需要而开展活动。人寿与健康保险营销通过对投保人提供全方位的服务而获取利益，其利润最大化的方式是通过赢得投保人的满意而达成的。而保险推销则把重点放在保险产品上，只是通过促销手段获得收入，继而获得利润，两者的活动重点有很大的区别。

8.1.3 人寿与健康保险营销战略

保险公司开展人寿与健康保险营销需要制定相应的营销战略。人寿与健康保险营销战略，是指保险公司围绕营销环境分析、目标市场选择和营销策略制定作出的全面规划与布置，以达到最有效地分配企业资源，实现满足消费者需要和企业利益的双重目标。具体来说，制定人寿与健康保险营销战略，要从企业总的目标和战略出发，遵循四个基本步骤：首先，对市场机会进行分析，以辨别企业所面临的机会与威胁，明确企业的优势和劣势；其次，细分市场，选择目标市场，进行市场定位；再次，在此基础上制定营销组合策略和营销计划；最后，执行与控制计划的实施。

8.2 营销环境分析

对于一个企业来说，对经营环境作出正确的分析是制定出正确的生产和销售决策的前提条件。优秀的人身保险企业善于抓住市场机会开发企业机会，通过分析整体市场环境、了解客户需求以及分析竞争企业情况，寻找企业发展的机会，避免企业发展需面临的威胁，并能够在一定的时期和条件下，为企业的发展创造出新的机会。

8.2.1　市场环境分析

一切营销组织都处于外界环境之中，不可避免地受其影响和制约。影响人身保险营销的市场环境因素包括宏观环境和微观环境两个方面。

8.2.1.1　宏观环境

宏观环境是指社会整体发展情况，包括人口因素、经济因素、政治法律因素、技术因素、社会文化因素等。例如，人口规模和人口结构会影响人身保险营销，人口规模越大的国家或地区具有越大的人身保险潜在需求，人口结构老龄化会增加人们对养老、医疗等相关险种的需求；经济周期和消费者收入也会影响人身保险营销，当经济不景气时人们的收入减少，对保险的需求自然会相应地下降；国家的税收政策、金融政策、会计准则和与经济相关的法律都会对人身保险公司产生重要影响，降低的税率、开放的金融政策、严格的会计准则和法规有利于人身保险公司的发展，能够促进其开发新险种；新科学技术的发展和应用改变了人身保险营销的方式与手段，如利用数据库和计算机精确分析客户需求；价值观念、宗教信仰、行为方式、社会群体及其相互关系等社会文化因素也会影响人身保险营销，这些因素直接影响人们对待风险的态度以及应对风险的方式，从而对人身保险的需求产生影响。

8.2.1.2　微观环境

微观环境是指行业发展情况，包括业务规模和结构、市场主体的数量和构成以及业务渠道等方面。从人寿与健康保险行业发展环境来看，在业务规模和结构方面，2021 年我国人身险原保险保费收入 2.12 万亿元，占总保费比重 67.8%。其中，寿险产品期限不断拉长，中短期寿险业务保费大幅下降，占比降至 3%。健康险产品提供风险保额同比上升 21.8%，且正从简单的费用报销和经济补偿向病前、病中、病后的综合性健康保障管理方向转变。意外险件均保费同比下降6.4%，让利于民、提升保障等改革目标初步实现。从整体来看，人身险业务结构持续优化。在市场主体数量和构成方面，截至 2021 年末，我国保险公司共有法人机构 235 家，其中包括保险集团 13 家、财产险公司 87 家和人身险公司 91 家，其业务范围均涉及人身保险全部或部分险种。在各人身险公司中，中国人寿、太平洋人寿和平安人寿原保险保费收入合计的市场份额为 41.21%，新华人寿、泰康人寿、太平人寿和人保①寿险原保险保费收入合计的市场份额为 18.05%，可以看出，目前我国人身险市场处于垄断竞争状态。此外，2021 年中资人身险公司原保险保费收入占人身险市场份额的 89.26%，占领了大部分人身险市场。在业务渠道方面，2021 年，保险专业中介渠道实现的人身险保费收入占全国人身险

---

① 即中国人民保险集团股份有限公司。

保费收入的 4.18%，保险兼业代理渠道业务占比为 36.61%，个人保险代理人渠道业务占比为 52.48%。保险中介渠道共实现人身险保费收入 3.14 万亿元，占全国人身险保费收入的 93.27%，构成了人身险业务的最重要来源。[①]

8.2.2 投保人行为分析

人寿与健康保险营销的对象是投保人，分析投保人的购买行为是人寿与健康保险营销顺利开展的关键步骤。投保人可以分为个人投保人和团体投保人。

8.2.2.1 个人投保人行为分析

个人投保人是指那些选择和购买人身保险产品的个人或家庭。影响个人投保人需求的主要因素包括文化因素、社会因素、经济因素、企业营销因素和个人因素。具体来说，文化因素表现为人们的价值观、信仰、道德、习俗、生活方式等，主要影响人们的投保意识、投保动机以及对投保的态度等。人们行为有较大影响的间接群体，如社会知名人士、明星等。这些群体成员的投保意识、投保行为等对个人投保人所起到的示范作用非常大。经济因素是影响个人投保人最直接的因素，人们的收入水平越高对人身保险的需求自然就会越大；当人们的需求受到各种因素限制尚未充分显现的时候，各种营销手段的运用可以起到激发和引导人们需求的作用，例如保险公司通过开展保险宣传活动以及发动人员推销等方式激发人们对人身保险产品的需求。虽然个人投保人的需求受到各种外界因素的影响，但最终人们投保行为还是取决于投保人个人因素，这些因素包括投保人的年龄、职业、生活方式、心理动机、风险态度等。

8.2.2.2 团体投保人行为分析

团体投保人是指那些选择和购买人身保险产品的组织或集团。影响团体投保人需求的主要因素包括环境因素、组织因素和个人因素。在环境因素方面，当经济环境向好、社会法律制度完善时企业更愿意为员工制订各项投保计划，反之则会忽视这一计划；在组织因素方面，一个企业的组织目标明确、政策灵活、决策程序清晰等会对团体投保人的行为产生积极影响，反之则会对投保决策产生延迟作用；在个人因素方面，在团体投保行为中，每个参与投保决策的人，难免会受到个人价值观、年龄、受教育程度、职务、个性以及风险态度等因素的影响，这些因素会影响他们对风险的认知和理解，并最终影响投保决策。

8.2.3 企业竞争力分析

在竞争日益激烈的环境下，保险公司除了需要分析外部环境和投保人行为之

---

① 中国保险年鉴编辑委员会.2022 年中国保险年鉴［M］.北京：中国保险年鉴社，2022.

外，同时也要对自身的实力有清楚的认识，这样才能更好地发挥自身的竞争优势，采取有效的竞争策略。企业竞争力是指企业以相较于竞争对手更好的和更有价值的产品与服务满足市场需要的能力。一家企业的竞争力来源于卓越的经营、领先的产品以及与顾客保持亲密的关系，三者相辅相成。

经营卓越的企业并不一定是那些产品或服务的创新者，也不一定是那些向纵深方面开发与顾客一对一亲密关系的企业，而是那些以最合适的价格、最方便的途径向市场提供产品的企业，如美国的沃尔玛、戴尔等企业。产品领先的企业把注意力集中在不断开发新的和更好的产品方面，有时甚至不惜以放弃自己已有的产品为代价。它们必须能够培育创新能力，并且率先将新产品或服务打入市场。闻名全球的美国强生公司就是医疗设备领域杰出的"产品领袖"，耐克公司也是如此，它们能够使顾客确信其购买的任何耐克产品都代表着市场上最新技术和最新款式。对于此类企业而言，竞争并不意味着价格或顾客服务，而是产品的市场形象。在保持与顾客亲密关系方面，企业不应把焦点放在市场需要什么，而应放在特殊顾客需要什么上。这些企业不追求一次性的交易，它们擅长满足顾客的特殊需要，向客户提供最佳服务，例如美国有线和无线长途电话公司。

8.3　目标市场的选择

保险公司想要长期占领市场，并使所推出的保险产品深得投保人的喜欢，就需要对其所面临的市场进行细分，从中选择适合自身为之服务的目标顾客。因此，任何经营人寿与健康保险产品的企业，都面临着如何选择适合自己的目标市场问题。

8.3.1　市场细分

市场细分，又称市场区隔，是营销者在市场调研的基础上，将消费者按照不同的需要、爱好、购买能力等划分为不同的群体，把相同种类的消费者作为一个细分市场，从中找出适合企业为之服务的目标市场的过程。对于特定的产品来说，在同一细分市场中，消费者具有类似的需求、消费习惯和消费行为，而在不同的细分市场中，消费者的上述特征则存在明显差异。

经营人寿与健康保险的企业都需要按照一定的原则对市场进行细分，这是因为：第一，在保险市场上，不同的消费者在需求、爱好、收入等方面存在显著差异，有的投保人对家庭财产风险认知较高，有的投保人对年老多病的风险认知较高，从而导致了他们对不同险种的需求，或者在面对同样风险的情况下，有的人收入高可以多缴保费，有的人收入低只能少缴保费。因此，具有多种需求的投保者决定了多样的细分市场及对应的产品。第二，企业的资源是有限的，而投保人的需求是无限的，任何企业都不可能有能力满足市场上的所有需求，因此企业必须对市场细分、细分，再细分，使企业将自己的资源集中在最有效的业务上，达到资源的合理配置。第三，激烈的市场竞争决定了企业必须要"有所牺牲"，任何企业都不可能在所有方面都具有优势，或在所有方面都具有劣势，而必须能正确评价自己的优劣势，从中选择最具有竞争优势的业务。因此，对于希望长期占领市场的企业来说，必须进行市场细分，在此基础上有所选择并有所放弃。

根据人寿与健康保险市场上存在的两大需求主体——个人投保人和团体投保人投保的动机、需要、购买力等的不同，可以按照不同的标准和依据细分市场。对于个人投保人而言，市场细分可以以收入水平、人口因素、投保心理等为依据。例如保险公司按照年龄的不同推出少儿险和养老险，按照投保动机的不同推出保障型、储蓄型和投资型的险种等。对于团体投保人而言，除了可以依据上述因素进行市场细分之外，还可以根据团体的需求、团体规模、团体性质等进一步细分。例如根据团体规模，对于大型客户要通过直接联系、直接服务等切实有效的战略和策略，与之建立长期的投保关系，对于中型客户，要通过人员联络、信息沟通等使之成为自己的目标顾客，对于小型客户，要通过促销策略促使其成为自己的目标客户。

8.3.2　目标市场的选择

企业在按照各种标准将市场细分后，还要对各个细分市场的发展潜力、增长率、竞争状况以及企业所拥有的资源能力、竞争优势等进行评估，并从中选择适合企业为之服务的细分市场，作为其为之服务的目标市场。

8.3.2.1　选择目标市场遵循的原则

在目前市场的选择过程中应遵循三个原则：第一，适度原则。在细分市场中，有些细分市场规模大、增长快、边际利润高，而有些细分市场则可能规模小、增长慢、边际利润低，企业在选择目标市场时要遵循适度发展的原则，不能有"嫌贫爱富""求大舍小"的思想，应该选择具备适当规模和增长特性的细分市场，以求得适度发展。第二，协调原则。在选择目标市场时会发现，有的细分市场虽具备理想的规模与增长率，但无法转化为实际的企业利润，例如潜在竞争者众多、替代品种类繁多以及消费者购买力不足等。因此选择目标市场时要将各种影响细分市场吸引力的因素加以综合考虑。第三，相符原则。有些细分市场虽然具备了规模增长和吸引力，但如果与企业的技术和资源不符，也难以成为企业所要选择的对象，对这样的细分市场要舍得放弃。如果细分市场符合企业的目标，企业又在此拥有一定的技术和资源优势，就可以选择进入这一市场。

8.3.2.2　选择目标市场的基本策略

通常情况下，人寿与健康保险企业在所选择的目标市场上，可以根据自己的资源能力采取以下三种基本策略。

（1）无差异策略。即把整个市场看作一个毫无差别的大市场，并对市场的各部分同等看待，通过求大同存小异求得共同发展。采用这一策略的保险公司把潜在的投保人看成具有相同需求的投保整体，力图吸引所有投保人，因此通常会提供单一产品或服务，使用广泛的销售渠道和统一的广告宣传内容。这一策略的不足是可能由于过分强调无差别而不能满足不同投保人的需求，最终被市场淘汰。

（2）差异性策略。即把整个市场分为若干个细分市场，选择两个或两个以上的细分市场作为目标市场，分别设计不同的产品和营销方案。采用这一策略的保险公司通常实力雄厚、选择能力强、所能提供的险种和服务多样，随着对消费者个性化、差异性的认识与关注，采用该策略不仅必要而且有效。

（3）集中性策略。即把整个市场划分为若干个细分市场后，只选择一个或两个细分市场作为自己将要服务的目标市场，集中精力搞专业化生产和经营。该策略追求的不是在较大的市场上占有较小的市场份额，而是力争在较小的市场上占有较大的市场份额。对于一些资源有限、实力不够雄厚的新进入市场的保险公司来说，采用这一策略是为了更深入地了解特定细分市场的需要，实行专业化经营，从而创造出独一无二，或无可替代的优势。

企业在应用上述策略时，应注意要从企业资源、产品生命周期、市场同质性以及竞争者的数目和策略方面具体分析。从企业资源方面来看，对于实力雄厚、管理水平高的企业，可选择差异性策略或无差异策略，反之，若企业资源有限，无力将资源覆盖到整个市场或几个细分市场，则应采用集中性策略。从产品生命周期方面来看，对于处于介绍期的新险种来说，由于刚刚进入市场，投保人对其不熟悉，竞争者也少，此时较为适合采用无差异策略以激起可能的目标顾客的兴趣。而当产品处于成长期和成熟期时，应采用差异性策略或集中性策略，开发有别于竞争对手的产品，以便更好地、有针对性地满足目标顾客的需要。当产品处于衰退期时，则应采用集中性策略以尽可能延长产品的生命周期。从市场同质性方面来看，对于投保者需求比较接近、偏好大致相同、购买数量基本类似且对销售方式的要求差别不大的市场而言，可以采用无差异策略，反之，如果市场需求差别很大，投保者的选择性较强，就适宜采用差异性策略或集中性策略。从竞争者的数量方面来看，对于竞争者数量很少、竞争不激烈的市场而言，保险公司可以采取无差异策略以占领市场，反之，如果市场中竞争者众多，企业为了进入市场、占领市场，就需要寻找市场上的空白点和缺口，此时则适宜采用差异性策略或集中性策略。

8.3.3　市场定位

保险公司在细分市场以及确定了所要覆盖的目标市场后，还要根据市场竞争情况和企业自身的条件，确定本企业产品在目标市场上的竞争地位，这就是市场定位。定位，就是要在顾客心中树立起某个企业的产品和服务比其竞争对手更好、更有特色的差异性优势，即在顾客心中为产品和企业树立鲜明、独特的形象，使之在顾客心中占据一定的位置，从而更好地抓住顾客、赢得顾客。

8.3.3.1 市场定位的基本策略

为了建立市场竞争地位，人寿与健康保险公司同其他企业一样可以采取的定位策略大致有三种。

（1）抢先策略。想要使自己与众不同，就要设法抢先将一些独特的"概念"植入人们的头脑，并使之成为企业的"专有概念"，如果企业能使自己所经营的险种或提供的服务成为独创的、第一的险种或服务，就会以先声夺人的优势为人们所认识和接受。通常抢先策略往往是市场领先者采取的定位策略，企业由于领先而拥有了得天独厚的市场，由于抢先又进一步扩大和巩固了市场。

（2）抗争策略。一些具有勃勃雄心的经营者在面对市场领先者占据着有利市场的情况下，不甘心、不服输，敢与之一决雌雄。这时其所采取的定位策略就是抗争策略，这是一种与市场上居主要支配地位的"领先者"对着干的定位方式，它往往是那些在市场上居于"挑战者"地位的竞争者通常采取的策略，比如面对老牌且实力雄厚的中国人民保险公司（以下简称人保），平安保险公司和太平洋保险公司都不甘居于人下，而是通过各种办法向人保发出挑战，并最终跻身为国内三大主要保险公司之一。实行这种定位策略的企业必须能清醒地估计自己的实力，做到"知己知彼"，只有在对自己有充分把握的情况下才可以行动。

（3）避强策略。它是那些在市场上处于弱势地位的"跟随者"通常采取的策略。这类竞争者对自己的实力非常了解，它们一方面不敢惹怒市场上强大的竞争者，另一方面又想在市场上占有一席之地，于是就在市场"领导者"和"挑战者"们不屑一顾的地方努力营造自己的市场。

8.3.3.2 市场定位的基本步骤

在选择和执行上述定位策略时一般遵循以下三个步骤。

（1）分析竞争优势。一般情况下，竞争优势要么来自更低廉的费率，要么来自企业向消费者提供更多的特色险种和服务。费率通常根据风险发生率及保险公司的经济实力而定，变动的空间有限，从费率上体现竞争优势较为困难。因此，企业通过提供更多特色险种和服务来体现竞争优势的可能性更大，也更为可行。

（2）选择并突出竞争优势。企业可以根据不同的方法选择自身的竞争优势，如属性系统评估法和价值链法。属性系统评估法是通过比较自身与竞争对手在企业运行绩效指标（如技术、成本、质量、服务等）方面的排名来确定企业的竞争优势。价值链法将保险公司创造价值的活动分为基本活动（分析市场、选择目标市场、产品开发、销售、售后服务）和支持活动（企业基础结构、人力资源管理、技术开发、人员招聘和物质资料购买）两类，通过对各种创造价值活动的要素分析，确定企业的竞争优势，找出能够为顾客提供附加价值的地方，并争取在这些方面获得顾客的满意。

（3）传递竞争优势。选择了自己的竞争优势后，就要选择采取具体步骤建立自己的竞争优势，并通过广告和宣传等促销手段向目标市场传递这种优势，以期在目标客户的心目中建立起企业或产品的优势地位，从而使其选择购买商品和服务。

8.4　营销策略的制定

在营销环境分析和目标市场选择之后，人寿与健康保险企业需要制定具体的营销策略，主要包括险种策略、费率策略、中介策略和促销策略等。在制定各种策略的过程中，一方面要根据目标市场中投保人需求的特点，开发并推出适合目标投保人需求的险种；另一方面也要考虑企业的实际能力，选择和运用适当的营销策略组合。

8.4.1　险种的开发与设计

在市场需求不断变化、市场竞争日益激烈的情况下，企业需要不断地开发新产品以适应客户需求。

8.4.1.1　险种开发的基本策略

大致来说，险种开发可以有三种基本策略，即险种创新策略、险种模仿策略和险种组合策略。

（1）险种创新策略。就是要先人一步，在别人没有的前提下率先创造新险种并投入到市场上，一般资金技术都比较雄厚的企业适宜采用此策略。进行险种创新可以通过挖掘和扩展客户需求、完善已有险种功能以及提供多样化服务等途径完成，例如保险公司针对人们对重大疾病的保障需求推出的百万医疗险以及一些健康保险向投保人提供陪诊、挂号和健康管理等附加服务。

（2）险种模仿策略。以现有的险种为基本模式，结合企业实际以及目标市场需要进行必要调整、修改和补充，从而开发出新的险种。该策略适合于那些经济实力不强、规模有限的企业。

（3）险种组合策略。新险种也可以通过对原有险种的重新组合来实现，此为险种组合策略。例如将人寿保险的各类险种与健康保险、意外伤害保险甚至财产保险进行组合以满足顾客的需求。

8.4.1.2　险种设计的主要内容

新险种的开发思路形成后，需要对该新险种进行具体设计。一般来说，一个好的险种设计应在满足符合投保人需要、互利互益、稳定性和差别性原则的基础上，包含四个方面的内容，即险种的基本属性设计、险种的结构设计、险种的品牌设计和险种的形象设计。

（1）险种的基本属性设计。险种的基本属性设计就是为投保人所提供产品的核心价值的设计，包括险种的功能设计和质量设计两个方面。功能设计应该体现出人身保险产品的经济补偿或保险金给付、防灾防损以及资金积累的功能；质量设计主要是指险种对所承保的标的提供的咨询、承保、防灾、理赔等服务形式与服务水平。

（2）险种的结构设计。险种的结构设计主要是对保险的基本条款和附加条款等内容的设计，设计时主要考虑保险标的及承保范围、保险责任、除外责任、保险金额、投保人的义务、保险期限等因素。

（3）险种的品牌设计。险种的品牌设计主要是指为新险种取名、名称的宣传以及名称的延伸。一种新险种推出后，需要确定合适且鲜明的险种名称，然后抓准时机进行适当宣传，还要考虑到该名称是否可以延伸到其他新的险种上。

（4）险种的形象设计。险种形象是企业形象的具体体现，设计险种形象就是设计企业形象。每个企业都有其经营宗旨和形象，例如，中国人保的"人民保险，服务人民"，中国平安的"专业创造价值"，中国人寿的"相知多年，值得托付"等。

8.4.2 保险费率的制定

人寿与健康保险产品经过开发和设计后，下一步就需要确定产品的价格，也就是产品的费率。在制定费率时，一般需要考虑以下几个方面。

第一，确定费率目标。保险公司要么以利润最大化为目标，要么以保费收入最大化为目标，或者以服务领先为目标。第二，分析风险损失。人身保险产品的风险损失一般依据生命表计算，同时考虑被保险人居住的地区、职业、健康状况、生活习惯、行动范围、社会环境、文化素质等因素。第三，保险公司必须了解投保人的需求，包括投保人的购买力、投保人对费率的态度以及估计潜在投保人的数量。第四，保险公司需要根据实际情况确定附加保险费，例如业务费用、利润等。第五，保险公司还需要了解竞争者的费率和策略，以尽可能地削弱竞争者在费率方面的优势，凸显自身优势。第六，保险公司根据不同的险种特征选择不同的费率策略。例如对于刚刚进入市场的新险种，竞争者少，投保人需求强，可以采取高费率策略以获得较高利润。对于市场潜力较大且费率敏感型的险种，保险公司可以采取低费率策略以实现薄利多销，尽快占领市场份额。在其他情况下可以采取适中的费率策略和折扣折让的费率策略。第七，保险公司选择具体的费率计算方法对人身保险产品的费率进行计算，确定产品的最终费率。

由于保险标的的风险及市场需求并非一成不变，保险经营者可能会根据实际情况对费率作出适当调整，例如在投保人职业发生变动、经济环境发生变化或竞争者调整产品价格的时候。

8.4.3　保险营销渠道的选择

人寿与健康保险产品设计和费率制定完成后，就需要选择合适的营销渠道将产品和服务推向市场，让投保人能够接触、了解产品与服务的内容和特点。营销渠道就是人寿与健康保险产品和服务从保险公司向消费者转移过程中的具体通道或路径，可以分为传统营销渠道和新型营销渠道。

8.4.3.1　传统营销渠道

传统营销渠道一般包括自营渠道、保险代理人和保险经纪人。

（1）自营渠道。自营渠道主要包括直销、门店销售和电话营销三种形式。

①直销。直销渠道主要用于销售团体保险产品，包括企业员工福利保障计划和团体高端医疗保险。大部分人身保险公司都自建销售队伍，即直销渠道。直销渠道可以细分为业务拓展和业务维护两类。业务拓展主要负责新客户的开拓，包括获客、洽谈、竞标、合同签署。业务维护主要负责现有业务的维护，包括客户服务、理赔和续保。因为分工的不同，两者的考核目标差异很大，前者偏重新单业务总量，后者偏重续保率和增额。

②门店销售。门店销售就是保险公司利用自己的门店（如客户服务中心和理赔中心）与客户进行面对面的销售。这种销售方式有利于增进保险人与客户面对面的沟通与交流，便于客户更深入了解人身保险条款和自身利益保障，及时作出购买意向决策。

③电话营销。电话营销是指保险公司通过使用公司电话热线直接和客户进行交流沟通，宣传公司产品，促使客户达成购买的意愿，直至成交，并为客户邮寄投保单据或派相关公司销售人员上门为客户办理保险保障的营销。

（2）保险代理人。保险代理人是指根据保险公司的委托，向保险公司收取佣金，在保险公司授权的范围内代为办理保险业务的机构或者个人，包括专业代理人、兼业代理人及个人代理人。

①专业代理人。专业代理人是指专门从事保险代理业务的保险代理公司，保险代理公司的组织形式为有限责任公司。保险代理公司可以与一家或者多家保险公司签约，代理这些保险公司的产品，并依法收取佣金。

②兼业代理人。兼业代理人是指受保险公司委托，在从事自身业务的同时指定专人为保险公司代办保险业务的单位，主要有行业兼业代理、企业兼业代理、金融机构兼业代理和群众团体兼业代等形式。兼业代理人只能代理与本行业直接相关且能为投保人提供便利的保险业务，党机关及其职能部门不得兼业从事保险代理业务。

③个人代理人。个人代理人是指根据保险人的委托，在保险人授权的范围内代办保险业务并向保险人收取代理手续费的个人，是我国保险市场的重要组成部分。个人代理人也被称为保险营销员，他们可以代理销售保险产品，并代为收取

保险费，但不得签发保险单。根据现行规定，保险营销员只能与一家保险公司签订代理保险业务委托协议。

（3）保险经纪人。保险经纪人是指基于投保人的利益，为投保人与保险人订立保险合同提供中介服务，并依法收取佣金的机构。在经济发达国家，保险经纪人在保险市场中占有重要的地位。与保险代理人相比，保险经纪人具有如下特点。

①保险经纪人是投保人或被保险人利益的代表。保险经纪人受投保人的委托，为投保人提供防灾防损或风险评估、风险管理咨询服务，安排保险方案，办理投保手续，并在出险后为投保人或受益人代办检验、索赔等事务。

②专业化要求高。保险经纪人需要凭借其专业知识、对保险条款的精通、对理赔手续的熟悉，以及对保险公司信誉、实力、专业化程度的了解，根据客户的具体情况，与保险公司进行诸如条款、费率方面的谈判和协商，以使客户支付最少的保费并获取最大的保障。

③承担的风险较大。作为独立的专业机构和投保人的代理人，法律规定因保险经纪人在办理保险业务中的过错，给投保人、被保险人造成损失的，由保险经纪人承担赔偿责任。

8.4.3.2　新型营销渠道

相对传统营销渠道而言，新型营销渠道主要是互联网保险。根据《互联网保险业务监管暂行办法》，互联网保险是指保险机构依托互联网和移动通信等技术，通过自营网络平台、第三方网络平台等订立保险合同，提供保险服务的业务。例如消费者直接从各保险公司官网，惠泽网等保险中介的官方网站，微信、支付宝、淘宝网等第三方网络平台等渠道直接购买保险产品。近年来，互联网保险成为拉动中国保费增长的重要因素之一。与线下场景不同的是，线上与用户的互动非常有限，在互联网平台销售的产品一般都具有两个特点：一是产品形态简单化，以此保证在相对薄弱的沟通环节客户更易理解保险产品的内容；二是追求"高杠杆"，也就是保费低廉而保障额度高的产品形态，即所谓的"性价比"。

8.4.4　促销策略

简单地说，促销就是通过人员和非人员的方法传播商品的信息，帮助和促进消费者熟悉某种商品或劳务，并促使其作出购买决策的一系列活动。就人身保险产品的促销而言，它是保险经营者采取各种手段将人身保险险种的可利用性和可满足性传递给目标顾客，促使其产生欲望，增加兴趣，导致行动。在人身保险营销过程中，促销的作用越来越重要，促销策略的运用也越来越广泛。

促销方式主要包括广告、公共关系、展业推广和人员推销等。所谓广告，就是通过大众媒介（报纸、电视、广播、杂志、户外广告等）向公众传递某种信息的一种沟通方式。在人身保险营销中，广告可以起到传播保险观念和保险产品信息、激发消费者购买欲望、树立保险公司形象等作用。在广告决策中，一般需要经过确定广告目标、制定广告预算、决定广告信息、选择广告媒体和评估广告效果五个阶段。公共关系是指企业为了在公众心目中树立良好的形象，向公众提供信息和进行交流的一系列活动。例如人身保险公司可以通过新闻发布会、讨论会、展览、保险知识竞赛、保险公司周年纪念、编写各种书面与试听材料和参与公益活动等方式加深企业在公众心中的良好形象。展业推广是指一切能刺激人们采取立即购买行动的手段，例如赠送保险、安全返还、保险费优惠、赠送礼品、销售竞赛、提高代办费和介绍费以及举办保险咨询活动等。人员推销就是营销人员直接面对面地向客户推销产品。保险推销一般需要业务人员先寻找可能的买主，并准备好有关产品的相关知识，然后与可能的买主进行接触和业务洽谈以促使保单销售达成，最后出具保单、收取保费和提供售后服务。

本章总结

　　人寿与健康保险营销，是经营人身保险业务的保险公司为实现其经营目标，依据市场环境并利用各种营销技术与人身保险营销对象进行沟通，实现保险销售的过程。保险营销有别于人身保险推销，它包含市场分析、产品开发、费率厘定、营销渠道选择、产品推广及售后服务等一系列活动，且以满足客户需求为目标导向，注重公司长远利益，而保险推销只是营销过程的一个阶段，且是一种短期行为。

　　人寿与健康保险营销需要企业根据营销战略开展，主要包括营销环境分析、目标市场选择和营销策略制定等活动。保险公司需要从市场环境、投保人行为和企业竞争力三个角度事先分析其所面对的市场环境，然后对市场进行细分，选择自己的目标市场并做好企业的市场定位，接着制定具体的营销策略，从险种设计、费率制定、渠道选择和促销策略等方面全方位进行考量，最后执行营销策略。

练习与思考

1. 人寿与健康保险营销与推销有何区别？
2. 人寿与健康保险营销战略的主要内容包括哪些？
3. 人寿与健康保险营销环境分析的具体方法有哪些？
4. 人寿与健康保险目标市场选择的步骤及具体策略是什么？
5. 人寿与健康保险的具体营销策略包括哪些方面？具体如何应用？

第9章 人寿与健康保险业务管理

📖 **本章提要**

本章介绍人寿与健康保险的业务管理，主要包括人寿与健康保险的核保和理赔两大环节。人寿与健康保险的核保，具体包括核保的概念、基本原理、风险因素及基本程序；人寿与健康保险的理赔，具体包括理赔的概念和基本流程。

📑 **学习目标**

了解人寿与健康保险核保的概念和基本程序。
掌握人寿与健康保险核保的基本原理和风险因素。
了解人寿与健康保险理赔的概念和基本流程。

9.1 人寿与健康保险核保

9.1.1 人寿与健康保险核保的概念

核保是指保险公司对投保申请进行风险评估，作出接受或者拒绝承保的决定，并在接受风险的情况下依据核保标准确定费率水平的过程。具体来说，核保是保险公司在承保前，根据被保险人的死亡、伤残、患病等概率衡量其风险程度，确定是否承保和以公平的保费水平来承保的过程。可见，人寿与健康保险核保的主要工作就是选择和分类。

9.1.1.1 选择

选择也叫风险选择，是保险公司评估每件投保申请，并确定准被保险人的风险程度的过程。18 世纪以前的寿险公司对被保险人群体几乎不进行选择，只要投保就接受，而且收取相同的保费。这样做的问题在于：首先，可以接受的被保险人群体人数是有限的，其年龄和结构可能与精算预定死亡率所使用人群的年龄和结构不同，甚至存在很大差异。其次，对所有被保险人收取相同保费，会造成事实上的"不公平",当一个身体健康的年轻人发现他和一个体弱多病的老年人缴纳相同的保费时,可能会要求退保。而当人们发现保险公司不分男女老幼都使用同一保费标准时,体弱多病者将是最踊跃的投保者,即出现大量的逆选择。这样做的后果就是,保险公司按照标准死亡率确定和收取的保费将不够实际保险金给付的支出,经营难以维持。所以,后来的寿险公司改变了承保策略,1706 年,美国长期保险公司已经采用将被保险人的年龄段限定在 12 ~ 45 岁,询问健康状况、经济水平等方式,有选择地进行承保。

9.1.1.2 分类

分类也叫分组,是将准被保险人分配到期望损失概率与其最接近的被保险人一组。虽然保险公司费率是基于可保风险标的集合的平均预期损失率来制定的,但并不是说,最后承保到的集合内的所有标的都适用同一费率。因为可承保的标的(尤其是人的生命和健康)本身存在诸多差异,所以其预期损失概率也有所差别,为了减少逆选择、维持交易公平从而确保经营的安全,需将所承保的标的进行分组,风险程度相同、相似或相近的标的被分到一起,使用相同的费率。核保的目的是,确保申请投保的准被保险人都经过评估并被适当分类。

分类所考虑的主要因素有健康、职业、年龄、业余爱好和生活习惯等。如投保意外伤害保险时,不同职业类别的人会被按照不同的费率收取保险费;投保健康保险和人寿保险时,不同健康状况的人会被按照标准体或次健体承保,使用不同的费率。人寿保险与健康保险的承保中,按照年龄来确定费率其实也是一种分类方法。

风险组,是指一组或一类风险特征类似的被保险人集合,保险公司将向每个组收取与该组被保险人的风险程度相符的保费。核保就是经过对投保标的的一系列筛选、评估,进行风险程度判定,最终将它们归入正确的风险等级组。一般投保标的可被分为四类风险组。

(1)优质风险组。优质风险组是指预期死亡率或风险程度明显低于平均水平的人群。此组被保险人在一定程度内可享受优惠的费率,或续保时的低赔款优待,这种方法在意外险和医疗险中比较常见。

(2)标准风险组。标准风险组也称标准体,是指死亡率或风险程度与平均水平大致相符的,保险公司能够以标准费率接受的一组被保险人。一般来说寿险所承保的被保险人 90% 以上为标准体,其比例可能会因年龄、地区而有差异,但不会相差太大。

(3)次标准风险组。次标准风险组也称次标准体或次健体,是指风险程度较高,不能按标准费率承保,但可用附加特别条件接受的被保险人群。一般次标准体的承保方式包括加收保费或适当变更保险责任,如部分责任剔除或限制。1762 年英国公平人寿已开始使用加费的方法承保次标准体。

(4)不可保风险组。不可保风险组是保险公司不能接受的申请投保的被保险人,包括拒保组和延期组。拒保组,是指预期死亡率大大超过预定死亡率,也不可通过附加条件承保，无法接受的投保申请。如一位 50 岁的男性，有多年高血压病史，伴有冠心病、糖尿病等症状，投保寿险和健康险一般都会成为拒保体。延期组，是指风险程度不明确或不确定，无法进行准确合理的风险评估，暂时不予承保的投保申请。这类人群可以在延期时间到达后，重新提出投保申请，并补充相应资料由保险公司重新进行审核，再决定是否可以承保。如半年之内动过胃溃疡手术的人申请投保寿险和健康险时，一般会被划入延期承保一组。

9.1.2 人寿与健康保险核保的效果与意义

9.1.2.1 核保的效果

核保的目的不是拒绝投保，而是通过一定的技术和手段，尽量将所承保标的实际的死亡率（或出险率）控制和调整在精算定价所预定的整体死亡率（或出险率）范围内，使保险公司能够获得预期的利润。可以说，核保是保险公司在风险经营过程中进行风险控制的一种手段。核保的效果可以通过经核保人员筛选的被保险人目标群体，与未进行筛选的目标群体死亡率的差异体现出来。

表 9 - 1 显示的是，不进行核保选择的承保对实际死亡率和经营成果的影响。表 9 - 2 显示的是，通过选择和分类进行风险控制之后，对实际死亡率与经营成果的影响。

表 9 - 1　　　　　某保险公司被保险人群死亡率（未经核保调整）　　　单位：%

被保险人分布	实际死亡率（与标准死亡率相比）	标准死亡率（保单预定死亡率）
90	100	100
5	125	100
3	150	100
1	200	100
1	300	100
合计	105.75	100

资料来源：张洪涛，王国良，等．保险核保与理赔［M］．北京：中国人民大学出版社，2006：358.

表 9 - 2　　　　　某保险公司被保险人群死亡率（经核保调整后）　　　单位：%

被保险人分布	实际死亡率（与标准死亡率比较）	标准死亡率（保单预定死亡率）
90	100	100
5	125	125
5	拒保	拒保
合计	101.32	101.32

资料来源：张洪涛，王国良，等．保险核保与理赔［M］．北京：中国人民大学出版社，2006：359.

通过筛选，可将被保险人分为标准体与次标准体，并剔除那些风险过高的人群，因此在保单生效的初始阶段，核保的效果十分明显。但是，随着被保险人的年龄不断增长，效果会逐渐减弱，保单刚生效时的标准体，逐渐变为次标准体，甚至成为不可保人群，大概在 10 年之后核保的效果会明显减弱，但对于老年人来说减弱幅度不明显（这也是保单复效时进行二次核保的必要性）。不过，由于核保的存在，最终被承保的被保险人的平均死亡率还是会低于普通人群的平均死亡率。

如表 9-3 所示，将经过核保的在保单生效后的第 1、第 6 和第 11 保单年度，美国男性被保险人每千人的死亡率，以及最终的死亡率（在 15 个保单年度之后），与普通白人男性（未经核保）的死亡率进行对照可以看出，核保效果十分显著，即使在核保效果衰减甚至消失后，最终的死亡率也比普通民众的死亡率低得多。

表 9-3　　　　　　　　美国白人男性每千人的死亡率对比　　　　　单位：%

年龄	第 1 保单年度	第 6 保单年度	第 11 保单年度	最终死亡率（16 年后）	普通美国白人男性
22 岁	0.73	1.14	1.32	1.41	1.9
32 岁	0.63	0.80	0.90	1.12	1.7
42 岁	0.97	1.86	1.94	1.91	3.2
52 岁	1.99	4.30	4.80	5.70	8.5
62 岁	3.70	8.90	12.20	15.30	21.2
72 岁	9.40	22.80	24.70	39.80	49.0

资料来源：张洪涛，王国良，等. 保险核保与理赔 [M]. 北京：中国人民大学出版社，2006：362.

9.1.2.2　核保的意义

（1）为投保人提供适当的保险费率。由于被保险人的身体状况、生活环境及职业环境因素各不相同，他们的寿命、患病率及意外事故的发生率也不同，保险人承保之后对他们所承担的风险大小就会不同，因此保险人必须将被保险人按照风险程度加以筛选、分类，依据风险大小使用不同水平的费率，让风险高的被保险人多缴保费，风险低的被保险人按标准费率缴费，风险过高的被保险人被拒绝承保，以实现"同等保费获得同等保障"这种合理的收费方式。同时，适当合理费率还体现在保单易于成交上，过于严苛的核保标准和烦琐的手续流程，会增加保障成本，导致过重的保费负担，超过投保人的承受能力，甚至影响产品的市场竞争力。

（2）遵守保险交易的公平原则，维护投保人的利益。如果一个健康状况良好的年轻人和一个体弱多病的老年人同时投保同一个险种的人身保险，而保险公司无视他们之间年龄与健康的差别收取相同的保费，身体较好的人会因为感觉不公平而拒绝购买保险，保险公司也只能承保那些健康水平较差的被保险人。只有通过核保确定保险标的风险程度的高低，才能最终体现差别费率在不同风险程度的保险标的之间的对等关系，从而维护保险制度下投保人之间相互分摊损失成本的公平原则。核保的作用在于，将保险标的集合按不同风险水平进行分类，根据不同风险程度收取不同的保费或是拒保，在风险公平的原则下，根据大数法则原理，形成尽可能大的标准风险件和次标准风险件集合，并使总体的实际损失率不会超过精算预测的损失率，这样既保证了保险公司的正常经营，也维护了广大投保人的利益。

（3）保证保险人的正常经营与合理利润。核保过程也是保险公司对投保风险作出选择后，依据保险标的的具体风险状况，运用技术手段，控制自身责任和风险的过程。通过核保控制的责任和风险主要有两类：一是虽然风险较大但保险公司还能予以承保的标的，为避免承担较大的赔偿责任，可以以加收保费为条件扩展保险责任，也可在基本条款上附加限制条款，将过高的额外风险予以剔除。二是随着保险合同关系的成立而诱发的两种新的风险——道德风险与心理风险。控制道德风险的主要措施包括控制保险金额、避免超额保险、限制赔偿程度；控制心理风险的主要措施包括控制保险责任、规定免赔额、实施共保、订立保证条款、设置优惠条款等。可以说，核保其实也是保险公司对自身风险进行管理、保障经营安全的重要环节。

9.1.3　人寿与健康保险核保的风险因素分析

人寿与健康保险的风险因素，就是指有可能对死亡率、健康状况和保单持续率造成影响的因素。由于寿险是以死亡率为基础，健康险是以健康状况为基础，所以诸多能影响死亡率和健康状况的因素在核保中就不能不予以考虑。同时，被保险人、投保人的收入水平、投保动机和缴费能力，不仅对道德风险和逆选择的发生有较大的影响，更是影响寿险保单持续率的重要因素。只有分析相关风险因素并综合权衡后，才能最终决定是否承保和具体的费率或限制条件。这些因素主要包括健康风险因素、财务风险因素、其他风险因素。

9.1.3.1　健康风险因素

（1）年龄与性别。年龄是衡量平均寿命长短的最重要的单因素。从生命表和年龄——死亡率曲线中可以看出：人在10岁以前，年龄越小，死亡率越高；在0～3岁婴幼儿期死亡率相当高。在10岁左右死亡率是最低的，从出生至10岁死亡率逐年下降，而10岁以后又开始逐年增加，尤其是超过40岁后死亡率直线上升。所以几乎所有的寿险合同对被保险人的投保年龄上限都有限制。国外的终身寿险平均上限为80岁，定期寿险较低，为75岁。随着人口老龄化的趋势，有些保险公司也在修改对投保年龄上限的规定，有的延长至85岁甚至90岁。在个案的核保中，基本不会要求被保险人提供证明其真实年龄和性别的文件，原因在于：一是投保时较少有年龄或性别误告的现象。二是理赔时可通过要求提供被保险人身份证明予以控制。三是合同中多有年龄误告条款，通过调整给付金额的方式控制风险。

核保中针对年龄风险进行风险控制的具体做法有：

①为了保护未成年人的利益，并从保险原理出发，对未成年人有最高身故保额的限制。

②对 40 岁以上的被保险人，需要进行比较系统的健康核保，尤其是对首次投保者的被保险人，率先考虑其投保动机。

③由于年龄过高的被保险人风险较大，保障价值较小，故对最高投保年龄加以限制。

性别因素主要表现为，对寿险而言，女性寿命平均高于男性；从狭义的健康险来看（不包括意外险、重疾险），生育期女性的出险概率平均高于相同年龄组的男性，需要通过加费或延期承保等手段进行风险控制。

（2）体格。① 体格有多种含义，核保中主要关注的是人体形态结构的合理比例，或者说人身体型的合理比例，可根据身高、体重、三围进行衡量与判断。体重指数（BMI）是衡量体格的一个最常用指标，用身高与体重之间的关系表示，并加以性别和年龄校正，其计算公式为：

$$BMI = \frac{kg}{M^2} = \frac{体重}{身高的平方}$$

核保中将 BMI 作为风险因素来分析评估，是因为现代科学证明，剔除其他因素影响（如高血压、高胆固醇水平）后，一个体重高于或低于正常体重 20% 以内的人，其期望寿命不会受到影响，而超出这个范围就会有一定影响。

在医学上，BMI 的正常值范围为 18～25，在被保险人群中，正常值范围界定较为宽松，亚洲人群为 17～25，超过 25 为超重，女子超过 28、男子超过 30 为肥胖。许多核保手册基本上对 BMI 超过 30 才有评点，低于 17 为体重不足。

肥胖易于诱发或加重的疾病有心血管疾病、消化系统疾病、脂肪肝、高血压、慢性支气管炎、脂代谢紊乱、肿瘤（结肠、乳房、子宫等）、胆囊疾病。另外，肥胖人群的额外死亡率也要比常人高出 20%。因此，肥胖对保险公司来说是一种不可预测的、超出普通人群平均水平的风险，当国际卫生组织把肥胖列为疾病时，各保险公司就开始根据被保险人的肥胖程度增加保费。例如，体重指数超过 36，属于重度肥胖，而且 B 超提示有脂肪肝，化验血脂升高，按国际通用的核保手册核算出他的额外死亡率比普通人高出 50%，核保结论就是加费 20% 承保。

影响体格的主要因素是遗传因素、心理因素、内分泌疾病和日常饮食习惯等。许多研究表明，腹部肥胖与疾病风险的增加有特别的关联。所以，核保中还要考虑脂肪的分布情况。肥胖人群表现为腹围大于胸围，在有些核保手册中会额外根据胸、腹围的关系调整评点。例如，腹围小于胸围 7.5 厘米减去 15 点；腹围大于胸围 7.5 厘米增加 15 点。

核保时还应注意对肥胖症定义的正确理解，肥胖系由于机体特殊化或生理机

① 张洪涛，王国良，等. 保险核保与理赔［M］. 北京：中国人民大学出版社，2006：386.

能的改变引起体内积蓄过多脂肪，造成体重增加。肌肉发达的人，例如举重运动员、摔跤运动员、杂技演员等表现为某些肌肉的异常发达，而体内脂肪量正常，同样会出现超常体重，在核保时对这样的投保件应予以区别对待。

同时，体重在短期内明显地增减也是核保应考虑的情况。短期内体重明显变化很可能是疾病的结果，也有可能是主观行为造成的，比如减肥。核保人员应当弄清楚体重变化的真正原因。如果申请人是有意地减肥并且体重保持稳定 6 个月以上，则健康评估时应使用近期的体重数值。此外，对于儿童及青少年体格核保还需注意，由于其处于生长发育未完全定型期，对于那些身高、体重超过上限或下限者，通常核保采取延期承保的方法，尤其是对那些年龄较小者。因为身高、体重发育异常对于青少年来说，可能隐含着某些代谢性疾病的存在，如少儿表现为过高、过重可能患垂体瘤、巨人症，而过低或过轻则可能患有呆小症。

（3）现病症和既往病史。现病症即被保险人投保时存在的病症。现病症包括投保时所患疾病，如高血压、糖尿病等，还包括体检所发现的身体的不良机能状态和症状表现。原则上，疾病患者要延期承保，但对于某些病情发展缓慢的慢性病，如高血压、控制较好的 2 型糖尿病，能通过统计学方法预测其将来的风险，可以按次标准体承保，具体可依据核保手册的计点标准来判定。

过去曾患过某种疾病或有外伤史等被称为既往病史。人在患病时或多或少均有死亡的风险，导致死亡率增加，不过许多疾病在治愈后死亡率就随之下降。有些患有急性病，如肺炎、急性肝炎的，在完全治愈后可以按健康体标准承保。有些患有较难治愈且易于复发的疾病，如十二指肠溃疡的，不经过一定时间治疗是不能按标准费率承保的。而对于患有诸如脑出血、心脏病、肿瘤、精神病的被保险人，即使临床治愈，其死亡率仍大大高于正常健康人群，一般情况下，病情需稳定相当一段时间后才允许投保，并且往往要加费承保。

（4）家族史。核保考虑的家族史和医学上讲的家族史是有一点区别的，除了指家族遗传疾病及遗传倾向疾病外，还涉及寿命、家族背景、家族习惯等一些因素。但是在很多保险公司，家族史并不直接作为风险因素分类的标准，除非家庭的某些疾病在被保险人身上体现出来。例如，某个被保险人患有高血压或其他心血管疾病，而他的直系家庭成员中有两个或两个以上在 60 岁前也患过心血管系统疾病，则需根据这一家族病史来评定额外死亡率。

①寿命。人的生长发育、衰老死亡过程均受到基因的作用，寿命长短也是基因等因素作用的一个结果，所以在推测一个人寿命长短的时候，其父母的寿命是一个重要的参考因素，所以，有时父母寿命的长短会成为核保评点的考虑因素。但在预测被保险人寿命长短的时候，其他因素也很重要，如社会因素、自然因素、疾病因素对其基因寿命或被称为自然寿命的影响。例如，某人的父母均活到90 岁以上，可以认为其有长寿基因，但其本人社会压力、工作压力、生活压力较其父母大，生活的自然环境与其父母迥然不同，并且经常受到疾病的侵袭，甚至是致命疾病的侵袭，就很难预测他能长寿。而另一人的父母均未活到 90 岁，其本人的工作生活环境、自然环境、卫生保护条件均与其父母相似或好于其父

母，则可以认为其可能长寿。总之，在考虑寿命的遗传因素作用时必须考虑其他因素的共同影响。

②疾病。从家族史的角度可以将遗传疾病分为两类：第一类是遗传因素起主导作用的疾病，这类病症在人出生甚至胚胎时期就已发病，在正常条件下均会表现出功能障碍，例如血友病为先天性凝血因子缺乏，根据缺乏因子的不同可分为血友病甲、乙、丙三种类型，血友病甲和血友病乙均属 X 性联隐性遗传，一般由女性传递，男性发病，血友病丙较少见，为常染色体不完全隐性遗传，男女均可发病。第二类是环境因素与遗传因素共同作用的疾病，遗传因素提供了产生疾病的背景，环境因素促使机体发病，表现出相应的症状和体征。这类疾病有多基因遗传病、遗传易感性疾病等，是需要核保人员进行判断的，这些疾病包括高血压、糖尿病、精神分裂症、恶性肿瘤、动脉粥样硬化、冠心病、高脂血症、多囊肾、多囊肝等。

③家族背景和家族习惯。这指的是被保险人家族中的某些传统及习惯所导致一些疾病的必然产生，例如不允许和外族人结婚的长期族内婚姻或者近亲结婚，导致一些遗传缺陷性疾病的发生。核保人员在发现有这种情况时，就应作更进一步的调查，要求被保险人作医学方面的检查，作家族系谱疾病分析等，进行更深层的分析评估。

有一些传染性疾病不属于遗传病，是母亲在怀孕或分娩时传染给婴儿的，如果母亲有这样的疾病，为其子女投保时，核保人员应要求出示这方面健康检查的报告。例如，获得性免疫缺陷综合征（艾滋病）、肝炎等。

另外，还有一类与家族习惯有关的疾病，被称为家族性疾病。这些病多是传染病，在有家族聚集现象的地方，由于习惯共穿衣物、共使用浴巾浴盆、共用餐具等引起家族中或家庭中多个人患病，如麻风、梅毒、肝炎等。对于家庭中有此类疾病的人，投保时应要求其做专项的身体检查，并以此为依据进行核保。

9.1.3.2　财务风险因素

财务核保是一个综合性相当强的承保风险评估和控制的过程，牵涉的方面较多，从专业的财务评估管理到家庭个人的理财，从企业经营到个人的职业收入，从社会关系到心理判断，从法律到伦理道德，从客观判断到逻辑推断等。

（1）财务风险因素分析的主要目的。财务核保的基础是确定保险的保额、保险期限和产品种类与所要保障的风险是相适应的。因为保险的目的不是鼓励保险事故的发生，不是让保单持有人或受益人从被保险人的事故中获益，只是对保险事故提供补偿。在大多数人身保险市场上，早期索赔，尤其是因暴力、自杀或"意外"引起的索赔发生率随着保额的增高而增加，所以对大额保单的核保尤其需要谨慎，以避免客户潜在的"获利"可能。欺诈、逆选择和过高的保单中途失效率是常见的需要进行财务核保的三个主要理由。

①防止保险欺诈。客户进行保险欺诈通常需要冒很大的风险，需要使用很多手段以及利用很多相关的人员，实施欺诈的费用有时很高，所以骗保者的目的不

会是蝇头小利，而是大额的赔付。当然不是所有的大额保单都有欺诈性，但当投保额超过合理的预期金额时，就需要警惕其中隐藏的不良动机。

②减少逆选择。为了保险业务能够有效地运营，保险公司需要依赖客户的如实告知，否则所收取的保费将不足以覆盖风险。如果不进行抑制，客户就很可能冒险投保比正常需要高得多的保额，以便自己或家人能够获利。一项调查研究表明：没有告知被保险人收入的保单，其实际死亡率是预期死亡率的175%，定期寿险更为突出，其实际死亡率是预期死亡率的247%。[①] 所以防止逆选择的发生，是财务核保的另外一个基本目标。核保大额保单时，应注意客户是否保留了一些未告知的信息，或者是否有不如实告知。

③控制过高的保单失效率。人寿保险多是长期契约，由于其营销模式的特殊性，通常在保单的初始阶段，保单费用很高，包括前期的产品开发费用、培训费用、首期佣金等，需要依赖良好的保单持续率在未来的时间里产生利润。如果保单在收取的保费还不足以补偿前期费用时失效，保险人将会遭受损失。对于投保人来说，按期缴纳保费是一个长期的支出过程，其应具有长期缴费能力，购买保险所支付的保费额度应该以不影响家庭的正常生活开支为前提，否则投保就会成为一种短期行为，意味着较高的失效率。核保人员需要确定投保人是否真正具有长期承担保费的能力。

（2）财务风险因素分析的主要内容。国内普遍接受的购买人身保险尤其是个人寿险的财务目的，是家庭收入保障，国外除了家庭收入保障外，还有遗产规划、捐赠等目的。与代理人讨论某些特别的情况可能会很有帮助，例如客户是否主动接近代理人，是否要求推荐保额高得多的保障，是否提出购买与推荐的产品完全不同的险种。大部分规范的代理人都会愿意提供上述信息，因为他们也很介意可疑高额索赔对他们的声誉所带来的影响，但是这些信息只能用于一些临界的保单，同时要求该代理人是核保人员了解并且可信任的。

①可保利益。首先，要考虑的就是是否存在保险利益；其次，要考虑的是利益的多少。通过西方人类生命价值理论可知，实际上，个人寿险的保险金是补偿给对被保险人有经济依赖的人，所以可通过被保险人的收入水平来衡量和计算最高保额。

②投保动机。恰当的投保动机需要有明确的投保目的、合乎逻辑的受益人和合理的投保金额。如果动机有任何疑问必须排除其中的投机成分。

③道德风险。一般情况下，逆选择也是道德风险的一种表现形式。在实务中要注意以下几个方面：保障需求是否与其财务状况相匹配；投保动机是否纯正；保险利益是否明确存在；保险需求是否合理；保险计划是否有利于逆选择的发生。

④投保的保额是否合理。这个合理范围和投保人的经济能力、保险需求、投保目的相适应，通常只有一个最高值，即最高保额在多少额度以下，最常用的确

① 张洪涛，王国良，等. 保险核保与理赔 ［M］. 北京：中国人民大学出版社，2006：389.

定被保险人保险价值的方法就是生命价值法。生命价值法又往往与收入相联系。

a. 保额和保险需求是否适合。在一定的范围内保险需求越大，则投保保额也越高，即保额和保险需求呈正比，但太富有和太贫穷的人，保险需求反而更低。

b. 保费负担和投保人的收入是否适合。太重的保费负担，不仅影响保单持久性，甚至隐含着不良的投保动机。

c. 保额与被保险人的收入是否合适。一般来说，总的保额应为投保人平均年收入的 10 ~ 20 倍。确定保额时，还应考虑收入的稳定性、未来收入的潜力及通货膨胀等因素。对于学历较高、从事行业前景较好、工作时间不长尚未达到事业顶峰的人，可考虑调高其保额。

d. 保额和年龄。通常随着年龄的增长，对家庭保障的需求会减少及远期收入增长能力会降低，最高保额也相应减少。年龄较小的投保人，由于某种原因保费较低廉，家庭负担较轻，且考虑到其将来的发展等，保额相对年收入的比例可能稍高一些，而年龄较大者则相反。为了便于根据收入情况确定合理的保额，大多数公司利用年龄因素的保额参考表来确定一个被保险人的保险价值。表 9 - 4 是我国人寿保险公司常用的各年龄段最合适投保金额和收入的比例关系表，列示的是一种最适合的投保金额、年龄及年收入的比例关系。

表 9 - 4　　　　　　　　寿险公司各年龄段寿险保险金额参考

年龄	年工资收入的倍数
不超过 35 岁	18 ~ 20
36 ~ 40 岁	16
41 ~ 45 岁	10 ~ 12
46 ~ 50 岁	9
51 ~ 55 岁	8
56 ~ 60 岁	5
61 ~ 65 岁	3
65 岁以上	IC

资料来源：张洪涛，王国良，等 . 保险核保与理赔［M］. 北京：中国人民大学出版社，2006：396.

在大多数保险公司，收入因素表会由于社会经济的改变、公司产品调整和理赔经历而调整，通常可能每 5 年调整一次。而且核保人员并不是机械地只以当前收入作为判断合理最高保额的唯一依据。另外，这里的收入一般是指靠自身劳动所获得的收入，不含发生保险事故不会受损失的财产收入，如银行存款、房产等，也不含偶尔投机所得，如彩票中奖。

⑤合理的险种与保额搭配。实际上几乎每个人都需要各种保险，但不同的人群对保险种类的需求顺序是不一样的，如无医疗保障的低收入者，首先考虑的是

医疗保险和意外保险，其次才是寿险。所以，核保要考虑投保方案中是否有合理险种的组合，是否是多个单一的最低费率的险种，可根据险种发现最大的风险所在，如死亡、伤残、疾病、医疗住院等。

重大疾病保险的保额，应以得病后的医疗费用加上被保险人由此引起的收入减少程度为判断基础，一般不用考虑资产等其他因素，不适合用收入来衡量保额的高低是否合理，医疗险、残疾收入险、长期护理险与重大疾病保险相类似。

意外险的合理最高保额可高于寿险，这是因为：第一，意外险应包括高残的医疗费用和被保险人晚年的生活费用，不仅仅是子女的生活费用或遗产。第二，由于意外事故的突发性特点，被保险人意外身故比疾病身故时给家庭带来的经济损失更大。同时，在确定意外险的合理保额时还要考虑到，意外险具有保费低廉、保障程度高的特点，容易诱发道德风险。为了避免逆选择和道德风险，将意外险和寿险最高保额的比例确定在3∶1以下较为合适。

⑥保单持久性。导致保单持久性不佳的主要因素有：

a. 收入。通常寿险公司认为，投保人支付的保费占其年收入的6%～20%较为合理。

b. 职业。低技能的工人将会有更高的保单失效率。

c. 地址变换。如果工作或居住地时常有变换，而且这种变换并不是经济状况改善的结果，将会有较差的保单持久性。

d. 以前的失效情况。过去曾经有过保单失效记录的投保人，更有可能再次保单失效。

e. 缴费方式。月缴保费方式提示有较大可能的保单失效。

f. 保险计划。定期险比起普通终身寿险有更频繁的失效。

当核保人员面临一份显示有不佳保单持久性的投保单时，要对其保费是否合理、保额是否合理给予更多的注意。有时为了减少一旦保单失效给公司带来的损失，可采用一定的变通方式，比如把首年佣金转化成一定的年限分发。

⑦既往投保的分析。既往投保是指投保人和被保险人及其家人、亲人，或企业员工的投保情况，以及既往保单的续保理赔情况。分析包括如下内容：

a. 被保险人既往的理赔情况；

b. 投保人和被保险人家庭成员的保障情况，既往投保的险种和数量（本人、家庭），是否为同一个代理人，该代理人既往的业务水平和工作认真可靠程度如何；

c. 被保险人既往的投保是否在同一家公司，是否为多家公司投保；

d. 投保的期间和间隔。

通过分析，从中可以发现被保险人和投保人的保险意识。如果其家庭成员均有相当的保障和保额，道德风险发生的可能性就下降。有资料显示，绝大多数的道德风险理赔案例发生在首次投保或短期内多次投保的人中。通常情况下，距离首次投保时间越长的、投保保额平均的，道德风险越低；短期高额投保的，往往显示有较高的道德风险。

9.1.3.3　其他风险因素

（1）职业风险因素。职业及工作性质不同，发生意外事故及患某些疾病的概率也有所不同，所以对于被保险人，职业风险的评估也是核保的重要内容。职业上的风险主要分为意外和健康两个方面。

①职业意外事故风险。虽然职业意外事故的发生比例较交通意外低，但某些职业领域仍具有高度危险性，所以核保时要进行职业风险的选择，其内容包括对危险职业者的识别和对危险职业的评价。

所谓危险职业者，是指在统计学上其意外伤害事故的发生率比正常人群显著增高的人。决定其是否为危险职业者取决于两个因素：一是工作性质本身的危险程度的高低；二是工作环境中的职业有害因素。表9-5列出了常见的具有高危险性的职业，可以作为参考。

表 9 – 5　　　　　　　　　　常见的具有高危险性的职业

职业	工种
高空作业者	航空执勤、飞机试飞员、电台天线维修人员、鹰架工、钢骨结构工、空调安装维修工等
爆破工作者	火药制造者、工程爆破人员
海上工作者	海上打捞、海上捕鱼、海上钻探、潜水员等
矿业、采石和坑道工作者	井下采矿、爆破采石工
军人	武装警察、爆破兵、空中执勤者
运动和娱乐人员	物技演员、驯兽员
其他	特种营业人员、起重机操作工、土木工等

资料来源：张洪涛，王国良，等. 保险核保与理赔［M］. 北京：中国人民大学出版社，2006：398 – 399.

②职业健康风险。职业在身体健康方面的风险体现在两个方面：一是生产性有害因素对人体健康的不良影响；二是职业病。对身体健康有明显影响的职业有煤业工作者、酿酒业工作者、核能工作者、高温工作环境下的工作者等。

核保人员对于职业危险的核保是根据职业分类表进行的，职业风险等级为"拒保"的，除纯年金险外，一般不接受其他险种的投保申请。对具有较高职业风险等级的投保件，常采用加费承保和限额承保。

（2）个人和生活方式因素。个人和生活方式因素是指那些由于自身行为所产生的不利于健康的风险因素。这些行为风险因素并非无法避免，而是由于社会心理因素的影响或无知愚昧的习惯，才使人们产生危害自身健康的行为。常见的行为风险因素有：由于消费不当所致的危险性，如吸烟、酗酒等；不利于健康的业务活动，如文体活动过少、赌博等；求医行为方面的，如不遵医嘱、滥用药物等。调查资料表明，在美国，行为风险因素占全部致病因素的48.9%，我国占

37%以上。① 可用于了解这些风险因素的资料来源主要有投保单、业务员报告书、机动车驾驶问卷、生调报告、特别爱好及高风险运动问卷等。

①特殊爱好。随着人们生活水平的不断提高和休闲时间的增加，业余爱好已成为人们日常生活的重要组成部分，一些对健康寿命无影响和不可能产生意外伤害的爱好，如下棋、打牌、看电影等，核保时可不用考虑，但另一些会影响健康和生命、出现意外的可能性较大的爱好，如饮酒、登山、探险等，有时会成为核保的重点，而且对于不同的爱好应予以区别对待。

目前各类体育、健身活动在大众生活中的重要性越来越强。国内对各种业余爱好、体育活动的风险统计很少，核保的结论往往是根据有限的资料和核保人员的经验得出的。首先，在核保业余爱好与体育活动时，应特别注意意外伤害的风险级别，高风险级别的体育活动应缴付较高的保险费，如拳击、赛车、杂技等。风险级别较低的运动可采用低费率，如田径、小球类运动、棋类等，具体类别见职业分类表。其次，还要考虑参加体育活动时间的长短、有无保护措施及从事体育活动的动机。在被保险人为运动员时，还要考虑其为追求成功而使用各种损害健康的手段，例如使用兴奋剂和毒品来提高运动成绩或延长运动寿命，这些药物对健康有严重的影响，甚至会使被保险人发生意外。还有一些项目如拳击，运动员常为换取名利而以生命安全或健康为代价。另外，还需要考虑的是被保险人从事体育活动的损伤保护和医疗保健质量。如果是成功人士，常常会得到高于一般运动员的损伤保护和保健措施，而基层运动员及业余爱好者则相对较差，应视参加活动的时间长短而定，一般来说，参加的时间较长、有一定运动与自我保护意识和经验的人，出险率就会相对较低。

②饮食与烟酒嗜好。第一，饮食嗜好。饮食嗜好是指被保险人对某些食物的特殊偏爱，这些食物会给健康带来一定的影响。对某些食物的嗜好，可导致一些有害物质在体内聚集从而影响健康，如脂肪等。对荤食的过分偏爱使脂肪在体内增多而导致肥胖、高血脂、脂肪肝、冠心病等，例如，某被保险人告知每天均要食用半斤肥肉，否则就没有食欲，体检时发现高血脂且肥胖，核保时就需要加费；对于一些腌制食品的嗜好，可使体内亚硝酸盐含量增加，增加癌症的发病率；对于一些生食食物的嗜好，可能导致寄生虫病和传染病的发生，如生鱼片、螃蟹等。此外，对食物的嗜好还包括偏食，易导致某些营养的缺乏进而影响健康。

第二，嗜酒。嗜酒是指长期连续地对酒精有特殊的嗜好，对酒精有依赖性，在饮酒量上失去控制，且饮酒是绝对主动的。酒精对人体许多系统有伤害，例如消化道、肝脏、心血管系统、神经系统等，研究数据已表明，嗜酒影响人的寿命，例如，俄罗斯的人均饮酒量居世界之首，其男子的平均寿命远远低于同等国家男子的平均寿命，就是由于酒精。所以嗜酒、酗酒是核保时需要考虑的重要风险因素。

---

① 张洪涛，王国良，等. 保险核保与理赔 ［M］. 北京：中国人民大学出版社，2006：399.

对嗜酒行为的核保是个难度很高的技术问题。因为反映被保险人嗜酒情况的资料难以掌握，难以精确计算其饮酒量与饮酒频率。而且，即使知道其大致饮酒量与频率，又难以说明其对酒精是否有依赖性，是否已失去量的控制，如果出现酒精性肝硬化、酒精性肝炎、酒精中毒，就已到了酒精损害的晚期。酒精长期的慢性损害在风险评估时也是很重要的，但医学上缺乏关于酒精对身体长期慢性损害及统计学的研究。通常，核保应从如下方面来进行：

● 饮酒量。这是确定评估的最主要困难，是因为许多申请人在接受询问时有意或下意识地少报自己每日的饮酒量。如果有所怀疑，可以参考体验医师关于申请人健康、体征和一般态度的意见。每日饮酒量以不超过 48 克为宜，否则将导致对重要脏器的慢性损害。

每日酒精克数 = 每日饮酒毫升数 × 酒精度数

● 是否有酒后事故。如果酗酒后有过一次或数次住院，或者出现交通事故、犯罪行为，可以拒保。

● 是否出现身体健康状况异常。饮酒后是否出现肝功能的异常、转氨酶的异常，或长期饮酒导致肝硬化，或出现酒精性肝炎、肌炎。即便没有大量饮酒的病史，但厌食症、恶心和呕吐往往是大量饮酒的症状。如果近期出现过胃炎、胃溃疡、胰腺炎、肝病、周围神经病或不能解释的房颤等症状，应该警觉酗酒的存在。某些没有明显原因的焦虑症、神经紧张、忧郁症，也应考虑类似的可能。

● 职业。申请人的职业是决定饮酒量的重要因素。酒馆老板和其他销售、分派酒类的相关职业，特别容易接触到酒，饮酒量也会多于一般人。在某些国家，重体力劳动工人过量饮酒也比较常见。

第三，吸烟。吸烟对人体危害极大，增加癌症、气管炎、肺气肿、心脑血管等疾病的发病概率，对健康及寿命有重要影响。例如，吸烟者肺癌的发病率是不吸烟者的 3 倍，吸烟是动脉粥样硬化的主要致病因素。对吸烟多少的评估有两种常用方法：一种是每日吸烟的支数；另一种是以年支计算，即以每日吸烟支数乘以吸烟的年数。由于短期内大量吸烟的危害很大，年龄越小对健康和寿命的影响越大，所以常常以每日吸烟的支数来进行核保。

在实际操作时，给予评点加费对于被保险人来说比较难以接受，并且不容易进行解释，所以有些保险公司就在制定费率时直接将吸烟者与不吸烟者分开，不吸烟者费率较低。另外，被保险人有体重过重、糖尿病、高脂血症、高血压病、冠心病、脑血管病、末梢动脉疾病或慢性呼吸系统疾病时，若伴有吸烟嗜好，就增加相应的评点。

③药物或毒品滥用。药品滥用有害健康，所造成的损害有加速死亡、短期内死亡和缩短寿命等，如麻醉药品、吗啡、激素类药品的过量使用。但核保人员要发现是否有药物或毒品的滥用往往比较困难，因为投保申请较多，很难逐一核查，投保单上的健康告知又常忽略此项，即使有此项内容或核保人员进行查询，因被保险人未能意识到药物滥用或有意隐瞒，很难了解到真实情况，往往是在体检时或进行其他因素核保时发现线索，或在保单出险后才被发现。

对于药物滥用的核保需要注意的要点有这样几个：被保险人有无药物滥用；为何滥用；所用药物是否会增加其死亡率或使其受到严重伤害；结合被保险人的健康或医疗状况，该药物是否会影响其预期寿命。

④驾驶记录。在意外伤害保险和意外伤害医疗保险中，驾驶行为常被设为一个重要的考虑因素。驾驶可分为职业驾驶和非职业驾驶，非职业驾驶的危险和职业驾驶的危险基本相似，但前者发生危险的频率肯定低于后者。核保时应结合以下因素考虑：

a. 被保险人年龄。年纪较轻、驾龄较短的驾驶人较易开快车，年纪太大，如 65 岁以上的驾驶人不易保持警觉状态，应急反应能力较慢。

b. 交通违规的次数、性质、时间。发生过多次交通意外的人极易发生致命的交通事故。

c. 饮酒情况及药物和毒品滥用情况。在酒精和药物的影响下很容易发生交通意外。

d. 某些疾病，如癫痫、某些心血管疾病、神经症、睡眠呼吸暂停综合征、精神神经系统疾病都会导致意外发生。

9.1.4　人寿与健康保险核保的基本流程

9.1.4.1　核保运用的场合

人寿与健康保险的核保，主要运用在以下三个场合。

（1）新单核保。由于每家保险公司业务管理规定的不同，新单的范围会有细微的差异，一般具备以下特征之一的情形就属于新单：一是首次在某家保险公司投保任一险种，包括过去曾在另一家保险公司投保过任何一个险种，但只要在目前申请投保的这家保险公司属于首次投保。二是已经在某家保险公司有投保记录，但本次投保的险种没有在这家公司投保过，包括原主险合同增加的附加险。三是本次投保的是曾经投保过的相同险种，但需要另立新的保单号码。

（2）保全核保。保全核保主要涉及保险合同变更的各项操作，包括变更主体与内容的情形，如保单复效，变更投保人、受益人，增加或减少保额，险种转换，保单转移，团体保单的被保险人增减等，为了有效防范风险，大部分保险公司业务管理手册都会规定，此类操作需要由柜面人员审核资料，并提交专职核保员进行核保。

（3）理赔核保。某些保险事故发生以后，尤其是健康保险给付和意外伤害的残疾责任给付之后，被保险人的身体健康状况发生了变化，理赔人员会根据保险事故的性质及其对被保险人身体状况的影响，提请核保人员进行重新核保，以控制责任风险，这一步骤对于那些设置有续保条件的健康保险显得尤为重要，因为重新核保后，还需要在合同条款约定的有效期内及时向投保人发出通知，以终止合同续保。另外，对于在理赔过程中发现的投保人与被保险人的不诚实行为，可根据具体情形在客户系统将其设置为黑名单与灰名单，提请业务管理的各个环节予以重点关注。

9.1.4.2　核保的基本流程

人寿与健康保险核保的基本流程如图 9 – 1 所示。

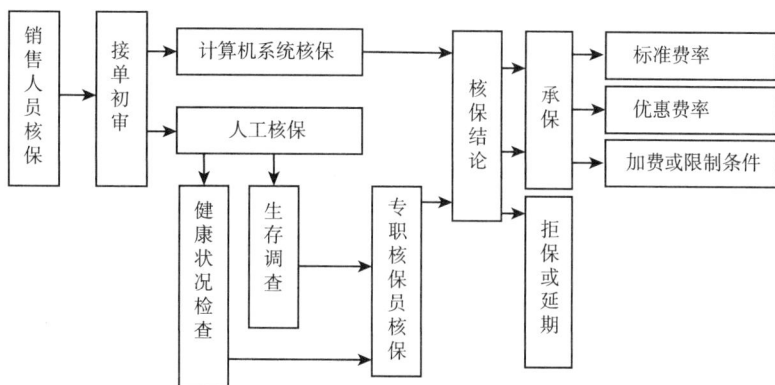

图 9 – 1　人寿与健康保险核保的基本流程

（1）销售人员核保。人寿与健康保险合同的订立，通常需要经过多次风险选择，销售人员在业务拓展过程中所作的风险选择，被称为"第一次风险选择"。绝大部分业务的达成都会有一个积累、促成的过程，销售人员需要寻找目标客户，要跟客户进行一段时间的接触与沟通，因而他们对客户的投保动机、保险需求、健康状况、职业及工作环境、财务状况、家族情况、生活环境与方式以及其他重要事项，有一定程度的了解，甚至了解得很清楚。如果销售人员能审慎地收集客户的有关信息并提供正确的报告，即可达到有效的风险选择的目的，或者为专职核保员的核保提供有效、可靠的信息，而专职核保员进行核保时，所面对的只是一堆由客户和销售人员签署提供的书面材料，由于成本及其他方面的原因，专职核保员不可能再一一会晤投保人及被保险人或逐一进行调查，因此，销售人员的初步风险选择在核保工作中扮演着相当重要的角色。特别是在那些低保额、低年龄的免体检、免人工核保的投保申请由计算机系统审核通过时，销售人员的风险选择几乎代表了保险人核保的全过程。

①主要内容。销售人员的风险选择一般包括以下内容。

a. 面晤。保险人一般都会强调，销售人员一定要和投保人、被保险人见面，从而做到：了解投保动机，确定投保人、被保险人和受益人之间的关系，分析其购买目的；指导投保人填写投保单、健康声明，指点被保险人、投保人签字。

其主要目的是：确认保险利益是否存在，努力排除道德风险；详细解说由保单契约所产生及衍生的法律行为，如条款责任、责任免除、告知义务、失复效规定、退保等，让客户亲笔签名，以免引起事后的纠纷。

b. 观察。仔细观察被保险人的健康状况及生活环境，具体包括：被保险人的体格、外观、脸色、行动是否正常；被保险人有无残疾、智力和功能障碍；被保险人的家庭情况、工作居住环境如何。

其主要目的是：对被保险人的健康状况有初步的掌握，并初步判断是否需要体检，从而减少逆选择。例如，从体型上筛查严重超重者、从年龄上剔除超过年龄限制的被保险人。

c. 询问。对被保险人的健康情形、职业及告知等事项作技巧性的询问与核实，具体包括以下方面：投保的目的、投保的历史（所投保的公司、险种，总投保额，以及既往有无被加费、限额、延期、拒保）；被保险人的既往病史、家庭史（家庭病史）；被保险人的职业及使用工具的具体情况。

其主要目的是：确定保额是否合理，是否存在逆选择；工作环境中是否存在高危险因素。

d. 了解投保人的经济能力。一方面，评估投保人的续期缴费能力，即考察其所缴保费和其收入是否合适，通常情况下，投保人所缴的所有保费之和不超过其年收入的20%，否则会导致保单失效率大幅上升。另一方面，评估投保人所购买的所有保险的累计保额是否合适，购买超额保险会诱发一些道德风险。

e. 填写报告书。根据自己的观察了解和询问，据实作出报告——《业务员报告书》，并将其提供给接单初审人员或核保人员，为他们进行书面审核提供准确依据。

②局限性。销售人员核保固然重要，但也具有极大的不稳定性，原因有两方面：一是销售人员身份的局限性，在我国目前的保险营销体制下，销售人员与保险公司的利益并不完全一致，销售人员的绝大部分收入依靠佣金，在经济利益的驱使下容易造成销售上的逆选择（越易出险的客户越愿意投保，越容易促成），或不考虑客户的续期缴费能力，安排有过高缴费负担的保险计划。二是销售人员本身素质的局限性，一般来说，公司对他们销售技能的培养和提高比较重视，而对风险选择上的要求不高，一定程度上影响他们核保能力的培养和提升。

（2）健康状况检查。健康因素对人的寿命影响最大，也是被保险人逆选择行为最主要的动因，而仅通过其填写的健康告知所能了解的信息量却十分有限，而且也无法完全保证其准确与真实程度，某些情况下就需要由专职人员对其健康状况作出必要的检查和判断，这一环节的核保工作就是体检医师核保。

①体检医师的类型。目前国内保险公司的体检医师一般分为两类：专任医师和特约医师。

a. 专任医师及公司的体检中心。专任医师由保险公司的职员担任。由于保险医学与临床医学的差异性，专任医师的检查结论更贴近保险公司的要求，更具科学性、准确性及可靠性，所以在体检问题上，专任医师的结论较之兼职的特约医师更有权威性。

拥有自己的客户健康体检中心是成熟寿险公司的一个重要形象标志，特别是处于国内保险行业竞争激烈的地区，寿险公司提供全面便捷的客户健康体检，有利于收集客户的相关资料，进一步提高承保质量，既体现公司的实力，又可提升品牌形象。建立公司自己的体检中心的优点在于：首先，结论更具有准确性，为核保提供的资料更具价值。其次，简化体检手续，缩短体检时间，控制体检费用，从而提高核保的效率。最后，为客户提供良好的体检环境和优质的体检服务，避免和减少交叉感染的可能，给投保客户以良好感受，有利于提升公司形象和促进销售。

保险公司的体检应尽可能在自己的体检中心由专任医师进行，同时还应与特约医院联系，作为保险体检的必要补充，对一些自己做不了的项目或不具有权威性的诊断结论，委托它们进行。

b. 特约体检医院与特约医师。由于建立自己的体检中心前期投入较多，对于一些规模不大或新建的保险公司来说，签约特约医院、聘用特约医师的方法更加可行。特约医院最好是当地管理规范、医疗质量较高、信誉较好的公立医院，通过签订协议、明确体检项目要求、规定体检医师的工作职责等措施保证体检质量，还要定期与体检医师座谈，了解情况，对体检医师的保险知识、体检的侧重点等专业知识加强指导。

②体检医师的工作内容。无论是专任医师，还是特约医师，一般都要完成以下体检工作。

a. 听取告知。体检医师在进行体检时先要询问和了解被保险人的投保险种、投保金额以及被保险人的年龄、既往疾病史、家庭史、现病史、职业、生活环境、医疗状况及常用药物等对其身体健康状况及预期死亡率有影响的各种因素，听取告知的同时不断地进行询问，以得到准确详细的信息，为具体体检提供线索，最终得到一份理想的体检报告。例如，对体形较胖的体检者，询问其父母是否肥胖，平时饮食习惯、生活习惯等；被保险人告知曾做过手术，进一步体检时就要注意查看刀口的恢复情况，从而判断其告知的时间是否准确，部位是否真实。

b. 进行身体检查。通过仔细观察被保险人的体型、体质、面色、皮肤、精神状态、言谈举止、步态等，了解其一般状况，再通过身高、体重、血压、脉搏及对身体各部位的物理诊查，验血、验尿及必要的化验辅助检查，准确掌握其健康状况，避免逆选择。通常，根据保险公司的核保手册，保额越高、年龄越大的被保险人所要检查的项目也越多。对于某些发现异常的项目或指标，还要进行进一步检查或化验。

c. 完成体检报告书。体检报告书分为由被保险人填写的健康告知部分和由体检医师询问、检查、综合评价后填写的体检结论部分。前一部分，原则上应由被保险人亲笔填写，在某些情况下也可由体检医师仔细询问后填写，但必须经被保险人亲笔签名认定，因为它是保险合同的组成部分。后一部分，由体检医师按要求项目检查后填写，通常须重点检查并予以记录在报告书上的项目包括：身高，体重，血压，脉搏，心、肺、肝、脾检查，面色，精神状态，智力及活动情况等，若告知有既往病史或现病史，应仔细询问其所患病名、发病时间、治疗及复查时间、如何治疗、治疗效果如何、主治医师或就诊医院名称，结合病情具体检查有关项目并予以记录，经综合评价后得出体检结论，并对核保决定提出具有建设性的意见。

体检报告书较全面地反映被保险人的身体机能，是核保人员医学查定的主要依据。除个别判断非常明确并由专职核保员提出需增加的体检项目外，一般不允许对体检项目进行复查，尤其是血压、血生化等项目，因为必须防范服药后体检等做假因素。例如，发现血糖超正常范围，可做糖耐量化验，以确认是糖尿病还是暂时性的血糖升高。再者，体检报告书由专人负责与核保内勤登记交接，不得让客户、销售人员领取，尤其是在特约医院体检的情况下。

③体检注意事项。为防范体检过程中的承保风险，提高体检工作的效率和质量，需要注意：

a. 体检时被保险人应持有效身份证明、体检通知书，由销售人员（或公司内勤）陪同前往，体检报告书上应贴有被保险人照片及盖有公司体检章，以防冒名顶替。体检结果由公司领取，不得交由本人或销售人员。

b. 被保险人应如实告知并填写体检报告中的健康声明书，并有义务提供相关的详细资料，如既往病史的病历等。

c. 体检医师不应将体检结果可能引致的承保结论告知投保人或销售人员，以免引起争议或影响核保人员的核保。因为体检报告不是最终的核保结论，核保结论是由公司核保人员经综合分析后作出的。

d. 医师、核保人员和保险公司对在体检中发现的被保险人的异常情况有保密义务。

e. 被保险人应尽量避免在感冒、劳累、熬夜或大量饮酒后体检，体检前三天尽量不吃油腻的食品。体检前两三天不要服用药物，需要抽血化验的体检当天早晨应空腹前往。

f. 由体检中心（特约医院）出具的体检报告，普通体检、B超、胸透、X光片及心电图有效期为6个月，其余的化验有效期为3个月。被保险人提供的其所在单位体检资料必须是原件，体检时间距投保日不可超过6个月，且必须经核保人员确认方可采用。

（3）生存调查。生存调查，简称生调，是指在保险合同成立前或复效时，由保险公司行政调查人员收集被保险人的各项资料，为决定合同的成立或复效提供依据的活动。广义的生存调查还包括保险金给付中对生存的被保险人的调查。这里仅讨论承保前的生存调查。

我国《保险法》第十六条明确规定了投保人的如实告知义务，如何知道其是否履行了义务呢？只有调查才能予以核实。通过调查，进一步核实投保人、被保险人有无隐瞒告知，将可能有损公司及整体客户利益的行为消灭在承保前，达到公平合理的核保目的。生调的目的在于防范道德风险与逆选择，促使客户如实告知，规范业务。体检医师难以发现客户健康状况以外的问题，专职核保员一般不直接面晤客户，而生调人员可以代表公司，对达到一定保额的投保件及抽查件进行核实，能在一定程度上证实投保资料的真实程度，同时对行为不规范的销售人员起到一定的威慑作用，促使他们更好地把好风险选择第一关，更好地服务于客户。

①生调的主要内容。对于不同的生调会有具体的要求与目的，并非每一次生调都需要完全按下列内容进行调查，核保人员应会同调查人员对客户提供的资料进行认真研究，列出调查的重点及应注意的问题。最后的环节也是最重要的，完成调查报告，提交核保人员。

a. 投保事项。投保内容是否经被保险人同意，是否亲笔签名；投保人、被保险人、受益人之间的关系，是否同意受益人的指定；住址、户口所在地是否确定；险种、保额与身份是否相称；投保动机；销售人员的服务情况如何，与投保人、被保险人有无亲属及其他关系，有无面见被保险人。

b. 健康状况。有些高额意外险投保件不需要进行体检，这就无法通过医师的体检发现被保险人健康告知中存在的问题，通过生调即可以完成对其健康状况的了解核实。对于经过体检的投保申请，生调还可以对体检医师（特别是特约医师）的体检工作效果进行核实和检验。

c. 财务状况。年收入状况及来源、保险历史、投资情况、家庭资产状况等。

d. 职业与环境。现职工作的内容、工作性质，有无高空作业情况、有无使用危险工具等情况；有无兼职；居住与周围环境，有无危险因素；工作环境等。

e. 习惯与嗜好。是否有赌博、吸毒等不良习惯，有无犯罪、违法记录；有无抽烟、嗜酒，其量如何，有无药物依赖；是否有危险运动的嗜好。

f. 撰写调查报告。生调报告要内容翔实，不应以主观的推测代替客观的描述。还要有时效性，一般需在生调结束后的当天完成，避免随着时间的推移记忆弱化和消失。另外，调查报告的行文一般有其特有的风格和规范，要尽量遵守。

②生存调查的方法。一般而言，直接调查法是最直接、最经济，而且不会引起客户反感的调查方法，如果由保险公司的行政管理人员来执行（通常现实也是如此），整个过程都可在公司的控制下。缺点是如果受访者有意隐瞒，不易获得事实的真相。间接调查法时效慢，成本高，而且如果被客户知悉，可能引起误会，影响公司形象，故在实际运用中一般情况下仅针对投保额过高或有特别风险顾虑的投保件。

a. 直接调查法。通过直接面晤的方式，了解被保险人的健康、经济状况，听取受访者的告知，必要时还可向受访者索取有关资料。

b. 间接调查法。通过与被保险人生活圈内人群（邻居、亲戚、朋友等）的接触，调查其身体健康状况及经济条件是否符合投保条件的要求。由于通过间接调查法得到的资料不是直接来源于被保险人和投保人，不可避免地夹杂有受访者的主观意识或毫无根据的个人评价，有必要对所获得的信息作进一步的分析、核实。经查证的间接调查信息一般较为客观，如从医院调阅的病历、检查记录等。

③需要注意的问题。生存调查是一项技术性、技巧性比较强的工作，要想保质保量地完成工作，需要注意以下几点。

a. 调查准备要详尽。对客户基本资料、告知情况、投保内容、体检结果，要做到心中有数，从而明确每次的查证重点，然后使用电话与客户联系后再前往拜访。

b. 生调拜访时注意沟通方式与礼仪。进行生调拜访时应先做好"打交道"的工作，再渐渐引入主题，并随时注意对方的反应及对调查环境的观察，交谈时态度要诚恳亲切有礼貌，并且注意服装仪表的整洁端庄，切勿使被访者产生不良印象或反感。

c. 面晤时机与时间的掌握。拜访的时间一般要跟客户预约，不反对的话越快越好，也可采用突然袭击式。拜访时间长短应视实际状况及客户对生调人员的态度好坏而定。如果实际情况显示被保险人有未如实告知的身体、道德上的风险（如行动不便或肢体异常），应立即深入调查；如果客户对生调已发生反感，切勿逗留过久。要以客观超然的立场进行调查，不能夹杂主观成见。

d. 最佳地点为被保险人的住宅。因为从被保险人住宅的环境及装潢，可以了解其生活基本状况及受教育程度。其次为其工作单位，因为可以此了解其工作环境、工作性质及担任的职务。一般情况下不接受被保险人于第三地点接受拜访。

（4）专职核保员核保。专职核保员核保是指核保人员根据销售人员的报告、投保单、体检报告、生调报告和其他相关资料进行审核，判别是否可以承保和确定以何种方式承保的过程。

①核保人员核保的一般程序如下。

a. 收集投保客户资料。投保资料是核保人员进行准确核保的重要依据，一般情况下，核保人员需要收集了解的基本投保资料包括投保单、代理人报告书、体检报告书、补充告知、健康与残疾问卷、职业及驾驶问卷、既往病史及住院病历、生存调查报告、高保额件财务状况报告书、同业资料等。

b. 初步审核。收到投保人、销售人员所提供的基本资料后，即可按有关要求，根据保险公司的投保规则及经营政策对所提供的资料检查核对，确定资料是否齐全，是否需要进一步补充。

c. 投保资料的进一步补充收集。在投保金额较高，告知声明有异常、不全面，或核保人员在初步审核过程中发现有疑点时，有必要进一步收集相关资料。一般对健康状况有疑点时，可要求进一步提供病历资料、填写健康问卷或要求被保险人体检；对财务状况有疑问时，可有针对性地要求补充客观有效的财务证明文件或进行生调。

d. 综合分析，查定核保手册。核保人员根据投保资料，对影响被保险人死亡率的有利及不利因素进行综合分析，依据核保手册，运用数理查定方法，以标准体的死亡率为基准，查定被保险人的额外死亡率，并依此确定其所处的风险等级，决定承保条件。

e. 作出承保决定、确定承保条件。依被保险人的风险程度，将其划分入标准体、次标准体或拒保体，使用不同的费率或手段作出承保决定。这是一个作出核保结论的环节。

②专职核保员核保的基本方法——数理查定法。核保人员进行综合分析，运用数理查定法，对被保险人的风险程度加以量化，将其归入不同的风险组并给出最终核保结论的依据，是核保手册。

a. 核保手册。核保手册是由精算人员、医务人员、核保人员、理赔人员共同制定的，依据各种人身风险因素、风险程度和理赔经验，对被保险人的风险指数进行评估，将超过标准风险指数（例如死亡指数）的部分列为计点额外指数（以下简称点数），并按这些计点额外指数编集成额外风险损害计点准则。核保人员可根据这个准则对被保险人的情况进行风险评估，计算出其计点死亡指数，决定最适当的收费标准或承保条件。目前所有的核保手册都包含了用于疾病费率厘定的指南和非固定的科学尺度，编制核保手册的基础，是保险公司的经验积累和国际上公布的统计结果，但各保险公司的核保手册和准则还通常反映其在承保方面的经验。

使用核保手册的目的，一方面，是使核保人员在进行核保工作时有据可依，根据相同的核保依据作出规范的核保结论；另一方面，是使核保人员在控制风险发生的尺度时符合精算师所作出的死亡率预测。核保手册作为核保指南并非天衣无缝，核保人员的经验对准确核保仍具有重要意义，核保手册中的建议措施和加费评点只用作参考而绝非硬性规定，核保人员可根据核保资料提供的信息特征与环境，对核保结论进行修正。正因如此，在相互竞争的保险公司之间，核保决定可能会有很大差异。

b. 核保手册的使用——数值评点系统。数值评点系统基于这样一个原理，即由大量风险因素组成的风险体，每项因素对寿命或健康的影响程度可以通过统计研究得出的点数计算出来。在该方法下，100%（基本点是100）代表正常或标准风险，它们代表身体健康、财务稳定且有正常保险需求的人。对于每一具体的对死亡率或发病率有影响的因素，视其正面或负面的影响指定一个正的数值或负的数值，正数表示可能增加死亡风险的因素，负数表示可能降低死亡风险的因素。例如，一个患有一定程度高血压的被保险人的死亡率是标准死亡率的150%，则其有50%的额外死亡率，在数值评点系统中的点数即为150点或+50点。多个增加额外死亡率的因素同时出现时，评点要累计计算。但是，如果两项因素紧密相关，以至于一项因素的出现增加了另一项因素的影响，所加数值可能大于或小于两项的简单相加。例如，心脏病家庭史、高血压、肥胖同时出现所得到的正数评点数值，比这三个不利因素正数评点之和要大。大多数保险公司的评点范围从75点（或更低）到500点（或更高），一般来说，死亡率在75%～125%之间的被视为优质或标准体，125%以上的被视为次标准体或拒保体。[①] 拒保的起点根据险种责任的不同而异。最早的数值评点系统仅基于健康因素对死亡率、患病率的影响进行评点计量，随着电子核保手册评点系统的应用，有的保险公司会将各种需要分析的风险因素综合在一个数值评点系统中。例如，数值评点

---

① 张洪涛，王国良，等. 保险核保与理赔［M］. 北京：中国人民大学出版社，2006：440.

系统可以将职业、财务等影响额外死亡率的因素也包括在内，一起构成最终评点。

（5）核保结论的形成。根据定量的风险程度分类和数值评估，对每一个风险单位作出是否承保以及以何种条件承保的决定，这种决定就是核保结论。核保结论是对一份投保申请所作出的最终承保决定，一经确定就意味着合同一旦成立保险公司与投保人就依此结论开始执行各自的权利与义务，故核保人员在作结论时一定不可草率行事，本着对公司和客户负责的态度，尽可能作出准确的判断，最大限度地达到风险选择、控制风险的目的。

核保结论最终将申请人分成两类：可保体与非保体。可保体是指保险公司可以接受的风险体，又可分为标准体和次标准体。非保体，至少是此次投保时因风险过大或风险程度难以确定而不能被接受的申请人，又可分为拒保体和延期体。

①标准体（standard case）的承保。标准体是以标准保险费率（standard premium rate）承保的被保险人群体的总称。人寿与健康保险的标准费率是由精算部门依据预定死亡率、患病率订立的，预定死亡率一般来自保险公司既往的经验数据，即经验生命表。一般情况下，死亡率在75%～125%之间的为优质和标准体，以标准保费费率承保。保险公司承保的被保险人90%以上属标准体。从核保的角度讲，此种承保方式被称为无条件承保（unconditional underwrite）。标准体的评点范围，还可根据不同险种进行调整。如生存保险的选择范围最广，生死两全保险次之，死亡保险的范围则限制得比较严格。一般参加生存保险的被保险人平均寿命最长，死亡保险的平均寿险较短，生死两全保险介于两者之间。这既是经验生命表提供的信息，同时也是逆选择客观存在的结果。

②次标准体（substandard case）的承保。对于次标准体通常采用以下方法承保。

a. 加收保费。对身体上有缺陷或从事危险职业的次标准体，可以用增加保费的办法承保。具体介绍如下。

第一，加龄法：它是指对于递增性或恒常性危险，按被保险人的风险程度对其年龄加算一定年数，以加龄后的年龄为计算标准收取保费的方法。例如，某被保险人45岁，患高血压，经诊查认为其与正常50岁的人死亡率相同，那么就可以按照50岁的保险费率承保。此法的优点是便于操作，不需计算额外加费，不足之处是较为粗略。如果额外风险较大不能运用此种方法，容易引起投保人心理上的反感，目前核保实务中已极少使用。

第二，增收额外保费法：根据被保险人的风险程度，查定并计算出额外死亡率的评点数，再结合不同年龄、险种和保险期换算出加费数额。增收额外保费法又可分为两种方式：

一种是一定期间内加费，适用于一时性或短暂性风险（如妇女妊娠期）、递减性危险（如手术后等），在订立合同后的一段时期内征收特别保费，经过一段时期后停止加费。

另一种是整个缴费期内均衡加费，适用于递增性和恒常性危险，在整个缴费期内以一固定数目加费，例如，对单纯高血压患者的加费。

第三，职业加费：通常根据职业分类分为若干等级，如我国一般分为六级，视职业风险的程度按保险金额予以额外加费。此种加费可以因职业变更而随时予以调整。但出于健康原因的加费不能调整。

b. 附加特别约定或批注。这是对于某一种风险加以限制而不增加其他承保条件的方法。例如身体某部位有缺陷，则保险人对此部分发生的保险事故不承担给付责任。对于从事危险职业的人，因在现场工作而发生的保险事故，也可以用特别批注的形式，将此保险责任予以除外。此种方法应慎重使用，因为在实务上较易引起理赔纠纷，尤其是在批注内容的文字表述方面需要仔细斟酌，以免发生歧义。

c. 削减保险金法。这是指对于缔约后一定期间内发生的保险事故，保险公司对保险金削减一定比例后支付，适用于递减性风险或一时性风险。对于递减性额外风险，该方法在合同订立的初期及额外风险消失前的期间内使用，一般削减期间最长为5年。

d. 保险期限缩短法。对于递增性额外风险，随着保单年度的增加，额外风险程度也增大，为了避免在高风险期间承担过高损失，对于此类投保件可采用该方法。例如，将原保险期限为被保险人80岁的定期寿险，在其在承保条件不变的情况下缩短到75岁或70岁。

③延期（postpone）承保。对延期承保的投保申请，可以在到达延期年限后或资料依据齐备，能够供核保人员正确评估被保险人风险时重新投保。一般有这样几种情形。

a. 被保险人的预期死亡率较高，但对其死亡率的确切评定极为困难，可采用延期承保。例如，乳腺癌切除术后，由于一定时间内被保险人仍属高死亡率人群，有些患者几年内复发而死，有些人未复发而寿终，其生存年数很难预测，死亡率判定有困难，对此类投保人，根据临床及病理TNM分期不同可决定延期1～8年。

b. 被保险人的个人资料十分少，其死亡率难以评定。例如，体检时发现被保险人尿检满视野红细胞，初步诊断为血尿。由于血尿的病因较为复杂，需多方面检查，且血尿的病因不同，患者的死亡率也会有很大差异，有的因泌尿系统感染，可在短期内治愈，对死亡率影响不大，而有些血尿由泌尿系统肿瘤所致，患者预后极差。在检查资料缺乏，难以明确病因时可采用延期承保的方法。

c. 对暂时性的疾病患者、短期内有非常不确定的高死亡率变化者可采取延期承保。例如，被保险人外伤手术后不足一定时间，因外伤手术后可能会出现诸如感染、出血、休克、腹膜粘连、肠梗阻等并发症，短期内有可能出现高死亡率，故多采取延期一年再行评定的方法。

d. 对近期无法判定其预后归属的病症采取延期承保。例如，小儿2岁患脑瘫，由于脑瘫属于先天性中枢神经系统发育不良。某些患儿病变仅侵犯运动神经系统，只有运动障碍；而某些患儿由于损害了大脑皮质，同时伴有言语、智力障碍。因为确定患儿是否存在言语、智力障碍需在一定的年龄，故通常对于10岁以下的脑瘫患儿均采用延期承保方式，待 10 岁后确认无智力障碍后再进行投保，智力障碍者则予以拒保。

④拒绝承保。被保险人的预期死亡率超过了通常规定的范围，或由于次标准体的特别附加条件过于严格，投保人无意投保的，都视为拒保体。拒保体并不是说事实上构成被保险人高死亡率，而是针对具有这等风险程度的被保险人群体，由于预期死亡率极高，风险太大，为了经营安全稳定及广大客户的公平利益而采用拒保方式。但采用这种方式会给被保险人造成较大伤害，增加其心理负担，甚至导致其永远不能被其他保险公司接受而获得保险保障。因此在处理核保件时要慎之又慎，除非万不得已，一般不予采用。常见的拒保情形有：

a. 癫痫、智力障碍、精神疾病患者。

b. 残疾人从事三类及以上职业的。

c. 恶性肿瘤患者。

d. 慢性酒精中毒；慢性活动性肺结核；严重糖尿病。

e. 慢性迁延性肝炎、慢性活动性肝炎、肝硬化。

f. 慢性肾功能不全、尿毒症、曾接受肾脏移植者。

g. 脑血管疾病，如脑梗死、脑血栓、脑出血、脑血管畸形等。

h. 严重心脏病，如严重的冠状动脉粥样硬化性心脏病、不稳定心绞痛、心肌梗死、严重的风湿性心脏瓣膜病、高血压性心脏病、肺源性心脏病、严重的先天性心脏病。

i. 曾经或正在服用、吸食、注射成瘾性药物或毒品者。

j. 性病、艾滋病或人类免疫缺陷病毒（HIV）抗体阳性。

一般来说，寿险评点高于"＋300"点、重大疾病评点在"＋150～＋200"点或高于＋200点的被保险人会遭到拒保。此外，对于投保动机不纯、存在明显逆选择倾向等道德风险的投保者，社会背景复杂与暴力团体有来往者，曾有不良投保记录者（如曾被拒保、解除合同等），职业风险过高者（如特技演员、化学爆破兵、试飞员等），通常采取拒保的方式。

9.2　人寿与健康保险理赔

9.2.1　人寿与健康保险理赔的概念

顾名思义，理赔就是处理赔付，人寿与健康保险理赔是指被保险人发生保险事故，受益人或被保险人提出保险金给付或赔付申请后，保险人决定是否承担保险责任以及如何承担保险责任的处理过程。可以看出，理赔行为的发生有两个条件：一是发生了保险事故；二是索赔申请的提出。而且可以说索赔与理赔是一个问题的两个方面，理赔是由索赔直接引起的，没有索赔就没有理赔。

9.2.2　人寿与健康保险理赔的意义

理赔体现了两个方面的行为：从法律角度看，理赔是履行保险合同的过程，是法律行为；从保险经营角度看，它是保险经营的重要环节，是实现保险经济关系的过程，是经济行为。所以理赔的意义往往也从这两个方面得到体现。

9.2.2.1　被保险人或受益人的保险权益得到实现

保险的最基本职能是分散风险，实现经济补偿，被保险人通过与保险人签订保险合同的方式来转移自己所面临的潜在风险，发生保险事故提出索赔后，保险人的理赔行为，正是保险人的履约行为，也是被保险人或受益人享受保险合同权益的具体实现形式。

9.2.2.2　进一步检验承保的质量，改进减灾防损工作

在保险经营过程中，保险展业是否深入，承保手续是否齐全，费率和保额的确定是否恰当，在保险事故发生前往往不容易被察觉，但是在具体的赔付案件处理中，通过统计、汇总、分析，这些问题就能清楚地暴露出来。从这个意义上看，理赔是对承保质量的检验。因此，保险公司针对理赔工作中暴露出来的问题进行认真研究，并制定相应措施，提升承保及其他环节的工作质量，对提高经营管理水平和效益是非常有效的。

9.2.2.3　实现和提升保险经营的效益

保险经营效益的高低在很大程度上取决于承保业务运营成本的大小，而在运营成本中，最大的成本项目就是赔付款项的支出，因此赔款支出成本的大小对保险经济效益的高低具有决定性的影响，因而提高理赔工作质量成为保险公司实现经济效益的一个非常重要的方面。同时，合理高效的人身与健康保险理赔，还能有效提升客户的满意度，提升保险公司在市场上的整体形象和声誉，赢得竞争优势，促进产品销售。

9.2.3　人寿与健康保险理赔的基本流程

标准的人寿与健康保险理赔案件处理流程，一般要经过报案受理、立案、初审、案件调查、理赔计算、复核审批、给付或拒赔、结案与归档等环节，具体如图 9－2 所示。但在实际操作过程中，并不是每个理赔案件都要经过这些环节，而是要根据保险事故的性质、标的额的大小、案情的复杂程度等具体条件来确定，以实现提高理赔时效、保证理赔质量的目标。为了提高理赔的时效，有的保险公司会对理赔流程的每个环节规定处理的时限，以提高案件的处理与流转速

度，还有的保险公司会设定相关标准，将一些案情简单、保险事故性质明确、给付或赔偿金额较低的赔案，通过快速理赔流程或绿色通道来处理。

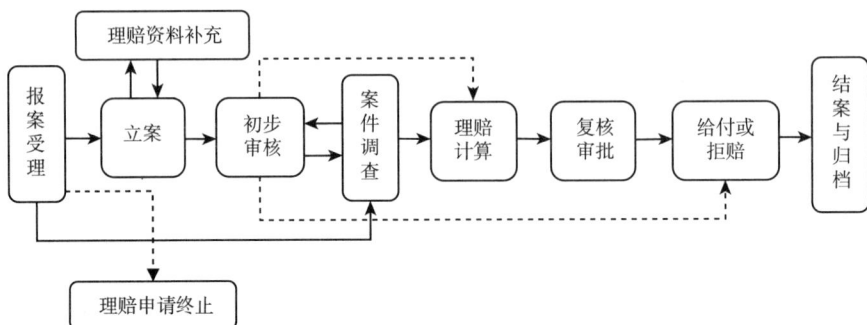

图 9 - 2 　人寿与健康保险理赔的基本流程

9.2.3.1　报案受理

报案是指在保险事故发生后，知情人将该事故的情况通知保险公司的行为。报案人的身份没有具体的限制，可以是被保险人或受益人本人，也可以是销售人员或其他知情人。报案就是要将保险事故发生、发展或最终结果的相关情况及时通知保险人的过程，是投保人、被保险人或受益人的法定义务，我国《保险法》第二十二条规定："投保人、被保险人或者受益人知道保险事故发生后，应当及时通知保险人。"有的合同条款中明确规定了报案时效，报案人应在条款规定的时间内及时报案，否则将承担相应的后果。

理赔人员对报案受理环节非常重视，在受理过程中会尽可能详细询问，了解出险人姓名、身份证号、身份（投保人还是被保险人）、出险的合同号、险种，出险时间、地点，简要经过和结果，就诊医院、科室、床号等，以及报案人姓名、与出险人关系、联系方式、报案时间等信息，并做好详细的报案登记，通过这些信息可以发现案件存在的疑点和调查方向，为后续的理赔工作打好基础。

9.2.3.2　立案

一般来说，立案需要申请人向保险人提供书面的理赔申请书，以及合同条款规定用以证明保险事故性质、过程和损失结果的相关材料。理赔申请书要求权利人亲自填写，受条件限制需要由代理人填写的，应提供授权委托书及双方身份证明，而证明材料则要根据发生事故的性质和申请类别来确定。

在确定立案之前，理赔人员需要根据书面申请与相关材料进行审核，对符合立案条件的，予以立案并进行立案登记。一般情况下，凡经立案的理赔申请都会产生一个立案编号，该立案编号下必须有相应的处理结果，并作为一个完整的赔案来结案和归档，以保证业务处理流程的完整性和可追溯性。有些索赔申请，如果当时立案的条件不成熟，可暂缓立案，例如，投保意外伤害保险的被保险人刚遭受意外伤害没有生命危险，还在治疗中，是否会造成身体残疾及其残疾程度无法即刻给出判断和结论，条款规定的残疾鉴定的时机也未到，可向报案人或申请人解释清楚原因并出具伤残观察通知书，到残疾鉴定观察期届满时，通知被保险人到保险公司指定或认可的司法、医疗机构进行伤残鉴定，再根据伤残鉴定结果，决定是否立案。

立案审核从这样几个方面来进行。

（1）合同条件。保险合同有效、出险人是保险单上载明的被保险人或投保人、事故发生在合同责任期限内或宽限期内、理赔申请在索赔有效期内等。

（2）申请人条件。保险金申请人是合同规定或指定的受益人、法定监护人或委托代理人。除合同条款有特别约定外，各项保险金的申请人规定如下：残疾、重大疾病、医疗保险金为被保险人；身故保险金为受益人，未指定受益人的根据《保险法》或《民法典》的相关规定来确认；保费豁免为投保人或被保险人的法定监护人；权利人委托他人代为申请的，需提交双方签名认可的授权委托书及双方身份证明。

（3）证明资料的提供与补充。一般来说，保险公司必须在申请理赔的证明资料齐全的情况下才能予以立案，需要在理赔申请材料签收单上注明收到的资料并签收。而对于申请时所提供的证明材料不齐全的情况，根据我国《保险法》第二十二条的规定，应当一次性通知申请人补充提供，需要在理赔申请材料签收单上注明需要一次性补充的资料，等资料齐全后再予以签收并立案。

根据所发生的保险事故的性质和申请类别，申请人应提供不同的证明资料。

①身故保险金给付申请。保险单或其他保险凭证；受益人身份证明；公安部门或公立医院出具的被保险人死亡证明；人民法院出具的被保险人被宣告死亡的证明；相关单位出具的意外事故证明；被保险人户口注销证明；继承人户籍证明及身份证明等。

②重大疾病保险金给付申请。保险单或其他保险凭证；被保险人身份证明；保险公司指定或认可的医疗机构或医师出具的医疗诊断书（附病理检验、血液检验及其他科学方法检验报告）或手术证明等。

③医疗费用给付申请。保险单或其他保险凭证；被保险人身份证明；保险公司指定或认可的医疗机构或医师出具的医疗诊断书、医疗费用的原始凭证、结算明细表；有关单位出具的意外事故证明；人民法院或仲裁机构出具的调解书、判决书、裁决书等法律文件等。

经过立案审核，对于一些不符合立案条件的申请，可直接做退件处理，不予立案，但是必须完善退件处理的手续。理赔人员需填写理赔申请材料签收单，将不予立案的处理决定及理由书面通知申请人，同时，将申请人提交的原始单证复印后留底，在复印件上注明日期及送件人姓名存档，并将处理日期及结果在理赔申请书上记录。这样做的目的，一是防止产生不必要的纠纷，二是防止申请人伪造其他证明材料重新进行索赔。

9.2.3.3 理赔审核（初审）

理赔审核是指核赔人员审定保险事故及保险责任的行为与过程，它是正确给付保险金的基础，是人身保险理赔中一个极为关键的环节。审核中对保单原始资料和索赔证明资料的真实性、完整性有疑义的，可提交案情调查人员进行调查，以排除或证明疑点是否存在。审核的对象主要有两部分，一部分是保单原始资料和保险金申请人提供的索赔证明资料的真实性、完整性，另一部分是案情调查人员提供的调查报告的正确性、有效性，通过这两个方面来综合判定保险人是否承担保险责任，及应承担多大程度的责任。审核的内容主要有以下几个方面。

（1）审查合同及索赔的有效性。根据保单查询系统及证明材料判断发生索赔的合同在出险时是否处于失效或中止状态；检查出险日期是否在合同载明的保险期间内；保险事故是否发生在保险责任期限内；合同在报案前是否办理过复效、加保等保全变更，如有变更应进一步查明出险日期是否在复效前的效力中止期间；对复效后设有观察期的保险合同，应进一步查明出险日期是否在观察期内。

（2）认定出险事故的性质。根据保险合同、理赔申请及相关证明材料，判断申请理赔的出险事故是否在保险责任条款约定的事故范围之内，检查出险事故是否为保险合同责任免除条款约定的情形之一。

（3）检查事故证明资料的完整与真实性。根据理赔申请书和赔案信息判断出险事故的类型，如医疗给付、疾病给付、残疾给付等；检查证明材料是否与申请的保险事故相符并能充分证明事故的性质，是否为保险公司指定或认可的医疗机构、公安部门及相关机构所出具；证明材料的关键信息是否清晰、是否有涂改痕迹，印盖是否清晰有效等。

（4）判断是否提请案件调查。调阅被保险人的投保资料，根据报案情况，查看被保险人投保时的健康及财务告知、体检报告等事项，分析可能存在道德风险及责任免除的情况，以此来确定是否需要进行案件调查以及调查的重点。一般来说，需要进行调查的理赔案件包括：预计赔付金额较高的；被保险人在长期保险合同订立后 2 年内死亡的；存在保险欺诈、恶意投保可能或有保险责任免除可能的；核赔人员认为其他确有必要进行调查的。对于最后一条，例如，出险日期接近合同生效日或接近观察期结束日的；资料中的信息与投保或理赔申请书中的告知不符，且与事故发生有直接关系的；资料有涂改或不清晰的；报案人、申请人或申请材料中对事故经过陈述不清的。这些都需要核赔人员凭借专业知识和理赔经验作出判断。

（5）确定审核结论。如果案件事实清楚、证据齐全、责任明确，可免予调查，直接给出给付或拒赔的结论，进入下一个环节。一般情况下，指派案件调查人员进行调查的案件，调查结果也要返回到最初的审核人员手中，根据所有资料进行综合分析、判断，作出是否赔付或如何赔付的审核结论。审核结论主要有以下几种情形。

①正常给付。保险事故发生在合同有效期内或责任期限内，属于保险责任范

围，证明材料齐全、有效，或案件调查结论证实申请人的申请事项真实、合理、有效，可以按照原保险合同条款约定的保险责任金额进行给付。

②通融给付。对一些案情特殊、责任不够明确但具有重大社会影响的疑难案件，可进行通融给付。审核人员需要详细说明通融理由、通融处理方法及拟通融给付金额，并按流程在规定的权限内逐级上报审批，而且通融给付的金额不应超过原保险责任的保险金额，尤其是对于通融给付有过争执的案件，必须与受益人或权利人经过沟通、解释达成和解意见，并订立和解书，受益人或权利人在和解书上必须作出放弃原保单上所有权利的保证。

通融案件是应严格掌握的极少数特别案件，不得任意通融，保险公司一般会对可通融给付的案件划定范围，例如，由于公司在展业、服务方面确实存在不足而无充分理由拒赔，客户一旦提出诉讼公司无望胜诉的；给付后确实能巩固和促进业务的发展，不会产生连锁反应，造成工作被动的；给付后不会造成不当得利，引发道德风险的。

③解约给付。根据《保险法》或合同条款规定，做解约处理，在解约时可全部或部分退还保费或保单现金价值，主要有这样一些情况：合同自始无效的；条款中列明全部或部分退还保费或现金价值的；按《保险法》规定应全部或部分退还保费或现金价值的；经协商、仲裁或法院判决等情况需要全部或部分退还保费或现金价值的。

④预先赔付。预付赔款是有一定条件的，一般来说，在合同签署当地具有重大影响、责任明确的重大意外伤害保险以及补偿性的医疗保险，可视具体情况预付赔款。对于预付赔款的案件，多数需要申请上级公司或业务主管部门审批。同意预付赔款的，可授权具体经办的分公司或人员进行快速审核，所缺少的单证及资料可在整个保险事故处理完毕，最后结案时补齐；而不同意预付赔款的，则按照正常赔案的处理流程处理。

⑤拒绝赔付。依据条款、合同及相关法律，对不应承担保险责任的索赔，可做拒赔处理，其中，包括解约且不予退还保费的情况。例如，投保人故意不履行如实告知义务，保险人对保险合同解除前发生的保险事故不承担赔偿或给付责任，解除合同时不退还保险费；再如，经查实，受益人有保险欺诈的行为，根据《保险法》的规定，保险人可以解除合同且不退还保险费。

9.2.3.4　案件调查

理赔案件的调查工作，主要有两个方面的内容，即调查取证和证明核定，遵循迅速及时、实事求是、遵纪守法的原则来进行。调查取证的目的，是印证申请人所主张的保险事故是否真实发生，事故的近因究竟是什么，事故所导致的损害结果是什么，通过取得合法有效的证据，帮助审核人员明确事故性质、界定事故责任，作出正确、合法、有效的核赔结论，调查人员的走访、问询、观察、分析、取证，既能够排除审核人员因信息、资料掌握不全面、不充分，而对事故的真实性及近因所产生的怀疑，准确高效地履行赔偿或给付义务，也能够为审核人员合理的怀疑提供合法、有效的证据，拒绝不诚实的甚至带有欺诈性质的索赔申请，保证核赔工作的质量，维护保险市场的公平交易秩序。所以，调查取证时，要求调查人员做到见人、见状、见证，做好调查笔录及签字确认，充分利用先进的影音设备留存证据。

证明核定是对申请人提供的证明材料的真实性、合法性和有效性所做的核查与鉴定工作，判定其是否能作为认定事实和性质的依据。有些情况下，申请人提供的死亡证明、伤残证明、医疗证明、事故鉴定证明、收费收据、病历等资料只能是复印件，其真实性或与原件是否相符就需要调查人员通过调查来证明与核实。

案件调查工作一般由专职的调查人员承担，而且同一案件要由两人共同来完成。对于不同类型的案件，调查人员会根据审核人员提供的调查信息与重点提示，通过不同的途径及方法来进行，才能取得令人满意的调查结果，为责任认定及保险金额的理算提供可靠依据。例如，需要证明就诊事实、住院情况，调查人员就会到被保险人就诊的医院摘抄或核实病历等相关资料，并尽可能向主治医师了解情况；对于交通事故案件的调查，会到公安交警部门，了解案发原因、责任归属及处理结果，并索取道路交通事故责任鉴定书等相关资料。

案件调查完成后，调查人员应及时撰写调查报告，写明查证途径、证据事实与结论，内容必须真实、完整、客观，不加主观臆断，并附有关证明材料，经调查人员双人签字后，提交审核人员。审核人员对调查报告的内容及结论持有异议，认为需要进一步调查的，可通知调查人员重新调查。

9.2.3.5　理赔计算

已经得出理赔结论的案件，就可以进入到给付或赔偿金额的理赔计算（以下简称理算）环节。理赔人员在计算、核定给付或赔偿金额时，必须细心周到，并注意一些问题：是否有尚未归还的保单借款，如有，应先扣减借款本金及利息；保单是否处于自动垫缴状态，如是，应先扣减垫缴的保费本金及利息；如在宽限期内出险并给付，应先扣除欠缴的保费；如有预缴保费应予以退还；如有预付赔款应予以扣除；如有延误报案，还可扣除因此而增加的核赔和查勘费用；如有未领取的满期给付、红利应予以支付；如遇有保险竞合的情形，应从有利于被保险人的角度出发计算给付与赔偿金额。

9.2.3.6　复核审批

为了减少差错、防范道德风险、提高理赔工作质量，理赔流程中会安排对审核和理算完毕的赔案进行复核的环节。复核人员可以是专职的，也可以在审核人员或理算人员之间交叉进行，或由理赔主管来兼职进行。复核人员接到案卷，要认真全面地复核案件材料，主要查对案件责任范围和责任免除，核对给付金额并签署意见。复核无误的案件，由理赔主管签字后，即可向客户发出理赔结论的通知。有时，对于理算、复核之后，最终给付或赔偿金额超过基层公司或各级理赔主管审批权限的高额赔案，还需要报送上级主管部门或人员审批。

9.2.3.7　办理给付或拒赔

确定给付的案件，同时向申请人和财务部门发出领款和付款通知，申请人凭通知书和身份证明领取赔款。确定拒赔的案件，核赔人员要出具拒赔通知书，阐明具体的拒付理由，由申请人签收。办理给付可参照《保险法》第二十三条规定，对属于保险责任的，保险人应当在与被保险人或者受益人达成协议后十日内，履行给付保险金义务；合同中对保险金额及给付期限有规定的，保险人应当按照合同约定履行给付保险金义务。

9.2.3.8　结案与归档

赔款的领取收据复件和申请人签收的拒赔通知书复件，是每个案件的结案依据。每个案件都有立案号与结案归档号，拒付案件也不例外。结案归档的案件，会成为生命表统计和业务分析的依据。对于综合性寿险公司来说，会将个人保险与团体保险进行分类统计分析，用来修正、调整在展业、核保、费率厘定、防损和理赔等工作中存在的问题与不足，从而提高承保业务的质量，提升盈利水平。

本章总结

人寿与健康保险核保是一个选择与分类的过程，是保险公司对投保申请进行风险评估，作出接受或者拒绝承保的决定，在接受风险的情况下，依据核保标准确定费率水平的过程。核保的意义在于为客户提供适当的费率、维护保险公平交易和保证保险公司的正常经营与合理利润。对被保险人的死亡率和健康状况造成影响的因素主要有健康风险因素、财务风险因素和其他风险因素，因此，核保时的风险因素分析主要从这三个方面来进行，又因险种和投保申请具体情况的不同，需要有所侧重地分析相关风险因素并综合权衡后才能最终决定承保条件。

人寿与健康保险理赔是保险人对受益人或被保险人提出的保险金给付或者赔付申请进行审核与认定，决定是否承担保险责任以及如何承担保险责任的处理过程。通过理赔，被保险人或受益人的保险权益才能得到实现，还能够进一步检验承保质量，改进减灾防损工作，促进保险经营效益的提升。一般情况下，一个标准的理赔案件要经过报案受理、立案、初审、调查、理赔计算、复核审批、结案与归档等环节。

练习与思考

1. 人寿与健康保险核保的概念和意义？
2. 人寿与健康保险核保过程中需考虑哪些风险因素？
3. 人寿与健康保险核保的基本流程有哪些？
4. 人寿与健康保险理赔的概念和意义？
5. 人寿与健康保险理赔的基本流程包括哪些？具体内容是什么？

第10章 人寿与健康保险资金运用

本章提要

本章介绍人寿与健康保险的资金运用。首先，从含义、来源和特点方面对资金运用进行概述；其次，从资金运用的模式、投资原则和投资渠道介绍资金运用的主要内容；最后，介绍了国内外人寿与健康保险资金运用的发展和现状。

学习目标

了解寿险资金的含义、来源及特征。
理解人身保险资金运用的发展脉络和发展现状。
掌握人身保险资金的投资模式、投资原则和投资渠道。

10.1 概 述

人寿与健康保险资金运用，主要是指保险公司对寿险资金的投资，即人身保险公司对所有资产的类型、数量、比例及组合作出决策的一种综合性资金管理的方法与过程。其实质是对人身保险公司资产负债表中各项资产项目的总量结构进行计划、安排和控制，在保证资金使用安全性和流动性的前提下，以最小的成本获取最高的收益。

10.1.1 寿险资金的含义

寿险资金的含义可以分为狭义和广义两种。狭义的寿险资金仅指寿险基金，即保险公司销售人身保险合同所收取的保险资金，主要包含未决赔款准备金、未到期责任准备金、寿险责任准备金、长期健康保险责任准备金等各类准备金。广义的寿险资金则被定义为人身保险公司在经营过程中拥有、管理和控制的各种资金，不仅包括销售人身保险合同所收取的保险资金，还包括保险公司的所有者权益和其他资金，包括资本金、保证金、公积金、总准备金、未分配利润及国家规定的其他资金等。本教材所讨论的寿险资金为广义的寿险资金。

10.1.2　寿险资金运用的来源

寿险公司可以运用的资金，来源于三个方面——权益资本、责任准备金和其他资金。权益资本和责任准备金构成了寿险资金运用的主体。

10.1.2.1　权益资本

权益资本是企业依法筹集并长期拥有、自主支配的资本。人身保险公司的权益资本一般包括资本金和留存收益。

（1）资本金。资本金是保险公司的开业资金，各国政府一般都会对保险公司的开业资本金规定一定的最低限额。《保险法》规定我国设立保险公司注册资本的最低限额为 2 亿元人民币。保险公司注册资本必须为实交货币资本，并且保险公司应当按照其注册资本总额的 20% 提取保证金，存入国务院保险监督管理机构指定的银行，除保险公司清算时用于清偿债务外，不得动用。资本金属于一种备用资金。根据寿险公司经营收支平衡的原则，保险公司在经营过程中收取的保险费应该等于其各项支出之和，因此正常情况下寿险公司的资本金处于闲置状态，成为保险资金投资的重要来源。但当保险公司开业之初运营不稳定或者发生特大自然灾害，各种准备金不足以支付赔款或者给付时，保险公司可以动用资本金来承担保险责任。

（2）留存收益。留存收益是企业从历年实现的利润中提取或形成的留存于企业的内部积累。人身保险公司的留存收益一般包括公积金、总准备金以及未分配利润。

①公积金。公积金是一种准资本或资本的储备形式，通常是由企业非生产经营活动引起的资产增值，是非收益转化而形成的所有者权益，经过一定程序可以转化为企业资本金。公积金通常不作为主要的投资资金使用，只有在转化为企业资本后才能用于投资。

寿险公司的公积金包括资本公积金和盈余公积金。资本公积金主要来源于资本溢价、赔案、已经报案但尚未资产重估增值以及捐赠所得等。资本公积金可用于弥补企业亏损、扩大企业业务经营规模或转增为企业资本金。盈余公积金是寿险公司按《中华人民共和国公司法》的规定，从税后利润中提取的资金，包括法定盈余公积金、法定公益金和任意盈余公积金等。

②总准备金。总准备金是归属于所有者权益的一部分资金，主要来自企业税后利润中的提取，它的作用主要是预防巨额损失的赔付。当寿险公司当年承保业务发生经营亏损并且投资收益也不足以弥补时，才可从总准备金中支出。在一般情况下，总准备金是不断积累的，其规模不断扩大，是寿险资金运用来源中不断增加并且非常稳定的一部分。

③未分配利润。未分配利润是指保险公司每年用于积累的资金，属于股东权益的一部分。这部分资金通常随着保险公司经营规模的扩大而逐步增长，除某些

年份因保费不抵偿付而用于弥补外，一般可以长期运用。

10.1.2.2　责任准备金

责任准备金是指保险公司为履行其赔偿或者给付责任而从收取的保费中提存的资金。与权益资本不同，责任准备金是保险公司的负债，是在将来某一时期需要偿付的资金。因保险业务种类不同，责任准备金的期限及特点也各不相同，在实务中，人身保险业务提存的责任准备金主要包括以下四种。

（1）寿险责任准备金。寿险责任准备金是寿险公司针对人寿保险业务承担未到期的保险责任而按规定从寿险保费中提取的专项资金，是为确保人寿保险公司有足够偿付能力来履行其赔偿与给付责任而设立的。此类准备金的提取是针对1年期以上的长期寿险的。一般而言，寿险责任准备金会占寿险公司负债方总额的绝大部分，是寿险公司一项长期、稳定的资金来源。

（2）长期健康保险责任准备金。长期健康保险责任准备金是指寿险公司针对长期性健康保险业务承担未来保险责任而按相关规定提存的准备金，其原理与寿险责任准备金相同。

（3）未到期责任准备金。人身保险中有类似于产险的短期性产品需要提取未到期责任准备金，如1年期定期寿险、健康保险和人身意外伤害保险等，由于保险公司的会计年度与保单有效期不一致，按照权责匹配的原则，保险公司不能把当年的保费收入全部计入损益，而应将保费在各保险责任期内进行分摊。因此，保险公司在年终会计结算时，把属于未到期责任部分的保费提存出来，用作将来赔偿准备的基金，这部分基金被称作未到期责任准备金。

（4）未决赔款准备金。未决赔款准备金是指已经发生赔案但尚未赔付的准备金，它是根据会计年度决算以前发生赔案估算提取的。需提取未决赔款准备金的赔案包括已经发生但尚未通知保险公司的赔案、已经报案但尚未提出索赔的赔案、已经提出索赔但尚未进行核实或者已经核实尚未给付的赔案。

10.1.2.3　其他资金

在保险经营过程中，还存在着其他可用于投资的资金来源。其他可投资资金主要是寿险公司经营过程中产生的短期负债，即资产负债表中流动负债项下的应付账款、拟派股息等。这些资金数额不大，且需要在短期内归还，因此只适合作为补充资金使用。此外，还有企业债券、借入资金、信托资金和其他融入资金等，这些资金都是寿险公司在经营中为达到某些目的有偿借入作为补充资金使用的，寿险公司可根据其期限的不同作相应的短期投资。

10.1.3　寿险资金的特点

与其他类型的投资资金相比，寿险资金具有负债性、长期性、稳定性和规模性等特征。

10.1.3.1　负债性

寿险公司通过出售保单获取资金，其产品特征决定了公司的负债特征。寿险公司的准备金通常要占到寿险公司总资产的 80%~90%，而负债是需要公司在未来的某一时刻予以清偿的，因此寿险公司资金投资时必须注意负债的到期期限。

10.1.3.2　长期性

一般人寿保险合同多为 10 年以上，甚至 30 年至终身的长期合同，较之银行等其他金融机构的资金，寿险资金是极为长期的。由于寿险产品是寿险公司业务的主体，所以长期性是寿险资金的总体特点之一。同时，人寿保险采用均衡保费制度，又几乎没有像财产保险那样突发性给付高额保险金的情形，所以责任准备金锁定期限很长，年年稳定积累增加，整个寿险行业资金存量水平也不断提高。

10.1.3.3　稳定性

稳定性是指保险公司的可投资资金来源增减比较平稳，不会大幅波动。原因之一是保险资金的长期性。原因之二是附加费用所占比例在前期较高，因此前几年退保的费用损失很大。投保人除非有特殊情况，否则不会轻易退保。从长期来看，保险公司每年所收取的续保保费总体具有可预测性，从而增强了保费收入的稳定性。

10.1.3.4　规模性

寿险经营的数理基础是大数法则，也就是说寿险公司经营维持稳定的一个必要条件是要销售出去足够多的保单，而这也意味着寿险公司积累的可运用的保险基金会越来越多。正因如此，寿险公司往往是资本市场上重要的机构投资者。

10.2　资金运用的内容

10.2.1　资金运用模式

保险资金投资模式是指保险监管部门规定的保险公司对保险资金运用的方式、组织结构、决策及运作机制等的总和。从资金运作主体的角度可以分为保险公司自行投资模式和保险公司委托投资模式两种。

保险公司自行投资模式一般包括内设投资部模式、集团内集中统一管理模式两种组织形式。保险公司委托投资模式则包括保险业内委托模式和大委托投资模式两种，由于大委托投资模式更符合保险业的发展与外部环境变化，已成为保险资金当前与未来投资模式的主要发展方向。

10.2.1.1 保险公司自行投资模式

保险公司自行投资模式主要是指保险公司根据自身的投资管理能力和风险管理能力决定由自己来进行保险资金的运作并承担相应投资风险的模式。一般包括内设投资部和集团内集中统一管理两种形式。

通常在保险资金运用的早期阶段、保险监管较松散时期或小型的保险公司多采用内设投资部的形式。内设投资部是指在保险公司内部设立独立于其他部门的专门负责保险资金投资的管理部门。如中国人民保险公司自1985年开始就设立了专门的投资部。

当保险公司发展成为较大的集团或控股公司时，多会设立专门的集团内投资平台来统一管理保险资金的运作，所作的投资决策、资产配置、投资策略等均由保险公司自主决定。该模式通常在集团下设立专业投资子公司，由其负责公司资金的运用，各产、寿险公司将资金统一上缴至集团公司后，再由集团公司根据集团经营情况统一划拨投资资金至投资子公司。专业投资子公司须将产、寿险子公司资金分别设立账户，独立进行投资管理。例如，1995~2002年，中国人民保险集团、平安集团等均采用这种投资模式，日本东京海上与火灾保险公司、德国安联、法国安盛以及英国皇家太阳联合公司等也均采用这种投资模式。另外，我国有些保险公司在某些领域的投资也采用这种模式。例如，中国人寿保险集团于2007年设立了全资子公司——国寿投资控股有限公司，专注于另类投资业务及项目管理，业务涵盖股权投资、不动产投资、养老养生投资以及资产管理等领域；中国平安集团设立了平安不动产子公司，负责集团的不动产投资及不动产金融产品的开发；中国人民保险集团设立了全资投资子公司——人保投资控股有限公司，以不动产投资为核心业务，经营范围包括不动产投资、资产经营与管理、物业管理、租赁、咨询等；中国人民保险集团还设立了人保资本投资管理有限公司，是人保集团旗下专门对其系统内外的保险及非保险资金开展直接股权投资、债权投资等非交易业务的专业化运作平台。

保险公司自行投资的优点在于，所有的决策都在公司内部进行，在资产负债管理、风险管理等方面便于沟通与协调。缺点是内部的投资管理人才与管理水平有限，投资收益和回报率不高。

10.2.1.2 保险公司委托投资模式

保险公司委托投资模式是指保险集团或保险公司将保险资金委托给符合条件的投资管理人，开展定向资产管理、专项资产管理或特定客户资产管理等投资业务的模式。投资管理人一般包括保险资产管理公司、证券公司、证券资产管理公司、证券投资基金管理公司及其子公司等专业投资管理机构。委托投资模式是目前保险资金运用的主流形式，世界著名的大型保险公司通常采用委托投资模式，如美国国际集团、加拿大宏利保险集团、美国安泰、瑞士丰泰保险公司等。我国自2003年设立首家保险资产管理公司——中国人保资产管理股份有限公司起开始引入委托投资模式。根据保险公司是否将保险资金委托给保险业内的投资管理人进行管理，可以将保险委托模式分为保险业内委托投资模式和大委托模式。

保险业内委托投资模式是指保险公司将保险资金委托给由保险公司出资设立的保险资产管理公司等专业投资公司进行管理的投资模式。其中，若保险公司将资产委托给自己全资、控股或参股设立的保险资产管理公司管理，这种模式被称为关联人委托投资模式，如中国平安、中国人寿和中国人保等都采取这种模式。若保险公司将资产委托给保险业内的第三方合格投资管理人来进行资金运作，这种模式被称为非关联人委托投资模式。通常较小的寿险公司和大部分未成立保险资产管理公司的保险公司或者自身未取得相应资产投资资格的大公司会选择这种模式进行资金运用。

大委托投资模式是指在当前大资管时代，保险公司的保险资金可以委托给任何符合条件的投资管理人进行管理，且保险资产管理公司的经营范围也不再局限于管理保险资金，而是真正成为资产管理公司，可管理保险业内外的资金，甚至是公募性质的资产管理业务。大委托投资模式是在当今混业经营的背景下保险投资的必然选择，也符合当今保险资金管理集中化、专业化的发展方向。2012 年我国新增了证券公司、证券资产管理公司及基金公司作为保险资金的投资管理人，同时将保险资产管理公司的经营范围进一步拓宽，除接受保险资金的托管业务以外，还可以受托管理养老金、企业年金、住房公积金等机构的资金以及能够识别并承担相应风险的合格投资者的资金，并且可以设立资产管理产品，甚至可以开展公募性质的资产管理业务，这标志着我国已经进入保险资金大委托投资模式的时代。

10.2.2　资金运用的原则

一方面，寿险公司收取保费与赔偿或者给付之间存在着时间差，形成了一部分暂时的闲置资金；另一方面，寿险公司收入的保费与赔付或者给付之间存在数量上的不同，这也形成一部分闲置资金。这两种因素形成的寿险闲置资金为寿险资金投资提供了可能。对于寿险公司来说，寿险资金运用不仅是必要的，而且是可行的。在进行寿险资金运用时，保险公司需遵循以下三个原则。

10.2.2.1　安全性原则

安全性原则是寿险资金运用的首要原则，因为寿险公司运用的资金主要是保险人对全体投保人的负债。从数量上看，寿险资金总量应与未来赔偿和保险金已付的总量一致，若投资不安全，必将影响寿险公司的偿付能力，也会损害投保方的利益。因此寿险资金运用要注意投资方式的选择和投资结构的合理化，保证其安全性。

10.2.2.2　收益性原则

收益性原则是指资金运用在满足安全性的前提下，要最大限度地获取收益。

寿险资金运用的主要目的就是盈利，盈利能给保险人带来企业效益，增强寿险公司的偿付能力，同时也可使寿险公司提供更加优惠的费率，提高对被保险人的经济保障程度，实现寿险经营的良性循环，这就要求在寿险资金运用中选择高效益的投资项目，在一定风险限度内力求实现收益最大化。

10.2.2.3　流动性原则

流动性原则是指寿险公司要在任何时期都能以合理的价格条件获得现金以保证保单责任支付的能力，寿险业务具有经济补偿的功能，保险事故的发生又有随机性的特点，这就要求寿险资金保持足够的流动性，以便随时满足保险赔偿和给付的需要，保险人应根据不同业务对资金流动性的要求，选择恰当的投资项目，相对而言人寿保险多为长期性产品，所以寿险资金运用对流动性的要求相较于财险公司要低一些。

显然，非寿险资金要求较高的流动性，而寿险资金对盈利性和安全性的要求更高。寿险资金由于具有长期性的特点，一般可用于安全性和盈利性高但流动性较弱的投资品种，如把债券、不动产、贷款作为主要投资领域；非寿险资金因其较高的流动性要求，则不宜过多投资于不动产，而应以投资于货币市场、股票市场和债券市场为主。

10.2.3　资金运用的渠道

从理论上讲，寿险公司在运用保险资金时可以选择资本市场上的任何投资工具，但纵观世界各国寿险公司的投资发展情况，选择的往往是那些收益性、风险水平及流动性与寿险公司本身要求最符合的投资工具。同时，人身保险的投资并不是完全由寿险公司自由决定，通常为保护保单持有人的利益，避免资金运用的集中，以及鼓励资金运用配合社会需要与经济发展，各国保险法规对资金运用都有限制，寿险公司要在符合法律法规的前提下才能运用保险资金。目前，我国保险资金运用的投资渠道主要包括以下几类。

10.2.3.1　银行存款

银行存款是最简单的投资方式，保险公司将保险资金存放在银行并获取利息收入，一般以定期存款形式出现，这种资金运用形式以银行为保险资金的投资中介，其特点是安全性高，现阶段银行存款仍是我国寿险资金运用的重要形式，尤其是协议存款收益相当不错，但根据国外保险公司资金运用的实践，银行存款往往不是保险资金运用的主要形式，各保险公司的银行存款只是留作必要的临时性的机动资金，一般不会保留太多的数量。

10.2.3.2　有价证券

有价证券是指具有一定券面金额代表股东所有权或债权的凭证，它作为资本证券属于金融资产，持有人具有收益的请求权。有价证券作为各国保险公司资金运用的主要形式，可以分为债券、股票、证券投资基金和金融衍生品四大类。

（1）债券。债券这种具有返还性且有固定收益的投资工具，具有较高的安全性，流动性也比较强，同时具有一定收益性，比较适合做寿险资金的投资，因此债券是保险公司投资有价证券的一条重要途径。依据债券发行主体不同，可以将债券分为政府债券、金融债券和公司债券，其中，政府债券是国家和地方政府发行的公债，定期偿还本金和支付预定利息，信用高，税收上有优惠。金融债券是由银行或非银行金融机构发行的债券，信用较高，利率也不低，一般为中长期债券。公司债券是企业为筹集资金而发行的借债凭证，其利息一般固定，由于风险比政府债券和金融债券高，因此其利率往往高于其他债券投资等级高的公司。债券在西方寿险公司投资组合中一般占有较大比例。

（2）股票。股票与债券不同，是一种浮动收益的投资工具，股息的多少有无是与发行公司的经营状况、鼓励政策密切相关的。股票可分为普通股和优先股，普通股是随上市公司的利润大小和公司派送政策的松紧而变化的股票，其特点是价格波动幅度大，投资风险大于优先股，但能享受公司利润增长的利益。优先股是由股份公司发行的，在分配公司收益和剩余资产方面，比普通股具有优先权的股票，其特点是风险较小，在发行时其已确定了固定的股息，且不受公司经营状况和盈利水平的影响，但不能分享公司利润增长的利益，因此优先股的投资风险比公司债券大，比普通股小，优先股的预期收益比公司债券高，比普通股低。股票有较好的流动性，只能转让不能退股，虽然股票的预期收益率可能高于债券，但投资风险比较高，这主要是由股票的发行企业经营状况不确定，以及二级市场上影响因素多，因而价格波动大决定的。由此可见寿险资金投资股票要谨慎，应着眼于长线，不宜短线追求暴利，一般国家对寿险公司投资股票的比例都有所限制。

（3）证券投资基金。证券投资基金是指通过发行基金证券，集中投资者的资金交由专家投入股票、债券等金融工具，投资者按投资比例分享收益并承担风险的一种投资方式，它属于有价证券投资范畴。与前述各种投资方式均由保险公司的投资子公司或内设投资部门直接投资相比，保险公司购买证券投资基金实际上是一种委托投资行为，即保险公司通过购买专门的投资管理公司的基金完成投资行为，由投资基金管理公司专门负责资金的运营，保险公司凭所购基金分享证券投资基金的投资收益，同时承担证券投资基金的投资风险。按照基金单位是否可增加或赎回，证券投资基金可分为开放式基金和封闭式基金。开放式基金是指基金设立后，投资者可以随时申购或赎回基金单位，是基金规模不固定的投资基金；封闭式基金是指基金规模在发行前已经确定，在发行完毕后规定期限内基金规模固定不变的投资基金。

（4）金融衍生品。所谓金融衍生品是指其价值取决于一种或多种基础资产、指数或特定事件的金融合约。寿险资金可以投资金融衍生品，如远期、期货、期权、掉期（互换）等，但保险机构参与金融衍生品交易限于对冲或规避风险，不得用于投机目的。

10.2.3.3 不动产投资

保险资金投资的不动产是指土地、建筑物及其他附着于土地上的定着物。我国寿险资金可以投资基础设施类不动产、非基础设施类不动产及不动产相关金融产品。寿险资金采用债权、股权或者物权方式投资的非基础设施类不动产仅限于商业不动产，办公不动产，与保险业务相关的养老、医疗等不动产，以及自用性不动产。不动产投资的特点一方面是保值程度高，往往成为抵御通货膨胀的手段之一；另一方面是投资期限一般较长，一旦投资项目选择准确，则可获得长期的稳定的较高收益回报，但流动性弱，单项投资占用资金也较大，且因投资期限太长而存在难以预知的潜在风险。

10.2.3.4 其他形式

除了以上资金运用方式，寿险资金的投资方向还包括直接或间接股权投资、其他金融产品（银行理财产品、银行业金融机构信贷资产支持证券、信托公司集合资金信托计划等）、保单抵押贷款以及海外投资等。

10.3 资金运用的实践

10.3.1 国外寿险资金运用的演进

10.3.1.1 寿险投资的萌芽与正式出现（12~18世纪）

12世纪意大利的威尼斯共和国产生了"蒙丹期"公债储金办法，这是当时的统治者为了应付战时财政困难而发行的强制认购的公债，由于当时的宗教对高利贷的禁止使得年金成为人们借用大笔资金的有效手段。1656年意大利银行家洛伦·佟蒂（L. Tontine）在此基础上设计了年金保险的支付办法，采用向认购者每期支付酬金直至认购者死亡代替传统的一次性偿还本金和利息的方式，该做法于1689年由法国国王路易十四颁布实施，被命名为佟蒂法，是较早的年金保险的雏形。从"蒙丹期"公债储金办法的产生到佟蒂法的实施，虽然其本意与保险资金保值和增值不直接相关，但客观上是以某种用途实现未来的给付，因此，出现了寿险资金投资的一些萌芽。

1720年两家英国保险人——皇家交易所和伦敦交易所为取得市场垄断地位开始进行股票与债券投资。18世纪30年代后，太阳保险公司尝试进行贷款投资。1756年英国公平人寿保险公司成立，其对生命表和均衡保费的应用标志着现代寿险业的开端。均衡保费的采用为寿险积累大量的投资资金奠定了基础，自此，寿险公司设计的保单由保障功能开始逐步向投资功能转变，保险资金的投资业务正式成为寿险公司经营的一个重要业务环节。因此，1765年被认为是现代寿险资金投资的开端。

10.3.1.2　寿险投资的初创时期（1766～1950 年）

从 1765 年出现现代人寿保险业务开始，寿险险种不断丰富，从定期寿险、终身寿险向分红保险转变。1836 年美国费城基亚德人寿、年金与信托保险公司率先设计了分红型保单，1848 年美国出现了保单抵押贷款，1861 年马萨诸塞州成为第一个规定寿险保单中"不丧失价值条款"的州，1880 年又规定了现金退保价值的条款。与此同时，全球资本市场也在不断完善。1602 年最早的股票市场在荷兰阿姆斯特丹成立，1724 年巴黎证券交易所成立，1773 年英国伦敦证券交易所成立，1792 年美国纽约证券交易所成立，1878 年日本最早的证券交易所东京柱式交易所成立，1971 年纳斯达克（NASDAQ）建立，保险的投资业务开始从收益率较低的银行存款、政府债券向收益率较高的抵押贷款、土地抵押贷款甚至是直接参与房地产投资等转变。19 世纪末 20 世纪初，随着美国投资回报率不断下降，出现了海外投资热潮，但股票投资仍不是保险资金投资的主要工具。

在此阶段，随着寿险险种的变化，投资的规模不断扩大，同时对寿险资金投资的限制性条款不断出现，如给付条件、保单分红、保单抵押贷款、不丧失价值条款及现金退保价值等，这使得保险公司经营的成败逐步取决于其投资政策的成败。

10.3.1.3　寿险投资成熟期（1950 年至今）

20 世纪 50 年代后，寿险险种出现了新的创新，逐步出现了变额年金、投资连结保险和万能寿险等，由此也开始设立区分保险公司承担风险的保险投资通用账户和投保人承担风险的独立账户。1952 年美国出现了变额年金。1957 年英国伦敦曼斯特公司发行的基金连锁保单是最早出现的投资连结保险（以下简称投连险），投连险的出现使保险公司开始深入介入资本市场。1959 年美国要求签发变额年金保单的寿险公司建立独立账户，自此开始区分通用账户与独立账户各自的投资原则和投资资产。1964 年美国证券交易委员会宣布独立账户中的保单是发行证券行为，需要接受证券法的监管。1976 年美国继英国、加拿大之后推出了个人变额寿险保单，1977 年推出万能寿险，之后一直到 1985 年推出了变额万能寿险。

随着寿险险种不断创新，保险投资的领域也逐渐变得更加多元化，资本市场的不断完善，使得股票、衍生工具、风险投资等先后成为寿险资金的投资工具。1986 年英国通过《金融服务法案》，允许本国和外国银行、保险公司以及证券公司申请成为交易所会员，允许交易所以外的银行或保险公司甚至外国公司购买证交所成员的 100% 股票。1996 年日本开始推行金融大改革，先后颁布《证券交易法》《投资信托法》《银行法》《保险法》《外汇法》《日本银行法》等共同构成日本金融法新体系，放宽对银行、证券、保险等行业的限制。美国于 1999 年通过了《金融服务现代化法案》。自此，保险、银行、基金等之间的法律障碍被彻底扫清，进入更为广阔的金融混业经营时代。

10.3.2 我国人身保险资金运用的发展

1949 年，新中国第一家保险公司——中国人民保险公司成立，1958 年全面停办国内保险业务，1980 年恢复办理保险业务。在此期间，我国保险发展相当薄弱，保费收入低，几乎谈不上有什么保险投资业务。1984 年，国务院批准并转发中国人民保险公司的《改革保险管理体制，加快发展我国保险事业》文件，同意保险公司、分公司收入的保费在扣除赔款、赔款准备金、费用开支和各自交纳的税金后，余下的资金由公司自己运用。至此，中国的保险公司才真正拥有自主运用保险资金的权利。此后，各个时期管理部门对保险资金运用及管理认识上的差异，导致不同时期保险资金运用和管理的差异很大。根据不同发展时期的特征，我国保险资金运用的发展可大致划分为以下几个阶段。

10.3.2.1 严格限制投资阶段（1998 年之前）

1998 年以前，对保险业的监管主要由中国人民银行负责。1984 年《改革保险管理体制，加快发展我国保险事业》发布后保险公司开始了资金运用业务。之后由于保险公司盲目投资房地产以及各类实业项目，大量涉足有价证券、信托甚至股票市场，国务院、中国人民银行开始对保险市场清理整顿，先后出台了一系列法规对保险投资业务进行了规范。此时，我国保险资金投资运用比较混乱，经过规范后，投资范围大致包括银行存款、有价证券（包括股票和债券）、流动资金贷款和资金拆出。1995 年，我国颁布了《中华人民共和国保险法》，以法律形式规定保险投资范围为银行存款、政府债券、金融债券和国务院规定的其他渠道，但相应的细化规定没有出台，对保险资金的运用范围限制较为严格，保险公司的资金运用主要集中在银行存款上。

10.3.2.2 投资渠道不断拓宽（1998～2003 年）

1998 年，我国将保险监管职能从中国人民银行剥离出去，成立了中国保险监督管理委员会（以下简称保监会）。在保险业界的强烈呼吁下，从 1998 年开始，保险资金的投资渠道不断拓宽，增加了保险公司的利润来源。

1998 年允许保险公司进入全国同业拆借市场，从事债券现券的买卖业务。1999 年允许保险公司购买评级在 AA + 以上的央企债券、国债回购市场及与商业银行办理保险资金协议存款，同年保监会印发了《保险公司投资证券投资基金管理暂行办法》，允许保险公司开办投资基金业务，但投资比例需要监管部门核定。2000 年放宽了不同保险公司投资基金的上限，普通账户上限最高到 15%，投连险独立账户上限最高到 100%，2000 年底我国保险公司证券投资额首次超过银行存款。2001 年保监会允许保险资金购买电信类企业债。2002 年取消了保险公司投资基金的资格审批的规定。2003 年将保险公司投资基金的比例统一规定为普通账户不超过 15%，独立账户中投连险为 100%，万能险为 80%。① 2003 年进一步放宽了保险资金投资债券的比例和范围，且保险资金还可投资央行票据和货币市场工具。

10.3.2.3 全面开放投资阶段（2004 年以后）

从 2004 年开始，我国允许保险公司进行境外投资，初步形成了境内与境外两个投资渠道。2004 年我国出台的《保险外汇资金境外运用管理暂行办法》允许保险公司以外币形式的资本金、公积金、未分配利润、各项准备金和存入保证金进行境外存款、债券投资及货币市场等工具的投资。2012 年出台的《保险资金境外投资管理暂行办法实施细则》将海外投资资产划分为四个部分——货币市场类、固定收益类、权益类和不动产，增加了不动产投资，拓宽了股权投资的范围，降低了投资类债券的评级级别。

与此同时，我国保险资金运用的投资范围进一步拓宽。在此阶段，允许保险资金直接投资股票，间接投资基础设施，进行股权投资，拓宽不动产投资范围，增加债券投资品种，允许投资其他金融产品，并对金融衍生产品的投资进行了再规范。

此外，在此阶段明确了保险投资的两种模式——保险公司自主投资模式和资产管理公司等投资机构受托投资模式。2012 年，增加保险资金的受托人为保险资产管理公司、证券公司、证券资产管理公司、证券投资基金管理公司及其子公司等专业投资机构，扩大了保险资产管理公司的受托资金范围，除受托管理保险资金外，还可受托管理养老金、企业年金、住房公积金等机构的资金和能够识别并承担风险的合格投资者的资金。

10.3.3 我国保险资金运用的现状

10.3.3.1 保险资产管理专业主体逐渐壮大

2003 年，我国首批保险资产管理公司设立，这标志着中国保险资产管理业的正式启航。截至 2022 年底，我国已经设立了 33 家保险资产管理公司。② 各保险公司都设立了保险资产管理中心或资产管理部门，保险资产管理的专业化水平大幅提高。经过多年发展，我国保险资产管理公司已经发展成为包括研究、投资、配置、运营、风控、创新等平台在内的多部门协同工作的统一整体。伴随保险资产管理机构群体的扩大、部门设置的健全以及投资管理功能的提升，保险资产管理团队逐步壮大，保险资产管理专业人员队伍扩大；保险资产管理机构的资产管理能力、风险防控能力、专业服务能力以及市场竞争能力稳步提升。保险资产管理业不仅成为中国保险市场的重要组成部分，也成为中国资本市场成熟的机构投资者和促进中国实体经济发展的重要力量。

---

① 郭东梅，郭化三. 保险投资学 ［M］. 北京：经济科学出版社，2017：36.

② 中国保险年鉴编辑委员会. 2023 年中国保险年鉴 ［M］. 北京：中国保险年鉴社，2023.

10.3.3.2 保险业资产规模高速增长

自改革开放以来，我国保险业获得了长足发展，保费收入和保险总资产迅速扩大。2004 年 4 月，中国保险业总资产首次突破 1 万亿元大关；2014 年末，中国保险行业总资产突破 10 万亿元大关。截至 2021 年第四季度末，保险公司总资产 24.6 万亿元，较年初增加 2.6 万亿元，增长率为 11.5%。其中，财产险公司总资产 2.5 万亿元，较年初增长 6.0%；人身险公司总资产 21.4 万亿元，较年初增长 12.4%。再保险公司总资产 6 057 亿元，较年初增长 22.2%；保险资产管理公司总资产 1 030 亿元，较年初增长 35.4%。

此外，我国保险资金运用余额也在不断增加，2004～2022 年，我国保险资金运用余额从 0 扩大到近 25 万亿元（如图 10 - 1 所示）。截至 2021 年末，保险资金运用金额 23.23 万亿元，其中，银行存款 2.62 万亿元，债券 9.07 万亿元，股票和证券投资基金 2.95 万亿元，其他投资 8.59 万亿元。[①]

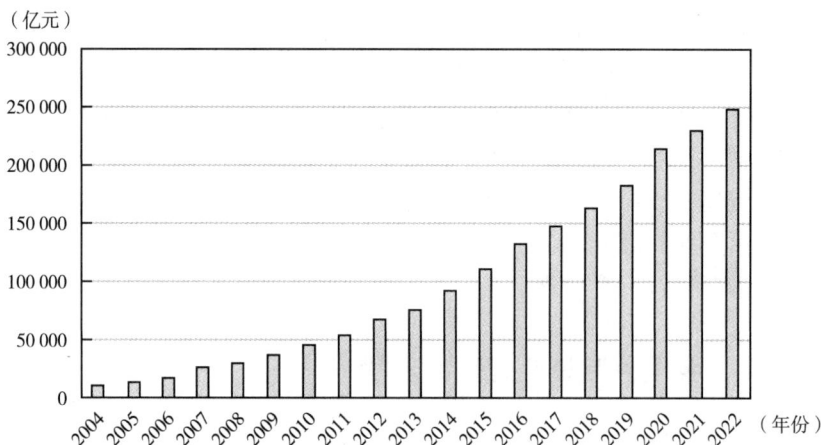

图 10 - 1 我国 2004～2022 年保险公司资金运用余额

资料来源：国家统计局. 保险公司资金运用余额 [DB/OL]. (2025 - 02 - 06) [2025 - 02 - 06]. https：//data. stats. gov. cn/easyquery. htm?cn = C01.

10.3.3.3 投资渠道不断拓宽，资产结构日益优化

近年来，我国保险资金的投资渠道不断拓宽，尤其是较高风险较高收益类品种不断丰富，经历了从传统的银行存款、债券向股票、基金，再向基础设施、不动产直至另类投资品种的逐步拓展。保险资金配置空间和弹性不断扩大，涵盖从公募到私募、从传统产品到另类工具、从境内市场到境外市场、从实体经济到虚拟经济的广阔领域，实现了对主要金融资产类型的全覆盖。我国保险资金投资渠道已基本与国际接轨。

[①] 中国保险年鉴编辑委员会. 2022 年中国保险年鉴 [M]. 北京：中国保险年鉴社，2022.

随着投资渠道的不断拓宽，我国保险资产配置结构发生了显著变化。银行存款占比总体下降，债券占比先升后降，但是总体稳定，股票和证券投资基金占比具有一定的起伏，其他投资占比增长较快（如图 10-2 所示）。

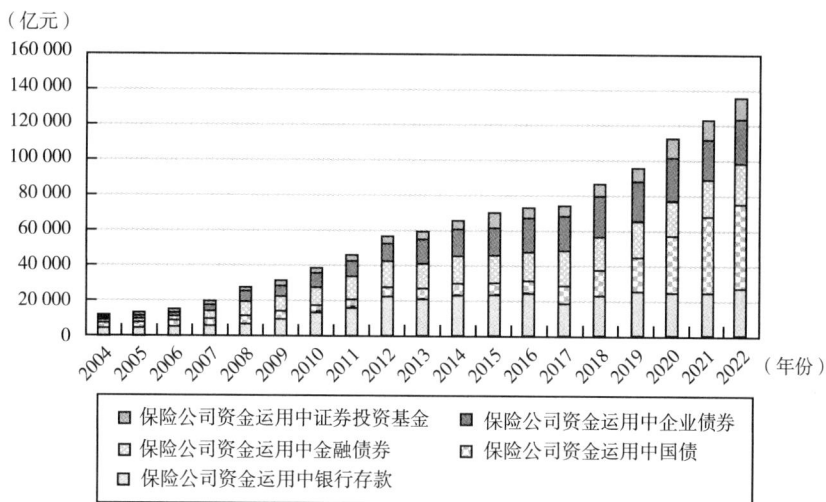

图 10-2　我国 2004~2022 年保险资金投资结构

资料来源：国家统计局．保险资金投资结构［DB/OL］．（2025-02-06）［2025-02-06］．https：//data. stats. gov. cn/easyquery. htm?cn = C01.

10.3.3.4　投资收益逐步改善，资产风险基本可控

自 2003 年以来，保险资金运用总体收益逐步改善。在 2008 年国际金融危机爆发前，得益于资本市场的繁荣，保险资金投资收益率从 2003 年的 2.7% 大幅提高到 2007 年的 12.2%。自 2008 年以来，虽然受到国际金融危机的负面冲击，但是我国保险资金运用始终保持正收益。2021 年，我国保险资金实现投资收益 1.01 万亿元，财务收益率 4.61%，综合收益率 4.66%。其中，固定收益类、权益类资产和流动性累计收益分别为 6 818.45 亿元、3 045.38 亿元和 158.18 亿元，分别占总收益的 67.35%、30.08% 和 1.56%。[①]

━━━━━ **本章总结** ━━━━━

人寿与健康保险资金运用是指寿险公司对所有类型的所有资产的类型、数量、比例及组合同时作出决策的综合性资金管理的方法和过程，其实质是对寿险公司资产负债表中各项资产项目的总量结构进行计划、安排和控制，在保证资金使用安全性和流动性的前提下，以最小的成本获取最高的收益。

寿险资金的投资模式包括保险公司自行投资模式和委托投资模式两种，投资

---

① 中国保险年鉴编辑委员会．2022 年中国保险年鉴［M］．北京：中国保险年鉴社，2022.

的过程需要遵循安全性、收益性和流动性的原则。寿险资金的投资渠道随着金融市场的发展而不断增多，目前已包括银行存款、有价证券、不动产投资以及其他投资形式等多个领域。

练习与思考

1. 人身保险投资的资金来源于哪些方面，具有什么特点？
2. 人身保险资金的投资主体、投资原则分别是什么？
3. 我国人身保险资金运用的主要渠道有哪些？
4. 我国人身保险资金运用经历了哪些发展阶段，现状如何？

第 11 章　人寿与健康保险监管

📖 **本章提要**

　　本章介绍人寿与健康保险的监管。首先，介绍了人身保险监管的内涵、目标和方法。其次，以英国、美国和日本为例，介绍了国外典型国家的人身保险监管制度。最后，总结了我国人身保险监管的发展历程，以及我国以市场行为监管、偿付能力监管和公司治理监管为支柱的监管体系。

📑 **学习目标**

　　了解人身保险监管的内涵、目标和方法。
　　理解不同国家人身保险的监管制度体系。
　　掌握我国人身保险监管制度的主要内容。

11.1　概　述

11.1.1　人身保险监管的内涵

　　保险监管是指一个国家的保险监督管理部门为了维护保险市场秩序，保护被保险人及社会公众的利益，依法对本国保险业进行的监督和管理，即国家的保险监督管理部门依照法律、行政法规对在境内注册登记的从事保险活动的公民、法人和其他组织及其行为进行监督和管理。国家对保险业的监管，主要是制定各种保险法律、法规，由专司保险监管职能的机构依据法律和行政授权对保险业进行指导与管理，以保证保险法规的贯彻执行。

　　根据国际保险监督官协会（IAIS）2005 年发布的《保险监管新框架：构建偿付能力评估的共同框架和标准》，市场行为监管、财务监管（以偿付能力监管为核心）和公司治理监管共同构成了现代保险监管的三支柱。

　　市场行为监管是指对保险公司的经营活动过程进行的监管。人身保险市场行为监管主要包括对保险机构的设立、公司高管的任职、保单条款、保险费率、保险资金运用等经营行为的监管。其中，监管的核心内容是对保险费率的监管。

财务监管主要保证保险公司财务状况的稳健，核心是偿付能力监管。偿付能力是保险公司承担所有到期债务和未来责任的财务支付能力。偿付能力控制的方式可以根据资本金或其他与本国偿付能力监管体系有关的财务方法来确定，主要通过对诸如保费增长率、实际偿付能力额度变化率、最低资本金率、各种准备金、资金收益率、融资风险率等财务指标进行监控，督促公司保持偿付能力充足以防范偿付能力不足导致的经营风险，保护保单持有者的利益和收益安全。

公司治理探讨的是一个公司基于委托—代理关系之上的制度约束和激励问题，通过安排一个良好的公司治理结构，来保证与公司存在利益关系的各个主体的权利和义务都得到明确界定，并在各个主体之间形成相互约束和激励的权力结构，以此来保证公司的决策和经营管理最优，对公司面临的各种风险进行有效控制。保险企业的公司治理主要解决的是内部风险控制问题，以此保证公司经营管理的稳定。公司治理监管通过制度连续发挥激励和约束作用，来体现一种过程监管。

11.1.2 人身保险监管的目标

11.1.2.1 保证保险公司有足够的偿付能力

偿付能力是指保险公司偿还到期债务的能力，即保险公司对保单持有人履行经济补偿和给付保险金的能力。保证保险公司的偿付能力、防止保险经营的失败是保险监管的基本目标，也是保险监管的核心。

我国《保险法》第一百零一条规定："保险公司应当具有与其业务规模和风险程度相适应的最低偿付能力。保险公司的认可资产减去认可负债的差额不得低于国务院保险监督管理机构规定的数额；低于规定数额的，应当按照国务院保险监督管理机构的要求采取相应措施达到规定的数额。"《保险公司偿付能力管理规定》第四条规定："保险公司应当建立健全偿付能力管理体系，有效识别管理各类风险，不断提升偿付能力风险管理水平，及时监测偿付能力状况，编报偿付能力报告，披露偿付能力相关信息，做好资本规划，确保偿付能力达标。"

11.1.2.2 防止利用保险进行欺诈

利用保险进行欺诈不当得利，违反了商业保险保障经济秩序正常稳定的初衷。针对保险行业的特殊性，国家把防止、打击保险市场中的欺诈行为作为监管的目标之一，以维护保险市场的正常秩序。保险欺诈主要来自保险公司的欺诈行为、投保人或者被保险人的欺诈行为和非法保险活动。

保险公司的欺诈行为主要表现为：缺乏必要的偿付能力或超出核定的业务经营范围，利用拟定保险条款和保险费率的专业优势误导投保人或者被保险人，甚至逃避其应承担的保险责任以及非法经营等。为了防止上述行为的发生，各国

《保险法》都进行严格规定，通过规定保险公司经营范围、保险条款及法律责任等相应的监管措施加以防范和监管。投保人或者被保险人的欺诈行为主要表现为利用保险谋取不当利益，例如通过故意制造保险事故，或者事故发生后不采取积极施救措施，任损失扩大或故意夸大损失等，其目的就是骗取保险赔款，获取额外经济利益。对这些行为，各国一般通过《保险法》规定的保险利益原则、损失补偿原则、保险人责任免除等加以控制和防范。

11.1.2.3 维护保险市场的公平合理

通过制定保险法律法规并由监管部门监督执行，给保险市场主体营造公平公正的交易环境、维护合理的价格和公平的保险条件是保险监管的重要目标之一。在保险业的发展过程中，各方之间的关系都要公平合理。一是保险公司与投保人、被保险人之间的关系要公平合理，即保险费率要与保险标的所面临的风险程度及保险人所提供的保障程度相适应；二是投保人之间的关系要公平合理，即投保人对保险成本的分摊要公平合理，也就是保险人对面临相同风险程度的被保险人应采取同一费率；三是保险公司之间的关系要公平合理，即保证各保险公司在同等条件下公平竞争，防止不正当竞争和恶性竞争。要维持各方关系的公平合理需要对保险进行有效监管。

11.1.2.4 提高经济效益和社会效益

国家对人身保险市场进行监管可以使保险业保持适度规模经营，减少资金占用，扩大承保范围，提高保险公司的经济效益。此外，在现代经济中，保险保障对社会经济发展是必不可少的，当保险公司的经济效益与社会效益发生冲突时，国家通过干预、管理和协调来达到两者的统一。

11.1.3 人身保险监管的方式

11.1.3.1 公告管理方式

公告管理方式又称公示主义，是指国家对保险公司的经营不作任何直接的监督和干预，对保险业务经营的优劣也不予任何评价，仅规定保险公司必须按照政府规定的格式及内容，定期将资产负债、营业结果以及其他有关事项呈报给政府的主管机关并予以公告。

该种方式是政府对保险市场进行监管的各种方式中最为宽松的一种，优点是为保险业的发展提供了较大的自由空间，保险公司的组织形式、保险合同的格式、保险资金运用等均由保险公司自我管理，国家不多加干预，保险公司能够在较为宽松的市场环境中自由发展。该方式的缺点是一般公众对保险业的优劣评价标准不易准确掌握，对不正当的经营行为无能为力。因此，这种监管方式的采用必须以保险公司具有相当的自我约束能力、社会各界具有较强的保险意识并对保险人经营有正确的判断为前提。随着现代保险业的发展，竞争日趋激烈，这种监管方式因不利于切实有效地保护消费者利益而被许多国家放弃。

11.1.3.2 规范管理方式

规范管理方式又称准则主义，是指由政府制定一系列有关保险经营的准则，并监督执行。如对最低资本金的要求、资产负债表的审核、资本金的运用、违反法律的处罚等均有明确规定。但对保险公司的业务经营、财务管理和人事等方面则不加干预。因此，监管部门对保险人是否确实遵守了这些准则，仍只停留于形式上的审查，而非深入公司内部进行连续不断的监督检查。

规范管理方式较公告管理方式更加注重保险经营形式上的合法性，并不涉及保险业经营管理的实体，即只要形式上合法，监管机构便不加干预。不过，由于保险技术复杂等原因，有关法律法规难以适用于所有保险机构，这种方式有时容易流于形式。该方式适用于保险法规比较严密和健全的国家，例如 1986 年以前的英国。

11.1.3.3 实体管理方式

实体管理方式又称批准主义，是指国家制定完善的保险监管规则，国家保险监管机构根据国家法律赋予的权力，对保险企业的设立、经营、财务、业务及破产清算等进行全方位、全过程的有效监督和管理。

实体管理方式追求彻底有效的监督和管理，赋予国家保险管理机构以较高的权威和灵活处理的权力，同时还辅之以规范管理的某些措施。目前大多数国家采用此种监管方式，如后面将要提到的美国、日本和中国等。

11.1.4 人身保险监管的手段

11.1.4.1 法律手段

法律手段是指以国家制定法律、法规等形式来调整保险市场上的各种关系。作为保险监管手段的法律，通常是指保险法规及有关经济方面的法律。这是目前采用较多的一种保险监管手段。这种监管手段要求国家有较为完善的保险监督管理法律体系，保险监管机关根据法律规定，对保险企业、保险市场进行全面有效的监管，包括保险企业的设立、经营、变更、解散和清算等，旨在制裁不法经营及违法经营，进而提高保险业的整体声誉，维护社会公众的利益。

11.1.4.2 经济手段

经济手段是国家运用财政、税收、信贷等各种经济杠杆，正确处理各种经济关系来对保险业进行管理。用经济手段管理保险市场，客观上要做到遵循经济规律，遵守等价交换原则，充分发挥市场、价格、竞争等作用，讲求经济效益。

11.1.4.3 行政手段

行政手段是指依靠行政机构的权力，通过下达行政命令和行政规定等形式强制干预保险活动。经济体制转型前的大多数社会主义国家均采用过该手段。虽然商品经济并不绝对排斥国家和政府对经济的行政管理，甚至有时还要凭借这种手段为保险事业的发展创造良好的外部环境和社会条件，及时纠正干扰保险市场正常秩序的不良倾向，但要使保险市场真正充满生机和活力，使保险企业真正成为独立核算、自主经营、自负盈亏、自我发展与自我约束的现代化企业，就必须尽量减少和弱化行政干预手段。

11.2 国外的人身保险监管体制

11.2.1 英国的人身保险监管

作为一个有着悠久保险历史的国家，英国对人身保险产品的监管采取比较宽松的政策。监管机构对于保险公司在产品方面的法律约束与规定很少，而在实施监管政策的时候，将市场的充分竞争性作为监管目标之一，英国保险监管机构认为监督应减少对市场准入的不必要干预和对新产品的不必要限制，避免监管对市场造成的不必要的扭曲和障碍。与此同时，监管者注重发挥行业自律的作用，并认为在某些领域中，行业比监管者更加具有专业性。监管者主要通过颁布一系列准则，如保险商业行为指引（ICOB）和市场行为条例（MAR）来规范引导，而不对保险公司的具体经营、费率厘定和业务经营作特别规定。但是对保险公司在信息披露责任上有着严格的要求。

20 世纪 80 年代中期以前，英国对人身保险的监管一直极为松散，但是《1986年金融服务法案》的出台改变了这一状况。根据该法案，公司必须经过核准，在法定的框架下进行积极的自我监管。该法案的实施改善了整个行业的发展状况，并重点加强了对于消费者的保护。21 世纪以后，随着金融服务业的现代化，英国通过了新的法案《2000 年金融服务及市场法案》（FSMA），废除了之前的《1986 年金融服务法案》。新的法案创立了金融服务监管局（FSA），对金融行业实行统一监管，其总体目标是通过一系列手段推动市场公平有序高效地运行。现在，英国金融服务监督局作为法定的监管机构，确立了审慎监管的保险监管体系。

在推动市场公平有序高效运行时，金融服务监管局可以使用的监管工具包括三大类：第一类是与消费者相关工具，例如信息披露、消费者教育、进行民情调查、对受到损害的消费者进行赔偿、发布公共信息以及对产品进行批准等；第二类是与保险业相关的监管工具，例如制定规则、监控市场、举行整个行业的项目、发挥专业人士的作用、推进公司的国际化、组织培训并进行资格认定以及对高级管理人员进行任职资格考核等；第三类是与执法相关的监管工具，例如许可制度、禁止令、处罚和要求退赔等。

11.2.2 美国的人身保险监管

经过不断的发展，美国对保险业的监管形成了以偿付能力监管为核心、市场行为监管为补充的综合监管模式。概括地说，美国保险监管的目标包括三个方面，即保护消费者的合法权益、维持保险公司的偿付能力和防止破坏性竞争。为实现以上目标，美国实行了一种较为严格、全面的保险监管方式，主要特点是建立比较完整的保险法律制度和管理规则，设立健全的、拥有较高权威和权力的保险监督管理机构。

美国人身保险产品监管的法律体系由三个部分构成——州保险法、NAIC 示范法和联邦法律。

11.2.2.1 州保险法——监管的基础

州保险法以立法的形式明确了保险公司、保险代理人和保险经纪人等市场主体的资格要求及行为规范，规定了合同双方的基本权利及义务，明确了保险经营和资金运用的基本原则，同时赋予了州监管当局对保险业的监督管理权力，这是各州政府实施监管的基础与依据。尽管各州保险法的具体条文有所不同，但各州均对人身保险产品有以下方面的监管要求：第一，对保险合同的监管。保险合同属于专业性格式文件，为避免条款中不公平约定对消费者的不利影响，各州均要求保险合同在使用前必须经过州保险监管机构的备案或审批，并采用规范化的格式。第二，对产品宣传的监管。保险产品是无形的商品，为避免产品销售过程中不真实甚至误导性的广告宣传，各州保险法针对代理人及经纪人开展的保险产品宣传活动进行严格规范，范围涵盖产品印制品、录音、广播、多媒体以及讲座等。第三，对信息披露的监管。为保护消费者的知情权，各州保险法都规定了保险公司信息披露的要求。保险公司必须提供产品功能简述，包括产品的保费、死亡赔偿、退保价值、红利、保单贷款利率等所有涉及产品利益的信息。此外，保险公司还必须为所有可能购买保险的消费者提供"投保提示"，提供有关人寿保险产品的知识与信息。

11.2.2.2 NAIC 示范法——监管的指引

如前所述，美国保险监督官协会（The National Association of Insurance Commissioners，NAIC）是各州监管的协调者，主要职责之一就是制定示范法规，以供各州保险立法参考。示范法规常常被各州保险监督官认为是所涉及领域的最佳监管实践。许多州的立法机关也将示范法规视为保险监管建议的起点，并对示范法规加以变更和修改。因此，示范法规可以被视为美国保险监管的基本代表，是基于各州保险监督官的一致意见基础上制定的监管指引，但不代表各州保险监督官会在本州采用与之完全相同的监管规定。

11.2.2.3　联邦法律——监管的补充

虽然保险产品由州进行监管，但是联邦法律对一些具有特殊性质的保险产品进行了特别监管。例如，1933 年的联邦证券法认为变额人寿保险和变额年金产品是一种证券产品，因此这类产品需要向美国证券交易委员会登记并向公众提供相关的产品信息披露与说明。另外，销售变额人寿、变额年金产品的代理人及经纪人也要受到双重监管。他们的销售资格不仅需要获得州保险机构的批准，还要获得联邦证券监管部门的批准。

目前美国的保险监管采取的是以州政府为主、以联邦政府为辅的双重监管体制。在该体制下，各州政府拥有独立的官方监管机构，在州管辖范围内实行保险监管权，是监管活动的主要承担者；而联邦政府没有独立的官方监管机构，只是监管行动上的参与者，承担辅助性角色；涉及州际的监管事务和全国性的保险监管职能由 NAIC 承担，但 NAIC 本身没有监管权力，只发挥协调职能，主要是提供建议为州保险监管机构提供服务。其支持州监管机构的方式包括：建立广泛的保险数据库，提供技术服务，制定示范法以及协调监管政策等。NAIC 对各州监管立法也有着较大的影响力。与此同时，行业自律组织、消费者组织等非官方机构对美国保险市场发挥着政府监管所不具备的影响及作用。

11.2.3　日本的人身保险监管

与欧美国家保险市场上各种形式的保险机构自由竞争的情况不同，早期的日本保险业是一个集中型的保险市场，几个有深厚官方背景的保险公司形成寡头，政府对本国保险公司采取保驾护航式的监管，保险产品受到严格审批，外资保险公司的市场注入受到限制，这实质上形成了官方垄断。1997 年以前，日本的保险监管权力完全集中于中央，由大藏省监管，行政指导是日本保险监管的特色。在日本的一系列保险法规中，都留有许多解释和灵活处理的余地。几乎所有的重要规定都有极为广泛的行政介入空间，保险业法、保险业道德规则未作规定的部分，都可以由监管当局大藏省解释或者判断。在实际操作中，大藏省的行政行为和事务处理程序是通过通知和事务联系函实现的，这些通知和事务联系函是行政机构的内部文件，对保险公司没有强制约束力，实际上只是大藏省对保险公司的行政指导。

20 世纪 70 年代，欧美国家出现了金融自由化浪潮，金融创新层出不穷，日本金融监管当局却墨守成规，行政过度干预金融监管，导致权力腐败。日本在泡沫经济后，又受到东南亚经济危机的冲击，经济萧条，金融机构状况恶化，陷入经济困难的局面。进入 90 年代以后，日本金融危机加剧，金融机构倒闭频繁。为了加强金融监管，1988 年 6 月日本成立了金融监管厅（FSA），接管了大藏省对银行、证券、保险的监管工作。2007 年 7 月金融监管厅更名为金融厅，将金融行政计划和立案权限从大藏省分离出来。金融厅长由首相直接任命以确保其在金融监管上的相对独立。

同时日本政府进行了一系列金融改革。在发展方向上，日本的监管者更加注重创新与监管的协调发展，避免因过度监管而损伤市场的活力和竞争力。在具体实施上，日本在继承了"规则监管"的传统基础上，促进发展"原则监管"，力图将两种监管形成最佳搭配，以确保监管的有效性。在这个大背景下，保险业的监管也迎来了一次变革。长期以来，日本一直严格把持着对保险产品准入限制。然而1996年日本新保险业法实施后，日本开始效仿美国对保险公司实行以偿付能力为核心的监管，建立起了具有本国特色的监管体制。首先，保险监管工作的重点由市场准入的严格审批转向对保险人偿付能力的监管，注重了对投保人利益的保护。其次，对保险机构及其分支全方位进行公开标准和规范的监管，并且推动市场的分化和适度竞争。日本废除了保险公司必须遵循费率算定委员会费率标准的规定，逐步放开保险公司产品设计和定价方面的限制，实行有条件的自由化，鼓励适度的竞争。日本监管者还放弃了限制保险产品信息公开比较的"比较信息管制"，规定保险公司将自己从事的业务内容、产品信息和财务状况等编制成经济信息资料公布于众，使公众能够及时和全面了解有关保险公司的经营信息。尽管金融厅把主要方向定位于偿付能力方面的监管和保险公司的财务状况的监控，但由于历史原因，日本对产品的监管要求仍较为严格。保险产品及费率原则上必须经过监管部门的审批，但对于保护投保人利益等较完善的标准化产品，根据内阁府令（第123条）制定的特定产品只需备案即可。

11.3　我国的人身保险监管制度

11.3.1　我国人身保险市场和监管政策的演进

我国寿险业自1982年复业。1995年《保险法》出台后，我国保险业实行产、寿险分业经营。自1997年起保费收入超过财产险，构成了我国保险业保费收入的最主要来源。纵观我国寿险业自复业以来40多年的发展，可以将其分为以下几个阶段。

11.3.1.1　简单寿险产品时期（1982～1991年）

改革开放后，我国寿险业务率先在上海恢复，当时仅有两种简单产品——简易人身险和集体企业养老金保险。1982年，上海、四川、陕西、吉林、湖北、广东等省份先后试办了简易人身保险，在此基础上，1983年中国人民保险公司开始面向全国销售简易人身保险产品。1984年，国务院要求中国人民保险公司经营集体所有制企业职工养老保险，该保险的性质为社会保险，提供终身年金和死亡丧葬费保障。在政府的支持下，集体养老保险发展很快，一度超过简易人身保险。产品的销售主要通过营业员去单位团体销售，这也导致了团险销售渠道一直是我国寿险业的主要销售途径之一。

关于产品的定价，由于当时现代精算科学尚未引入，储蓄利率是定价的重要依据。随着中国人民银行多次调整储蓄利率，简易人身保险产品的预定利率也有一定的变化，但基本在年复利 6%～8%，事后来看，这个预定利率处于比较高的水平。

11.3.1.2　保障型寿险产品时期（1992～1999 年）

1992 年邓小平南方谈话后，我国经济进入了一个新的时期，保险业也迎来了大发展，外资公司、合资公司开始进入我国人身保险市场。1992 年美国友邦保险公司以外商独资寿险公司的身份正式落户上海。友邦给我国带来了寿险代理人制度和丰富的保险产品，同时也带来了专业的人寿保险管理方式和技术。在一定意义上，友邦的进入才真正唤醒了中国的商业保险市场。

代理人销售渠道崛起后，单一的产品已经不能满足客户的多样性需求。寿险公司逐渐将业务发展重点从团体展业向个人业务转移，出现了第一次寿险产品创新浪潮，涌现了大量终身型和定期返还型的两全保险，为人们提供教育金、创业金、婚嫁金、养老金和身故等保障。保险金额大幅提升至万元水平，出现了年缴型缴费方式。与此同时，此时期中国人民银行是保险市场的监管部门，也负责产品的定价，定价的依据仍然是银行存款利率。1993～1995 年我国出现了严重的通货膨胀，受此影响，1992～1999 年银行利率大幅波动。相应地，寿险产品的预定利率也处于高位。产品的创新和较高的预定利率使这个时期的传统保障型寿险产品在市场上比较有竞争力，当时个人购买寿险甚至需要排长队。

1997 年亚洲金融危机爆发，我国在国家层面深刻地认识到金融风险管控的重要性，决定成立"一行三会"的分业监管格局。1998 年 11 月，中国保险监督管理委员会的成立标志着我国保险业进入了一个比较独立的金融门类的时代。与此同时，中国人民银行连续八次降息，一年期存款利率一路降至 1.98%，保障型的传统寿险产品失去了竞争力，我国的寿险公司普遍陷入严重的利差损。

11.3.1.3　理财型寿险产品时期（1999～2012 年）

经过短暂的市场空白期后，在借鉴海外寿险产品创新的基础上，我国寿险市场纷纷推出创新型寿险产品。中国平安率先于 1999 年 10 月在上海推出投资连结保险（也称变额寿险）——平安世纪理财投资连结险，将寿险和股市收益结合起来。2000 年 3 月，中国人寿卖出第一款分红险——国寿千禧理财。同年 8 月，中国太平洋保险（集团）股份有限公司卖出国内第一款万能寿险——太平盛世·长发两全保险。此后，投连、分红和万能险成为我国寿险市场财富管理型寿险产品的主流形式，财富管理型寿险产品兼具保障、储蓄与投资功能，增强了寿险产品的竞争力，在 2000 年后的我国寿险市场上交替成为市场主导性产品。

11.3.1.4　中短期存续产品爆发时期（2013～2017 年）

从 2012 年下半年开始，保监会确立了"放开前端、管住后端"的监管思路，连续出台 10 余项政策给保险资金运用松绑，这给万能险和投连险带来了增长空间。2013 年，放开了普通型人身险预定利率。2015 年放开万能险的最低保证利率，各类人身险的预定利率均有提高。

金融属性的竞争再次成为寿险市场的主题。以万能险为代表的中短期存续产品成为最有竞争力的产品。一些中小型寿险公司借此机会实现了"弯道超车"，一跃成为大型保险公司。中短期存续型万能险一方面造就了一批中小保险公司的腾飞，另一方面也带来了高利率、短借长投、短期借款化等问题。2016 年，"险资举牌"成为我国金融市场的"风暴眼"，引发了戏剧性的资本市场事件及随之而来的监管风暴。从 2016 年 3 月起，保监会连续发文抑制中短期存续万能险产品的过快发展。2017 年 5 月，保监会发布的《中国保监会关于规范人身保险公司产品开发设计行为的通知》对包括年金险、万能险、投连险和健康保险在内的多个险种作出了细致的要求与规定，彻底切断了中短存续期产品的快速膨胀。至此，以中短存续期产品为主要载体的保险时代徐徐谢幕。

11.3.1.5 保障回归时期（2018 年至今）

2018 年 3 月，中央发布《深化党和国家机构改革方案》，决定将银监会和保监会的职责整合，组建中国银行保险监督管理委员会，不再保留银监会和保监会，保险监管开始踏上新时代的新征程。在此阶段，监管部门提出要正确把握保险业的定位和方向，区分保险和投资的优先属性，整个行业必须准确把握保险的核心价值在于提供风险保障，保险业的功能在于建立市场化的风险补偿机制，而不是制造系统风险。2023 年 5 月，根据国务院机构改革方案，银保监会正式更名为国家金融监督管理总局。

纵观我国寿险复业以来的变迁，实际上是寿险产品相较于其他金融产品的相对价格变动的结果。我国寿险产品的价格是在精算约束、制度约束和市场平衡下的综合结果。金融成分和保障成分的配比权衡是我国寿险发展的核心主题。金融成分保持在合适的水平，我国寿险产品的相对价格才会降低，金融市场上才能保有一定的竞争优势。但过分偏重金融成分，又会出现异化。未来，我国寿险的金融创新应能情景化地适应我国的金融远景、场景化地符合消费者的切实需求，这仍将是我国寿险业的主旋律之一，也是保持高增长的核心秘籍。

11.3.2 我国人身保险监管的主要内容

我国的人身保险监管主要以《中华人民共和国保险法》《中华人民共和国公司法》《保险公司管理规定》等为依据，实施市场行为监管、偿付能力监管和保险公司治理结构监管"三支柱"的保险监管框架。为了维护投保人的利益，确保人身保险公司的偿付能力，保证人身保险市场的公平与效率，我国的保险监管机构对人身保险公司的机构、业务、偿付能力等进行了全方位的监管。

11.3.2.1　市场行为监管

市场行为监管主要是指保险监管部门逐步建立和完善市场行为准则，采取有效的监管措施，通过现场检查和受理投诉，监督、检查和查处保险公司及中介机构在销售、承保、理赔以及客户服务等各个环节是否存在违法违规行为，支持合法经营和公平竞争，处罚违规行为，促进保险公司完善经营管理和规范发展。《保险法》第一百三十五条规定："关系社会公众利益的保险险种、依法实行强制保险的险种和新开发的人寿保险险种等的保险条款和保险费率，应当报国务院保险监督管理机构批准。国务院保险监督管理机构审批时，应当遵循保护社会公众利益和防止不正当竞争的原则。其他保险险种的保险条款和保险费率，应当报保险监督管理机构备案。"第一百三十六条规定："保险公司使用的保险条款和保险费率违反法律、行政法规或者国务院保险监督管理机构的有关规定的，由保险监督管理机构责令停止使用，限期修改情节严重的，可以在一定期限内禁止申报新的保险条款和保险费率。"

11.3.2.2　偿付能力监管

偿付能力即公司偿还债务的能力，具体表现为保险公司是否有足够的资产来匹配其负债，特别是履行其给付保险金或者赔款的义务。保险公司偿付能力监管是指保险监管机构对保险公司的偿付能力实行的监督和管理。中国银保监会于 2021 年 1 月 15 日发布了《保险公司偿付能力管理规定》，2021 年 12 月 30 日发布了《保险公司偿付能力监管规则（Ⅱ）》，标志着我国偿二代二期工程建设的顺利完成。

依据《保险公司偿付能力管理规定》，偿付能力监管指标主要包括核心偿付能力充足率、综合偿付能力充足率和风险综合评级。

（1）核心偿付能力充足率。核心偿付能力充足率是核心资本与最低资本的比值，用于衡量保险公司高质量资本的充足状况。核心资本是指保险公司在持续经营和破产清算状态下均可以吸收损失的资本。

（2）综合偿付能力充足率。综合偿付能力充足率是实际资本与最低资本的比值，用于衡量保险公司资本的总体充足状况。

（3）风险综合评级。风险综合评级是对保险公司偿付能力综合风险的评价，用于衡量保险公司总体偿付能力风险的大小。

按照《保险公司偿付能力监管规则第 11 号：风险综合评级（分类监管）》第十七、第十九条的规定，中国银保监会及其派出机构通过评估保险公司的操作风险、战略风险、声誉风险和流动性风险，结合其核心偿付能力充足率和综合偿付能力充足率，对保险公司总体风险进行评价，确定其风险综合评级，分为 A 类、B 类、C 类和 D 类四个监管类别。A 类公司：偿付能力充足率达标，且操作风险、战略风险、声誉风险和流动性风险小的公司。根据风险由小到大进一步细分为 AAA 类公司、AA 类公司和 A 类公司。B 类公司：偿付能力充足率达标，且操作风险、战略风险、声誉风险和流动性风险较小的公司。根据风险由小到大进一步细分为 BBB 类公司、BB 类公司和 B 类公司。C 类公司：偿付能力充足率不达标，或者偿付能力充足率虽然达标，但操作风险、战略风险、声誉风险和流动性风险中某一类或几类风险较大的公司。D 类公司：偿付能力充足率不达标，或者偿付能力充足率虽然达标，但操作风险、战略风险、声誉风险和流动性风险中某一类或几类风险严重的公司。

保险公司同时符合以下三项监管要求的，为偿付能力达标公司：第一，核心偿付能力充足率不低于 50%；第二，综合偿付能力充足率不低于 100%；第三，风险综合评级在 B 类及以上。不符合上述任意一项要求的，为偿付能力不达标公司。

11.3.2.3 公司治理结构监管

公司治理结构是一种联系并规范股东（财产所有者）、董事会、高级管理人员权利和义务分配，以及与此有关的聘选、监督等问题的制度框架。简单地说，就是如何在公司内部划分权力。良好的公司治理结构，可解决公司各方利益分配问题，对公司能否高效运转、是否具有竞争力，起到决定性的作用。我国公司治理结构是采用"三权分立"制度，即决策权、经营管理权、监督权分属于股东会、董事会或者执行董事、监事会。通过权力的制衡，使三大机关各司其职，又相互制约，保证公司顺利运行。

保险监管部门及其派出机构通过实施行政许可、现场检查、非现场监管、评估等方式，对保险机构公司治理实施持续监管。保险公司治理结构监管的主要内容有以下四个方面。

（1）资格管理和培训。保险公司董事、监事和高级管理人员，应当在任职前取得相关部门或其派出机构核准的任职资格。保险公司董事、监事或者高级管理人员在任职期间犯罪、受到监察机关重大处分或者受到其他行政机关重大行政处罚的，保险公司应当自知道或者应当知道判决或者行政处罚决定之日起 10 日内，向相关部门或其派出机构报告。保险公司被整顿、接管期间，或者出现重大风险时，负有直接责任的董事、监事或者高级管理人员，在被整顿、接管或者重大风险处置期间，不得到其他保险公司担任董事、监事或者高级管理人员。保险公司董事、监事和高级管理人员应当按照监管部门的规定参加培训。

（2）非现场检查。

①保险公司股东大会、董事会的重大决议，应当在决议作出后 30 日内报告监管机构。

②保险公司董事会应当每年向保险监管机构提交内控评估报告。内控评估报告应当包括内控制度的执行情况、存在问题及改进措施等方面的内容。

③保险公司董事会应当每年向保险监管机构提交风险评估报告。风险评估报告应当对保险公司的偿付能力风险、投资风险、产品定价风险、准备金提取风险和利率风险等进行评估并提出改进措施。

④公司董事会应当每年向保险监管机构提交合规报告。合规报告应当包括重大违规事件、合规管理存在的问题及改进措施等方面的内容。

（3）现场检查。监管部门及其派出机构承担现场检查任务的部门负责现场检查的立项和组织实施，提出整改、采取监管措施和行政处罚的建议，通过约谈、后续检查和稽核调查等方式对被查机构整改情况进行评价时，被查机构应当配合，如实说明有关情况，并提供有关文件、资料，不得拒绝、阻碍和隐瞒。根据工作需要，可以采取线上检查、函询稽核等新型检查方法。

（4）沟通机制。国家金融监督管理总局认为有必要的，可以列席保险公司股东大会、董事会及其专业委员会的会议，可以直接向保险公司股东反馈监管意见。

本章总结

保险监管是指一个国家的保险监督管理部门为了维护保险市场秩序，保护被保险人及社会公众的利益，依法对本国保险业进行的监督和管理。即国家的保险监督管理部门依照法律、行政法规对在境内注册登记的从事保险活动的公民、法人和其他组织及其行为进行监督和管理。人身保险监管的目标包括保证保险公司有充足的偿付能力、防止利用保险进行欺诈、维护保险市场的公平合理以及提高保险公司的经济效益和社会效益。

我国已经建立了以偿付能力监管、市场行为监管和公司治理结构监管为主的监管体系。偿付能力监管以保证保险公司具有充足的偿债能力为目标，市场行为监管侧重于对保险公司在销售、承保、理赔及客户服务等市场行为方面的规范，公司治理结构监管着重帮助保险公司建立良好的企业结果，保证企业顺利规范发展。

练习与思考

1. 什么是保险监管以及人身保险监管？
2. 人身保险监管的目标、方式和手段分别有哪些？
3. 英国、美国和日本的人身保险监管制度分别有何特征？
4. 我国人身保险监管的主要内容有哪些方面？

参考文献

［1］陈文辉，梁涛，方立．人身保险市场行为监管研究［M］．北京：中国财政经济出版社，2008.

［2］陈欣．保险法［M］．3版．北京：北京大学出版社，2010.

［3］崔惠贤．保险中介理论与实务［M］．北京：清华大学出版社、北京交通大学出版社，2019.

［4］杜鹃，万晴瑶．人身保险学［M］．北京：立信会计出版社，2022.

［5］杜鹃，郑祎华．人身保险［M］．北京：中国人民大学出版社，2009.

［6］郭东梅，郭化三．保险投资学［M］．北京：经济科学出版社，2017.

［7］黄素．人身保险实务［M］．北京：中国金融出版社，2013.

［8］蒋虹．人身保险［M］．北京：对外经济贸易大学出版社，2010.

［9］荆涛．人寿与健康保险［M］．北京：北京大学出版社，2011.

［10］李丹，田佳佳．人身保险［M］．北京：科学出版社，2013.

［11］刘冬娇．人身保险［M］．2版．北京：中国金融出版社，2010.

［12］［美］肯尼思·布莱克，哈罗德·斯基德．人寿与健康保险［M］．13版．孙祁祥，郑伟，等译．北京：经济与科学出版，2003.

［13］［美］缪里尔·L.克劳福特．人寿与健康保险［M］．8版．周伏平，金海军，等译．北京：经济科学出版社，2000.

［14］孙的光，董克用．社会保障概论［M］．北京：中国人民大学出版社，2016.

［15］孙秀清，刘素春．保险学［M］．北京：经济科学出版社，2022.

［16］王静．保险类案裁判规则与法律适用［M］．北京：人民法院出版社，2013.

［17］魏华林，林宝清．保险学［M］．北京：高等教育出版社，1999.

［18］魏巧琴．人身保险学［M］．上海：同济大学出版社，2021.

［19］翁小丹．人身意外伤害保险和健康保险［M］．北京：中国财政经济出版社，2007.

［20］许谨良．人身保险原理和实务［M］．上海：上海财经大学出版社，2002.

［21］许谨良．人身保险原理和实务［M］．8版．上海：上海财经大学出版社，2015.

［22］张红霞．保险营销学［M］．北京：北京大学出版社，2001.

［23］张洪涛，王国良，等. 保险核保与理赔［M］. 北京：中国人民大学出版社，2006.

［24］张洪涛，庄作瑾. 人身保险［M］. 北京：中国人民大学出版社，2004.

［25］中国保险学会. 人身保险销售监管研究［R］. 2022.

［26］卓志. 健康保险学［M］. 北京：中国财政经济出版社，2017.

［27］邹海林. 保险法［M］. 北京：社会科学文献出版社，2017.